传播与中国译丛
媒介与历史系列
—— 主编 • 黄旦 ——

ALWAYS ALREADY NEW
Media, History, and the Data of Culture

新新不息
媒介、历史与文化数据

[美] 丽莎·吉特尔曼（Lisa Gitelman） / 著

陈鑫盛 / 译

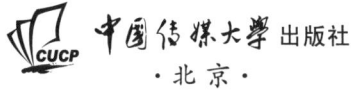

谨以此书纪念法昆多·蒙特内格罗

目 录

总　序　/ 1
中译本序　/ 11
译者序　/ 13
前　言　/ 23

导论　作为历史主体的媒介　/ 1

第一部分　留声机的案例

第一章　新媒介公众　/ 27
第二章　新媒介用户　/ 60

第二部分　网络的问题

第三章　新媒介形体　/ 91
第四章　新媒介＜/Body＞　/ 124

结语　书写媒介史　　　　　　　　　　　　　　　　　　　　　/ 152

参考文献　　　　　　　　　　　　　　　　　　　　　　　　　/ 158
索　引　　　　　　　　　　　　　　　　　　　　　　　　　　/ 176
译后记　　　　　　　　　　　　　　　　　　　　　　　　　　/ 186

插图目录

1.1 锡箔留声机(1878) /32

1.2 投币留声机(1892) /44

2.1 贝蒂尼留声机公司所发行的"X女士"(1898,1899) /71

2.2 国家留声机公司广告(1906) /75

2.3 先驱广场上的"它的主人们的声音"(1906) /78

3.1a 和 3.1b 焚烧征兵证和"灰烬残留"(1966) /92

3.2a 和 3.2b 微缩胶卷穿孔卡片及其读取器(1960) /104

4.1 在最长时间里未被修改的网页(1990—2005) /126

总序

理解媒介的威力
——媒介与历史

一

在李伯元的《文明小史》中有这样一则故事：晚清科考政策发生变化，除了诗文，还新增时务、掌故、天算、舆地等内容。为适应此种变革，吴江乡间有贾家三子，受人指点，开始接触上海报纸以补新知。"兄弟三个是见所未见，既可晓得外面的事故，又可借此消遣，一天到夜，足足有两三个时辰用在报上。"眼界开了，行动也就开始，他们拿出私房钱托人在洋货店买回来一盏火油洋灯，一亮如同白昼，油灯那点摇曳之火，就显得可怜无比。自此三人更加留心看报，凡见有外洋新到器具，即托人购买，不管是否合用。仅此仍不解渴，他们反而更加向往去上海见见世面，因为从报纸上看到那里还有自来水、电气灯等种种稀罕之物，自又非火油洋灯所能比。谋划再三，兄弟三人遂瞒着母亲，私下租了一条船，半夜时分偷偷上船奔向上海。

倘若这是一段史实，依照现有的研究思路，我们会关注什么呢？或许是当时的吴江乡下，已经可以看到多少报纸，都是些什么报，它们是通过什么渠道进入的；又或许是当地读者都是哪些人，主要读什么，产生了什么作用；也有可能据此考证当时有哪些洋货进入吴江这样的地方，它们是如何流入的，购买洋货的都是什么样的家庭；当然，也可以从这样的例证中，分析报纸对于上海向周边的辐射起到了什么样的作用等。这样的一些研究都从各自不同层面触及了报纸及其影响，其价值不言而喻。然而，所有这些研究相加，仍未让人觉得已经击中这个故事本身。比如，为什么是读报让人"晓得外面的事故"？为什么报纸可以是购买洋货的指导（如果是电视购物，肯定是另一番模样）？报纸上的"上海"怎么就理所当然等同于实际的上海？报纸这种诱导的力量来自哪里？总而言之，没有报纸，这一切就不会发生，那么，报纸是什么呢？

很遗憾,我们的研究中的确没有人追究报纸是什么,而是把报纸当作一个不证自明的物品。这不仅把报纸常识化了,而且也难以切实把握研究者所惯于重视的报纸内容和作用(比如与书籍有何不同)。此种所谓的报纸历史研究,也就名不副实,实际上是没有"报纸"的报纸研究。历史学家达恩顿就表达过类似的意思,他说,研究者们总是希望通过考查印刷的世界,能打开一扇透视总体法国大革命的新窗口,但他们从来没有打算了解,这种主要传播工具是如何贡献于现代第一次伟大革命的。"历史学家一般把印刷文字当成什么东西发生的记录,而不是发生的因素",是报刊帮助塑造了其记录的事件。没有印刷报刊,就不可能攻克巴士底狱,而且也不可能推翻旧的君主专制。①

报刊与历史研究中所存在的这种现象,绝不是历史研究独家的问题,也不仅仅是报纸的问题。无论是社科还是人文领域,都普遍存在"媒介盲"的状况。他们在关于媒介的构成、历史及影响的研究方面,路径固然不一,但在关注其内容、角色和传播的知识及其构成,轻视乃至忽视媒介本身方面,则是大同小异。② 梅罗维茨对此就十分不解,"虽然对媒介内容的研究有重要的社会意义,但是令人惊讶的是,人们很少对媒介提出其他类型的问题。实际上,许多对媒介影响的研究都忽略了对媒介自身的研究"。这就产生了一个有趣的现象,"关于电视内容和控制的研究方式与研究报纸、戏剧、电影和小说的内容与控制方式完全相同,它们本身被当作了中性的传送系统",在其间没有任何意义,尽管在实际的操作和表现中,电视、报纸和戏剧、电影之间的差别是如此之大。将其与关于工业革命影响的研究一做比较,二者就显示出巨大差距。没有哪一个人会宣称他的研究中"唯一重要的东西是新机器生产出的物品",相反,进入工业革命研究者视野的是,工业革命作为一种新的生产方式对诸多可变因素的影响,比如城乡生活的平衡、劳动的分工、家庭结构、社会的凝聚程度、时空观念、阶级的构成,以及社会变化的速度等。③ 这很有启发性,要是我们也转变视野,将媒介(报纸)看成一种改变时空和社会关系的新的传播方式本身,而不是像以往那样,将其当作一个装水空瓶,我们的研究,比如关于前面提到的吴江贾家兄弟的故事,还会只是围着其内容打转吗?

报刊是一种媒介,没有人会提出异议,但为什么一定是媒介,媒介到底是什么,想必没有多少人能够回答。如何理解媒介,总是与以什么样的方式看待它密切相关。当把媒介看成负载内容的一块白板、一个透明的"玻璃缸"时,除了紧盯"媒介内容"这一

---

① DARNTON R. Introduction[M]//DARNTON R,ROCHE D. Revolution in print:the press in France,1775-1800. Berkeley and Los Angeles:CA, University of California Press,1989:xiii-xv.
② 米歇尔,汉森.媒介研究批评术语集[M].肖腊梅,胡晓华,译.南京:南京大学出版社,2019:2.
③ 梅罗维茨.消失的地域:电子媒介对社会行为的影响[M].肖志军,译.北京:清华大学出版社,2002:12.

片"滋味鲜美的肉"①,将"新机器生产出来的物品"——媒介传送的内容——当作唯一重要的东西,就不可能还会想到其他东西。且不说这种"工具论"的媒介观已经受到越来越多的质疑,就算与我们今天自身的媒介体验(比如使用手机),也是完全不相吻合的。由此及彼,当能刺激反思现有媒介与历史研究中的媒介观。借此,重新理解媒介,是媒介与历史研究必须面对的问题。重新理解则必以改变想象为前提,想得到未必做得到,想不到就根本没有做的可能。用麦克卢汉的话说,就是要"以恰当的方式理解媒介的威力"②。从媒介是什么入手,重新建立一个考察媒介的视角,对于讨论媒介与历史,显得尤为重要。

二

由于媒介是一个外来词,对于其本来的含义,认真探索过的人好像不多。英文的 media,源自拉丁文 medium,意指"中间"。尽管雷蒙·威廉斯在其《关键词》中,依照时间的变迁梳理出其三种意涵,但同时也指出,"中介机构"或"中间物",是一个比较古旧且运用普遍的意涵。③ 德布雷说,"媒介"不是指媒体或介质,而是指媒介行为,是介于符号生产与事件生产之间的中间体。④ 齐林斯基理解的"媒介",则是想把被分割开来的东西加以结合的那种尝试提供行动的空间。⑤ 这些理解看来都是与这样的词源有关。

"媒介"一词在英文中有单复数之分,也就是"medium"和"media",事情的复杂性由此而起。一般认为,复数是单数的自然集合,偏偏在"媒介"中,二者不能完全重叠。作为复数的"media",自 19 世纪中叶以来得到大量采用,但其被广泛运用,则与广播和报纸的兴起有关。⑥ 出于这样的背景,"media"常常意指"大众媒介"(mass media)。这与"medium"有较大差别,"medium"主要强调媒介的物质特性,兼有"元素""环境"或"位于中间位置的载体"之义,⑦简单地说,它指的是一个媒介物,是具有独特性、决定性的物质,重点是其技术意涵,这一点甚至比言说的内容和书写的事物更为重要。正因如此,作为"media"的印刷与广播,是否与"medium"的意思相同,就产生了疑问。因

---

① 麦克卢汉.理解媒介——论人的延伸[M].何道宽,译.北京:商务印书馆,2000:46.
② 麦克卢汉.五种感官系统的内窥[M]//麦克卢汉.指向未来的麦克卢汉媒介论集.何道宽,译.北京:机械工业出版社,2016:34.
③ 威廉斯.关键词:社会与文化的词汇[M].刘建基,译.北京:生活·读书·新知三联书店,2005:299-300.
④ 德布雷.媒介学宣言[M].黄春柳,译.南京:南京大学出版社,2016:17.
⑤ 齐林斯基.媒体考古学——探索视听技术的深层时间[M].荣震华,译.北京:商务印书馆,2006:8.
⑥ 威廉斯.关键词:社会与文化的词汇[M].刘建基,译.北京:生活·读书·新知三联书店,2005:299.
⑦ 彼得斯.奇云[M].邓建国,译.上海:复旦大学出版社,2020:54.

为它们突出的不是其"物质性",而是社会的面向,受制于其他目的。① 直白地说,在一些人眼里,"media"已不是原来那个侧重于自然媒介物的"medium"的聚集,而是一个社会机构,虽然二者都有处于中间位置之义。

我国在 20 世纪 80 年代引进的传播学,源自美国的大众传播研究,"大众媒介"的说法也一并被引进,并由此影响了人文和社科领域的研究,史学也不例外。研究者们口中和眼中的"媒介",实是指大众媒介,亦即"media"。所谓的报刊史、电视史、广播史,显然就是出于这样的认定,并由此延展到其他诸如电影、书籍、电报、电话等方面的。如此一来,媒介似乎无须厘定,因为它已经是明摆在那里的一个个实物——人人都看得到的东西,只要将这些物品作为研究对象,就是在从事媒介研究了。

就每个具体研究而言,以这样的对象来命名似乎没有什么大的问题,而且在媒介与历史研究领域,也一直如此。然而若稍作追究,就会发现没那么简单。报纸、广播、电视差别很大,其制作、传递、呈现和接收都不一样,为什么一概被称为媒介?其依据是什么?不仅如此,它们中的每一个都包含着许多研究的层面和路数。文章一开头提到的贾家兄弟的故事,就完全可以被纳入社会史、经济史、中西交流史、上海城市史研究的脉络,而不必非是报刊史,尽管是因报刊而起的。从印刷史的角度看,报刊可以是一种印刷技术,是印刷被采纳、运用和改革演化的历史,与通常意义上的报刊史毫不相干,比如苏精的《铸以代刻》。电视研究就更为复杂了,文学、艺术学、图像学、文化批判、音像技术学在其中都有大展拳脚的空间:它们或者关注文本和制度,或者注重其表演,或者将拍摄技巧作为重点。近几年兴起的视觉文化研究,在艺术史和图像研究的脉络下,以视觉性为核心视角,更是不仅把艺术、图像、广告、肥皂剧等统统纳入研究的范围,而且还把观看行为、观看过程、观看方式等一网打尽。② 那么,它们是否都是媒介研究,或者其中哪些研究是媒介研究,哪些不是?什么东西可以被称为"媒介"?什么样的研究可以被认定为媒介或者报刊研究?这里面是有一个统一标准,还是约定俗成,或者就是随研究者的个人兴趣来命名?其特殊性究竟是什么?当我们一提到媒介,本能的反应就是手中摊开的报纸、与家人一起围坐观看的电视机、飘扬着悦耳声音的收音机和黑暗中人影晃动的银幕时,其实就已经失落了"medium"或者"media"所含有的"中间"含义,亦即在学术上理解媒介本该具有的"恰当的方式"。所以,记住下面这句话就显得十分关键:理解媒介,不仅指(或主要指)"理解单个的媒介形式——电、汽车、打字机、布帛——而是要从媒介这个角度来考虑问题"③。

---

① 威廉斯.关键词:社会与文化的词汇[M].刘建基,译.北京:生活·读书·新知三联书店,2005:300.
② 唐宏峰.视觉性、现代性与媒介考古——两种视觉文化研究界别与"视觉现代性"研究[M]//杰,等.现代性的视觉政体.郑州:河南大学出版社,2020:9.
③ 米歇尔,汉森.媒介研究批评术语集[M].肖腊梅,胡晓华,译.南京:南京大学出版社,2019:3-4.

三

"媒介角度"这四个字,就意味着媒介不仅仅是一个物品、一个对象,更是一个考察社会、人乃至世界的站点。这个"角度"或者视角,就是媒介的"居中"或"中间位置",用米歇尔和汉森的话说,乃"调节","调节"是所有媒介共有的"媒介性"(mediality)。① 报纸、广播、电视之所以是"媒介",就在于它们共同的"媒介性"——处在中间位置的"调节机构",用更为切近的表达,即其"交转性"。

这样就比较清楚了,我们熟知的"媒介"(media)中包含"medium",但又不仅仅是"medium"的堆集。它包含不同的"medium"——媒介物,即单个媒介独有的物质或符号元素的特性,此时,或许可以说它是"medium"的复数形式;然而,它又抽绎并蕴含着所有单个媒介(medium)都不可或缺的"媒介性"——"调节",这一处在"中间位置"所必然发生的机制和作用。这样的两层含义,就构成了这样一个集体单数名词"media"②。由此我想到《说文解字》关于"媒"的释义:"媒"即"谋也,谋合二姓者也",指的也正是这样一种居中转圜。这就难怪,德布雷把媒介看成促发两者发生关系的第三者。媒介的重要性就是"搭桥",也就是说,要让不同因素之间相互交叉,相互受孕。媒介不只是"处于中间位置的",它还要对通过中间项的两者起作用。它要在不可逆转的过程中创造出一个模型,超越所有的企图,③产生出一个特殊整体。媒介是有"媒"有"介"的,是媒—介的互应和互动,是一种"交转"。在它的触发和协调下,各种关系因连接而相互转化,因转化而形成新的形态或面向。媒介由此成为"让我们通向那个由于与我们相关而伸向我们的东西","让我们进入与我们相关或传唤我们的东西"。④ 媒介不是工具,工具只着眼于效率和效益,媒介则具有开拓现实的作用,开启了我们与世界的关系以及各种不同可能性。⑤ 没有媒介,就如没有桥梁。桥梁不只是连接,更是交接引领我们通达彼岸,在通达过程中周边的景色和诸种关系得以汇聚和展开。因此,凡有媒介,就有发生,就有事件,就有变动,就有新的进展。吴江贾家三子夜奔上海,恰为此做了一个见证。

犹如物质性依托于具体的物质及其形态,由于单个媒介的技术特性不同,也就带来了媒介性——交转性的方式及其模式呈现的千差万别:"在口语文化的社会里,许多

---

① 米歇尔,汉森.媒介研究批评术语集[M].肖腊梅,胡晓华,译.南京:南京大学出版社,2019:2.
② 米歇尔,汉森.媒介研究批评术语集[M].肖腊梅,胡晓华,译.南京:南京大学出版社,2019:4.
③ 德布雷.媒介学宣言[M].黄春柳,译.南京:南京大学出版社,2016:124-125.
④ 海德格尔.在通向语言的途中:修订译本[M].孙周兴,译.北京:商务印书馆,2005:190,255.
⑤ 克莱默尔.传媒、计算机和实在性之间有何关系?[M]//克莱默尔.传媒、计算机、实在性——真实性表象和新传媒.孙和平,译.北京:中国社会科学出版社,2008:6.

人在同时说话;相反,在书面文化的世界里,一次一个人说话至少是在人们的期待之中。"①媒介事件——电视的直播,则使得全球成为一个竞赛场或大剧院,造就了新的场景,甚至奠定了尼尔·波兹曼所忧心忡忡的"娱乐至死"和"童年的消逝"。复制技术使艺术失去了灵韵,却也使得大众在其展示的观看中,有了接触本来只能顶礼膜拜的艺术品之机会。②舆论,是报刊史研究中最为常用的术语,但恐怕没有太多的研究者知道,在印刷报纸产生后,才有了现代政治学和社会学意义上的"舆论"。报纸就像一个"公共交谈"的平台,一支笔启动了上百万条舌头,分散的地方的意见被集中、被融合,从而造就了一个庞大、抽象和独立的报纸意见共同体,并被命名为"舆论"。没有报纸,人们的交谈就不会对任何人的头脑产生影响。因此,"舆论"以及所谓的民族主义(想象的共同体)、国际主义,都与报纸的此种"公共交谈"③——交接周转的协调有关。依此而进,报刊和舆论的研究,就不应是以内容为内容、以文本证效果,而应切入报纸的"交转性"之作为,关注"公共交谈"的运作和方式,并从这样的逻辑中揭示内容和文本的形成及其带来的后果。以此来反观报刊与历史,比如众所周知的《时务报》与"戊戌变法"、《苏报》与"排满革命"、《新青年》与"新文化运动"、《民报》与《新民丛报》的辩论等,恐怕就会有新的领悟,发现新的风景。

由于媒介物特性不一,我们的研究就是要从其共同的"媒介性"中,揭示出不同媒介特性所导致的不同的"调节"或"交转"状况和结果。同时,媒介与媒介之间并非绝缘的,它们之间同样互为交接、交集,会发生遭遇、碰撞、转接、竞争、分离,可谓剪不断理还乱:报纸、讲演、标语传单的相互促进,办报、办会、书信和人际交往的互为条件,学堂、出版社和报馆的互通互惠等,形成了一个个自有特点的"媒介圈"④。流转的逻辑就是媒介的逻辑,你抓住我,我也抓住你,与媒介关联的行为都是一个组合事物,⑤是一种特定的塑形。媒介就好似一"活生生的力量旋涡"⑥,搅和着与之相关的一切东西,然后又不断地吐出来,翻然就是一新的阵势。戴乃迪(Alexander Des Forge)在从晚清到民国早期的"上海叙事"中,就发现了类似的现象,连载小说与其他的媒介生产及其产品,诸如旅游指南、报纸、杂志、图画集、广播、电影、照相、幻灯等交错纠缠,交织成了一个跨文本、跨体裁、跨媒介而且不断扩张的视觉和文本场域,共同指向上海的特征和意义,以不同的方式,扩展了人们的多种感知和体验,从而为"什么是上海",提供

---

① 麦克卢汉.余韵无穷的麦克卢汉[M].何道宽,译.北京:机械工业出版社,2016:19,15.
② 本雅明.机械复制时代的艺术品[M].王才勇,译.南京:江苏人民出版社,2006:57.
③ 塔尔德.传播与社会影响[M].何道宽,译.北京:中国人民大学出版社,2005:229-248.
④ 德布雷.媒介学宣言[M].黄春柳,译.南京:南京大学出版社,2016:45.
⑤ 布克哈特.在电磁流中:作者和电磁书写[M]//克莱默尔.传媒、计算机、实在性——真实性表象和新传媒.孙和平,译.北京:中国社会科学出版社,2008:30.
⑥ 麦克卢汉.麦克卢汉序言[M]//伊尼斯.帝国与传播.何道宽,译.北京:中国人民大学出版社,2003.

了不同的入口、框架和样板。所以,他特地借用德布雷的概念,将之称为"媒介域"(mediasphere),并由此构成整个分析的基础,①以揭示媒介之间文化生产的互生互补之复杂关系和样貌。就是这样的媒介生态,生成了当时的"上海"和关于上海的认识,是一个"媒介域上海"(mediasphere Shanghai)。与此相比,吴江贾家三子的感知来源,还是显得有些单一和平面。戴乃迪的尝试和探索,为媒介与历史的研究打开了新的想象——关心文本但又不拘泥于内容的爬梳、整理和确认。只有到了这样的时候,即当媒介能够被视为单数——它不是单个媒介形式的叠加,而是在事实上大于单个媒介形式的叠加之时,媒介研究之"媒介",才具有了一定的自主性,媒介研究才可以开掘出自己的空间。② 因而,从内容转向媒介,从不同媒介转向媒介性,就能够赋予媒介与历史研究一副新的眼镜,也就是麦克卢汉说的,有了"一个恰当的方式"。

四

依循这样的思路,媒介就是一个概念,一个考察媒介与历史的理论视窗;媒介与历史研究就不能也不会仅仅定格于某个媒介的演变史,不同媒介前后承继的进化史(这正是媒介考古学所要解构的),媒介的社会使用史、功能史,更不是以媒介内容来补充和证明某些历史上的人和事,而是将媒介作为社会构成的一个基础性条件和要素,作为一种"人的延伸",研究它的产生、运转和变化,是如何影响人和社会的历史及其文化的。

展开来看,其实整个人类的存在及其历史,都立足于并且依托于"媒介域"。且想,我们是有了光才能看,有了声音才能听,语言符号让我们交往,货币则大大促进了交易。这些不同的媒介,都为我们打开了一个区分的区间,为我们在感觉、认知和行为中指定了一个确定的"格式塔",都给予了我们不同的政治、科学、经济、艺术的操作空间和一定范围的文化真实性。③ 没有这些媒介,也就没有人,没有社会现实;同理,不同的媒介具有不同的偏向,自然也就产生了不同的社会、文化乃至认识论。④ 这也正是伊尼斯说的,"一种新媒介的长处,就是一种新文明的诞生"⑤。《巴黎圣母院》中的一段描写,为此做了生动的写照:沉默的克洛德副主教伴随一声长叹,左手指向圣母院,

---

① FORGE A D. Mediasphere Shanghai: the aesthetics of cultural production[M]. Honolulu: University of Hawaii Press,2007.
② 米歇尔,汉森.媒介研究批评术语集[M].肖腊梅,胡晓华,译.南京:南京大学出版社,2019:3.
③ 塞茀.实在的传媒与传媒的实在[M]//克莱默尔.传媒、计算机、实在性——真实性表象和新传媒.孙和平,译.北京:中国社会科学出版社,2008:215,218.
④ 波兹曼.娱乐至死[M].章艳,译.桂林:广西师范大学出版社,2004.
⑤ 伊尼斯.传播的偏向[M].何道宽,译.北京:中国人民大学出版社,2003:28.

右手指着那本放在桌上的打开了的书,目光忧郁地在书上停留片刻之后便转向教堂,说:"唉!这一个将要把那一个消灭掉。大的可以被小的打败,建筑物也能被书摧毁!"紧接着,雨果做了如下评论:"这是僧侣们面对新的代理者印刷术所产生的恐惧,这是站在古登堡伟大的印刷品跟前的圣殿上的人们所产生的眩晕和恐慌。"这不正反映出媒介变更造成社会和文化动荡所引发的焦虑和不安吗? 印刷机成为"攻城槌,把教堂和城堡夷为平地"①。雨果所感受到的,应该是媒介与历史研究的着重点,也是最能展示其研究价值的地方,倘若我们能将"媒介"作为一个角度的话。

于此,关于什么是媒介,什么不是媒介;关于媒介究竟是工具,还是"中介",就不是自然天成的,更不是本体意义上的划定,恰恰决定于研究者自身的视野,决定于是以什么样的角度切入媒介与历史的研究中。关于此,克莱默尔颇有见地。她说:"器具视角和传媒视角之间的区别、作为工具的技术和作为传媒的技术之间的区别,不能被误解为本体论的区别,好像我们用它可以对技术人造物世界进行分类,要么分为工具组一类,要么分为传媒组一类。"实际上,这是两种都在发挥作用的视角,尽管其重要性不一样。如果把媒介看成一种技术工具,那就是出于一种精神工艺学的眼光,媒介的作用就是增强和替代人类身体、感觉、活动和思维器官,它是提升劳动效率的器具;反之,如果把技术理解为媒介,它就是一种我们用来生产人工世界的装置,开启了我们新的经验和实践的方式,没有这个装置,这个世界对我们来说是不可通达的。② 那么,这一点不是很清楚了吗? 过往的媒介与历史研究基本上就是固着于"精神工艺学"来观照媒介(比如报纸、广播等),由此所照射出的媒介,自然就是一种"器具",是办报者为达到某一目的的工具。相反,倒是一些研究技术而不自称为媒介研究的研究,却恰恰可能是基于媒介的角度,为我们展示了技术对于世界的改变和创新。

在我看来,沃尔夫冈·希弗尔布施的《铁道之旅:19世纪时间与空间的工业化》,就是这样一部代表之作。铁路的建造和延伸,使时间和空间再造;作者从火车速度、旅途景观、车厢设置和分隔、旅途感受、车站选址与城市建筑,乃至铁路引发的精神病理等各个方面,全方位展示出铁路既是一条道路,又是一种再造环境的作用力;它是一种交通和运输工具,人和地方又随着它的开动而发生变化,呈现出前所未有的新面貌。如果媒介总是通过其物质特性的运用过程,"与人类感官及人的理解率相结合,总是在对给定时间、空间中的人类经验进行调节",实现人、环境和技术的互构的话,③希弗尔布施的"铁道",正好充分反映出这一点。另外一个不能不提的例子,是连玲玲的《打造

---

① 伊尼斯.传播的偏向[M].何道宽,译.北京:中国人民大学出版社,2003:44.
② 克莱默尔.传媒、计算机和实在性之间有何关系?[M]//克莱默尔.传媒、计算机、实在性——真实性表象和新传媒.孙和平,译.北京:中国社会科学出版社,2008:1,7-8,76.
③ 米歇尔,汉森.媒介研究批评术语集[M].肖腊梅,胡晓华,译.南京:南京大学出版社,2019:5.

消费天堂:百货公司与近代上海城市文化》。在以往固定的认知中,没有人认为"百货公司"是媒介,也不可能将之归入媒介与历史的研究脉络之中,可就在这本书中,作者公开表明她是以麦克卢汉的媒介理论作为研究架构的。以这样的眼光看过去,百货公司就是一个交往中轴,围绕着它的芸芸众生和物品,共同组成并编织出现代的消费主义场景和关系。于是,百货公司成为近代上海不同人种、人群和阶层的交会之所,构成琳琅满目的商品和不同消费行为的展示之窗,潜藏着明里暗里的物质权力和符号权力之竞争,混合了购物和娱乐的融合氛围。在作者的描述中,百货公司犹如一个巨大的轮盘,卷入人流物流,输出新式商品和消费模式;串接着周边的道路,又对周边的空间施加着自己的影响。作者正是从媒介及其调节的视角(尽管在我看来,其运用还不够圆润),揭示出百货公司在物、人、环境的互动互构中,构成了上海现代性的独特面向。

由此可见,从媒介的实体(实物)移开,确立起媒介的角度,不仅使媒介有了自己的理论根据,同时也可以大大扩展学术研究的想象力。当什么是媒介、什么不是媒介,不再是一种对对象的判定,而是与研究者的视野——如何看待媒介——息息相关时,媒介与历史的研究自也能从对象史的束缚中挣脱而出,将目光投向更为广阔的天地。

通过这样的新视野,媒介与历史的研究,就有了自己的特殊性,有了自己的特定面貌和精气神,更重要的是,其所具有的意义和价值也将被重新厘定。因为如同盖伦所言,由于人天生就不自足,必得依赖于外在的条件,技术就因此成为人类自身本质的最重要的构成部分,甚至像人本身一样形成了一种人造的性质。① 甚至按照唐·伊德的说法,从来就没有一个脱离技术的"原本"的人,人必定是与技术相伴相生、共同进化的,没有技术的生存只是一种抽象的可能性,除非是封闭起来,被置于一个孤立的、被保护的牢固的乐园之中,就好像被圈养的保护动物一样。② 以此而言,媒介,体现人与技术关系的"交织交转",就是人类生存的根本关系,是人类进化和演变过程中时刻存在的普遍状况。这样一种技术和人的"接合",不是谁进入谁,谁决定了谁,而是互相不能脱嵌;技术和人可以在具体而特定的实践中被制造、被维持、被转变、被毁灭,但就是不能脱离或分离。③ 媒介就是人的境况。所以,"媒介"实质上指向并指明了人类的一种本体论境况——依赖媒介的建构性外化行为和发明创造。在这样的意义上,作为角度的"媒介",成为一个对人类生命形式进行最深层次考古发掘的透镜。我们是透过媒介,窥探到人类的生存;媒介与历史研究的定位,就是对人的根本关系的研究,是对"调节"在人类历史上所起到的不可简化的作用的研究。④ 德布雷说,"从源头看,媒介学

---

① 盖伦.技术时代的人类心灵:工业社会的社会心理问题[M].何兆武,何冰,译.上海:上海世纪出版集团,2008:4.
② 伊德.技术与生活世界[M].韩连庆,译.北京:北京大学出版社,2012:14.
③ 斯蒂瓦尔.德勒兹:关键概念[M].田延,译.重庆:重庆大学出版社,2018:138-143.
④ 米歇尔·汉森.媒介研究批评术语集[M].肖腊梅,胡晓华,译.南京:南京大学出版社,2019:2,4-5.

的起源应该是人类学"①,我们也完全可以仿照说,媒介史也就是人类史。当"媒介"成为一个角度时,媒介的威力就得以尽情绽放。这样的媒介和历史研究,也将起到特殊的作用,占据自己独有的位置:可以跨越各种学科,贯穿打通各种专门史,从而"在人类历史中占有更为中心的地位"②。从此,媒介的研究,就不再是哪个学科的专利,也没有任何一个学科可以排除媒介。媒介及其威力,成为所有学科在研究中不能不考量的重要维度和要素。

译丛以"媒介与历史"为名,就是来自以上这些想法,也是以这样的思路,考虑入选的书目。由此,本译丛的面目就可能异于一般的理解,它所收纳其中的书目,不再以是否研究通常所认为的媒介——报纸、刊物、广播、电视之类为唯一标准,而是着重于是否体现出"媒介"的角度或者思维。只要能够以某种"恰当的方式",揭示出"媒介的威力",且其质量和水平得到公认,就有可能成为译丛的首选。即便那些以传统媒介为对象的研究,当然也希望具备这样的特色。的确,其中的某些书,或许作者在研究中并没有这样明晰的媒介意识,甚至本来也没有这样的打算,但全书的展开恰恰为我们提供了这样的景象,使我们完全可以从"媒介"的角度去阅读和理解,并从中获得启发和收益。这也意味着,这些书被归入媒介与历史的范畴是否合适,除了书的研究视角和内容、选编者的眼光,同样也还有读者的一面。书有不同的写法,也有不同的读法;怎样阅读一本书,与这本书的内容相关,但未必是决定性的。称"作者已死",似乎过于激进;理解溢出文本,却早就是公认的状况。既然如此,编选者在谨慎处之的同时,也恳切希望读者能了解并认可译丛编选的思路,以便我们共同努力,使译丛能够取得预期的效果。

当前,数字媒介的变革,让我们充分领略到媒介的威力,媒介及其现象也因此受到各方高度关注。在这个千载难逢的紧要关头,重新理解媒介,突破学科界线,打开媒介与历史研究的新想象,无论对于我国的学术研究、学科创新,还是对于中国历史、现状的认识及其未来的展望,都具有重要的意义。"媒介与历史"译丛的推出,就是希望借他山之石,在这方面起到一些微薄的作用。愿望虽如此,结果却难料,只有忐忑不安地等待读者和各位同道的评判。

黄　旦

---

① 德布雷.媒介学宣言[M].黄春柳,译.南京:南京大学出版社,2016:15.
② 罗兰.序言[M]//董璐,译.克劳利,海尔.传播的历史:技术、文化和社会.董璐,何道宽,王树国,译.北京:北京大学出版社,2011:2.

中译本序

"Always Already New"这个标题有显而易见的矛盾。它意在同时强调回望和前瞻,以暗示历史的连续感和断裂感。我希望通过这个标题唤起读者许多活跃的矛盾,这些矛盾存在于我们所有人对当代媒介体验方式的核心地带。

2006年,当这本书问世之时,"新媒介"一词在英语国家的流行话语中无处不在,尤其是在高等院校之中。这是一种长期存在的古怪迷恋,而且似乎永远不会过时。无论过去多少年,"新媒介"仍然是一个包罗万象的名称,用来表达对数字信息和通信技术,以及与之相关的社会经济变革的迷恋——一种充满焦虑情绪的迷恋。哪怕也许在2023年,"新媒介"会在流行语境中被"社交媒介"所取代,也并不会削弱人们对新奇性的持续关注。新奇性如同僵尸一般,永远不会消亡,即便昨天的"新"不断让位于今天的"新"。

本书最直接的目的,是解释媒介史既是人们经历过的事情,也是历史学家后来讲述的故事。这个事情在一开始看似简单,但是牵涉到一个关键的复杂问题,因为媒介和历史总是纠缠在一起。至少,我们对过去事件的感知不可能独立于用以保存记忆的媒介:图书馆和档案馆中的文字材料,以及所有通过模拟和数字形式得以保存下来的累积记录。每当我们单击"保存"按钮,或者抓取屏幕截图以实现线上共享时,我们都会不假思索地接受什么可以保留、什么应该保留以及为什么要保留的预设。当媒介总是对我们以及我们理解过去的方式产生某种影响的时候,我们如何(我们应该如何)研究书写媒介史?

我对这本书所得到的反响感到欣慰,因为我的感觉是,作为一部学术著作,它的读者范围远比我所预期的要广。我将这一成功归因于媒介在日常生活中的重要性,以及在美国及其他地方正在进行的作为学术追求和学术技能的各种媒介研究项目。

媒介研究是一门非传统的人文学科,它在过去几十年中呈爆炸式增长,并且已经在高等院校建制化,修学的学生规模不断扩大。眼下,美国媒介研究似乎处于上升期,然而更为传统的人文学科——例如文学研究——的命运则充满了不确定性。我(和我的同事们)希望与其将这种现状视为传统研究领域与非传统研究领域之间的竞争,不如将媒介研究视为一门"元学科",它广泛而自觉地接纳人文研究。举例而言,当我们将书籍和印刷的历史与参与构建文学本身的社会文化条件关联起来思考的时候,媒介研究就实现了和文学研究的交融。

最后,我非常感谢陈鑫盛博士对本书的翻译工作,也非常感谢中国传媒大学出版社将本书介绍给中国读者。

丽莎·吉特尔曼
2023 年 3 月

译者序

作为铭文的媒介：
一种媒介史范式创新的路径

一

媒介史，也就是媒介的历史。这个名称包含两重含义：第一，所书写的媒介存在于历史之中，且不说古代的石碑或者近代的报纸，即便是新近出现的人工智能媒介，同样也是所谓的过去之事；第二，历史的主体是媒介，也就是说，媒介决定了历史生发的维度，也界定出了研究者书写的可能。在另一边，研究者则作为历史的观察者而存在，他们抓住媒介的索引回到与媒介再现相关联的过去，通过对时间长河里经验碎片的感受，逐渐参透历史及其主体的模样。

媒介史领域出现以来的很长一段时间里，所谓的第二重含义并未被研究者所重视。这体现为，历史书写的方式，通常是先行将媒介预设为一种本质化实体，按照这种预设聚拢媒介之前和之后的社会状况，从而形成媒介的历史。且不说长期存在的功能主义范式将媒介统统看作中性的传播工具，即便是20世纪末以来媒介研究领域兴起的后人文主义风潮，也往往将媒介理解为具有人类一般能动性的物质硬件，来考察媒介如何决定人的境况。弗雷德里希·基特勒就是这种写法的代表。在1993年所写的《传播媒介史绪论》一文中，这位被称为"数字时代的德里达"的技术先知勾勒出一种同构于人类文明史的媒介史图景：古老的文字和手稿带来独立于人际互动的传播，后者伴随19世纪印刷机的诞生而构建起早期现代主体及现代社会；19世纪留声机、电影、电话等模拟媒介横空出世，将信息以电力的方式从传播中分离出来，人类的运动神经与感官由此外化，现代主体所构建的社会文化因此逐渐瓦解；历史最终导向20世纪中叶计算机的出现，通过以数字为基础的信息传输，使整个人类智能都被外化。[①] 为了强调媒介塑造人类文明的巨大威力，这种历史把媒介看作具有特定属性的实体，因此

---

① 基特勒.传播媒介史绪论[M]//周宪,陶东风.文化研究(第13辑).北京:社会科学文献出版社,2013:249.

也规定了媒介的形态,安排好了它们各自的出场顺序和表演戏份:文字的作用就是实现脱离人际互动的传播,留声机的作用则是实现脱离传播的声学信息传递和储存。而后,无论媒介所处的社会环境如何发生变化,其意义都只是扩大这种媒介发挥效力的时空范围而已。

于是,这种历史书写会带来一个问题:在一个语境之中所辨析出来的媒介形式,变成放之四海而皆准的媒介内在逻辑,而被应用到另一个语境里面,以至于后者的历史书写,事实上不再是把媒介当作历史的主体,而是把媒介看作一种成形的对象,一种研究者在进入这个历史场景之前就已经知道的模样。作为后果,研究者所需要做的,不过就是胸有成竹地在史料之中寻求对于这种媒介形态及其影响的证明而已。然而,问题是,19世纪末爱迪生的实验室里那台刚刚出现的留声机,是否就已经是基特勒所理解、20世纪后半叶流行于德国的那种留声机?今天层出不穷的数字媒介产品,不管是脸书、微信,还是抖音,其意义是否还和基特勒时代那种计算机网络相同?或许可以说,不同历史语境下媒介形态相同的事情并非不可能,但是,假设出一种超越语境的媒介本质化的设定,事实上没有任何合理性根据。相反,正是这样一种看待媒介的方式,会直接导致作为历史主体的媒介的特殊性和复杂性被遮蔽起来。因此,颇为讽刺的是,这类打着要重视媒介威力旗号的历史研究,最终却在研究预设里堆砌满了作为书写者的人类对于媒介甚至是对于历史的优越感。

那么,如何构建一种以媒介为主体的历史?更具体地说,如何在认可媒介的塑造性意义的同时,对于历史情境的多样性保持开放和敬畏的态度?这是牵涉到历史书写范式创新的重大问题,也是21世纪之初,美国媒介史家丽莎·吉特尔曼所著《新新不息:媒介、历史与文化数据》一书的出发点。在这本体量精巧的著作之中,吉特尔曼建立起一种独具一格的媒介史书写范式,不仅将崭新而丰富的历史图景纳入视野里,而且重置了媒介史在人文学科乃至人文世界之中的位置。

二

媒介史范式的核心,自然是对于媒介的认识。既有范式正是因为将媒介看作一种能动性实体,从而限制了不同历史情境里媒介多样性的可能。那么,到底要如何摆置媒介与历史情境,或者说媒介与人类社会的关系?就是在这一思考的背景下,以法国哲学家布鲁诺·拉图尔的学说为代表的欧陆科学人类学理论成果进入吉特尔曼的视野之中,吉特尔曼通过对拉图尔理论中铭文(inscription)等概念的创造性吸收与挪用,形成了一套能够呼应媒介作为历史主体地位的媒介范式。[1]

---

[1] LATOUR B. Visualization and cognition[J]. Knowledge and society, 1986, 6(6): 1-40.

20世纪70年代以来,拉图尔等欧陆科学人类学家的一系列原创性研究,展现出科学器具与符号对于现代科学文化形成所起到的根基性作用,在全球范围的各学科领域具有卓著影响。拉图尔等人摒弃了既有科学史唯物和唯心两相分立的研究预设,绕开理性思维导致现代科学出现的解释路径,将目光聚焦在用于开展研究的各种纸张、标志、印刷物、图表等科学符号和器具。拉图尔意识到,正是通过这些不起眼的东西,实现了经验现象向文本和图像的转化,使之能被科学家在工作台上具体地感知到。因此,拉图尔将这样一种通过器具书写和成像而运作起来的符号形式称为铭文。围绕铭文形式,则会形成各种各样的调动实践(mobilizaiton),从而把特定的经验现象带到研究者跟前,使得研究者感知到超越其身体在场范围的现实;铭文本身则限定了认知的可能,确定各种调动实践可能产生的结果。举例而言,地图就是一种典型的铭文:通过地图,可以建立起二维的文本和图像与三维的地理的对应联系,从而使得对地理现实的直观认识成为可能;地图及其所带来的地理认识,激发着旅行者到亚洲、拉丁美洲、非洲等地绘制地图,并把地图带回欧洲,使得欧洲人通过地图认识自己未曾到过的新大陆。可以说,因为有铭文及其调动实践,所谓的类星体、染色体、脑肽、氢子、国民生产总值、海岸线等现代科学事实也才有可能被感知到,因此也才有现代科学的存在。

尽管拉图尔所从事的是科学文化研究,但是吉特尔曼意识到,拉图尔所构建的铭文等概念具有跨学科的理论价值。这当然首先得益于吉特尔曼的教育经历和科研背景。吉特尔曼在学术生涯早期便关注科学史的相关议题,在哥伦比亚大学英美比较文学专业做博士期间,吉特尔曼就已经展现出对科学与文学之间所谓"两种文化"之区隔的质疑,她的博士论文探求19世纪早期的科学与叙事,通过对1777年前后英美海军以库克船长为代表的探险团队的勘查报告和1852年H.M.S.响尾蛇舰队研究报告的关注,描述公共报告的叙事形式如何勾连探索者的私人经验和西方对他者世界的公共知识,从而形成对世界的科学感知与呈现。[1] 博士毕业后,吉特尔曼的学术生涯持续围绕着科学技术与人文艺术相互交汇的领域进行探索,她先后任教于哈佛大学科学史系,天主教大学媒介研究系和纽约大学媒介、文化与传播系,也曾担任罗格斯大学托马斯·A.爱迪生文库编辑。丰富的科学史研究经历,使得吉特尔曼相比其他媒介史学者能够更早地汲取科学人类学的养分,滋养手头的媒介史范式研究。

按照吉特尔曼的看法,正如同科学家通过数字成像进入微生物的世界、通过地图洞悉千里之外的现实一样,媒介也给人类社会带来某些具有自明性的特定现实,例如史书记载远古的事件、留声机储存过去的声音、网络直播带来地球此刻其他某处的影像等。因此,媒介技术作为"社会的科学性器具",可以被看作广义上的铭文,是一种关于再现的形式。铭文的运作依托于各种围绕铭文形式而实现的一系列调动实践,两者

---

[1] GITELMAN L L. The world recounted: science and narrative in early nineteenth century exploration accounts[D]. Columbia: Columbia University, 1991.

相互构成、相互推动,相应的现实才得以被感知到。媒介也是如此,媒介自身并没有成形的样态和逻辑,相反,媒介是在特定的传播实践之中形成和运作的,是一种包含"技术形式以及它们所关联的各种协议(protocol)"的"社会传播结构"。举例来说,所谓的电话媒介,不仅仅是电话技术形式,还包含围绕电话形式的系列传播实践所构成的分为多个层面的社会协议配置:日常的电话交流规则,依托相互问候的社交仪式、电话服务的商业关系、电话基础设备环境的架构及其制度等。当然,正如调动实践的范围并不仅仅包含科学场域里的要素,还包含围绕现代科学事实的搜集、处理和存储的社会知识、规范和制度等,也就是所谓的科学文化;对于媒介也同样如此,媒介与传播实践的相互塑造与推动,使得特定的社会现实被保存下来,并且形成相应的社会传播文化:今天刚发的报纸将与我们共同处于当下的其他地方保存在我们的日常生活之中,这不仅仅带来编辑记者职业的形成、新闻操作的规范或者报纸订购的制度,也会塑造与报纸相关的社会结构和观念,例如本尼迪克特·安德森笔下经典的"想象的共同体"[①]。

按照铭文来理解媒介,能够直击本质化实体的媒介设定的要害。科学铭文的意义是特定调动实践所规定和实践的,同样是柱状图,在医院病人的检验单上的柱状图,和国民经济白皮书上的经济状况统计柱状图,所代表的意义截然不同;同样是地图,远东人所绘制的地图,和欧洲旅行者所绘制的地图,其呈现内容、载体形态、应用场景都是天差地别。同样地,媒介需要在特定的社会实践中实现,并且依据社会实践而展现其技术形态和文化意义的形式,不同社会场景下的同一种媒介,不光其所形成的技术样态、所传递的内容不同,而且所关涉的媒介实践和社会关系,都可能判然二分。因此,可以说,在这一新媒介范式下,媒介技术形式的特殊性和媒介所涉社会场景的特殊性同时都得到观照。

三

借助科学人类学的理论,视媒介为铭文,吉特尔曼媒介史书写的新范式得以确立。依据这样的视角,在作为媒介史学者的职业生涯中,吉特尔曼先后出版了《手稿、槽线与书写机器:爱迪生时代的再现技术》(1999)、《新媒介 1740—1915》(2003)、《新新不息:历史、媒介与文化数据》(2006)、《纸知识:关于文档的媒介历史》(2014)等媒介史及史学理论的创新成果。那么,对于具体的媒介史书写来说,这种新范式意味着什么?展现出什么样的崭新视野?

在新媒介范式下,历史书写最为鲜明的变化,就是将媒介的历史从单数转变为复数,从依据超越历史情境的本质化实体罗织起来的历史,转变为被不同社会背景下媒

---

① 安德森.想象的共同体:民族主义的起源与散布[M].吴叡人,译.上海:上海人民出版社,2005.

介多元化的新形态叠合起来的历史。不光每一种媒介就构成一部历史,即便是对于同一种媒介,伴随着所处时空环境和社会场域的变化,其本身的形态和意义也处于持续不断的变化之中,并且伴随着背景的转变不断生发出崭新的意义,也即呈现为"新新不息"(always already new)的历史样态。

吉特尔曼关于留声机这样一种19世纪媒介革命典型的分析,就颇能展现新范式带来的视野切换与观念冲击。关于留声机,基特勒曾经有十分经典的媒介史研究:在他看来,留声机打破文字对声音记录的垄断,以技术的形式实现对声音信息的储存与复现,留声机连同电影和打字机共同创造了19世纪技术媒介的话语网络,颠覆了书写印刷所打造的18世纪话语网络,并且在20世纪被数字媒介话语网络所取代。① 基特勒把留声机设定为一种超越传播而储存信息的媒介硬件,为了支撑这样的论述,他煞费苦心地从爱迪生的相关史料中寻找材料来建立这种留声机出现的起始点。在吉特尔曼看来,这正是基特勒受限于自己本质化的媒介预设而做的无谓努力,她以略带嘲讽的方式评论道:"尽管基特勒对于媒介及其所支撑的'话语网络'的感知是如此丰富,但是他似乎不需要通过阐述留声机被发明的原因与细节来说服他的读者,因为他早已经知道什么是留声机,并且知道它们有什么意义(特别是如何实现这种意义)。"

在吉特尔曼的视角下,留声机则是一种完全双重人格式的机器,因为留声机在发明时候的样子,与后来的样子可以说是完全背离的。留声机并未在发明家的实验室里就被定了形,相反,围绕着将声音记录到纸面的铭文形式,留声机在持续的发展之中,所牵涉的社会情境和社会公众及用户群体,不断推动留声机焕发出新的意义。吉特尔曼认为,美国背景下的早期留声机起码展现出三种样貌:首先,在1878年,也就是爱迪生制造出留声机的第二年,锡箔录音机出现在美国公共语境之中,由全美各地的签约展览者们在地方公共场合进行展演,作为一种表演形式的留声机被看作可以捕捉和储存声音的工具,它将声音转化到锡箔纸的划痕之中,观众通过演示活动以及滑稽表演,见证这种独特的对言说的书写方式,重新思考其与记录之间的关系;其次,到了1889—1893年,所谓的蜡制圆筒改良之后,留声机以投币留声机的形式,被放在公共会客厅、沙龙、酒店、商场等地方,供人投币后通过听筒收听音乐录音。借助投币留声机,当时美国时兴的户外乐团音乐被留声机带入室内,一种公开购买、私人收听标准化声音的商品化关系和由此带来的消费公众借此形成;再次,到了20世纪初,留声机逐渐成为最普遍的非印刷类大众媒介,它以家庭留声机的样态深入高度异质的各种社会群体之中,包括被划分在公众范围之外的女性、少数族裔、婴孩、残障人士等。预录制唱片推动家庭留声机重复性的音乐收听作为一种居家娱乐形式而盛行,留声机录音取代女性主导的业余家庭声乐文化,带来既包含歌剧又包含多元范畴音乐的专业和标准

---

① 基特勒. 留声机 电影 打字机[M]. 邢春丽,译. 上海:复旦大学出版社,2017.

化的收听体验,参与塑造美国中产社会的家庭文化。总而言之,吉特尔曼所看到的留声机史,囊括了从锡箔留声机、投币留声机、家庭留声机等多种社会场景下的留声机形态,充分展现出留声机在功能和用途、录音内容、使用规则、收听模式,以及所牵涉的社会网络及所造成的社会影响上的多样性。

四

历史不仅是过去,还是牵涉到当下的过去。展现过去的同时,也实现对于当下的界定。如果说媒介始终处于一种不断更迭革新的状态之中,那我们所存在的当下又是处于这种历史的什么位置?

毫无疑问,自20世纪末以来,我们所处的当下就是数字媒介的时代。在将媒介看作本质化实体的媒介史家的典型观点里,数字媒介时代可被视为"媒介史的终结"。同样是基特勒,他早在数字媒介方兴未艾的时候就明确宣称,"渠道和信息的数字一体化抹除了各种媒介之间的差异。音响和图像、人声和文本都被缩减成了表面效果,也就是用户所熟知的界面","一个基于数字基础之上的媒介联合体将消灭媒介的概念本身"。① 也就是说,这种建立在媒介作为本质化实体的范式之上的历史书写,在数字媒介的案例里触碰到了自己的边界,数字媒介前所未有的整合性和去形体化,驱使媒介学者将数字网络看作媒介发展成熟且整全的最终形态,从而使得媒介如同弗朗西斯·福山笔下的人一样,走向历史的终结。

然而,在吉特尔曼笔下,前述作为"媒介史的终结"的数字网络,转而变成了一个新历史的发端。在吉特尔曼看来,所谓数字化的意义,并不是针对既往媒介所实现的整合,而是实现了一种作为铭文形式的数字文本,进而改变既往文献学所形成的各种经验与知识。这种新的文本形态,同样在伴随着互联网的发展及其应用时空场景的变化而持续展现出各种意义。和留声机类似,吉特尔曼也梳理出至少两个时期网络的面貌:第一个时期是20世纪中叶,互联网的前身——阿帕网络处于构建阶段,以阿帕网络主要领导者利克莱德为代表的技术团队,设想借助数字文本来解决科研文献数量膨胀所带来的文件管理系统危机。在阿帕网络构建初期,技术人员尝试利用网络传递意见征求(RFC)文件,由此逐渐建立起数字文本沟通的文本模式、操作规范、输入/输出设备乃至应用场景,使得数字文本作为一种新的文献学形体成为现实。第二个时期则是数字网络实现全球应用的当下,所谓的数字文件已经不再仅仅局限于被数字化的物理文本,相反,完全根植于数字环境的文件已经出现。这种新的文件形态的存在,既带来既有的文献学事实性的消解,也带来新的事实性维度:数字文件增删修改的易变性,

---

① 温斯洛普-杨.基特勒论媒介[M].张昱辰,译.北京:中国传媒大学出版社,2019:87.

使得对于文件作为证据的引用实践变得困难,时时伴随着链接失效、文件丢失的风险;网络的实时性洗刷了大众媒介以准时为核心逻辑的时间性,使得数字文件不再以明确的时间节点和节奏进行发布,而是在不断的更新和演变之中持续存在于当下。因此,对于数字文件来说,获取时间作为一种新的历史事实维度,其意义比发布和修改时间更为重要。总而言之,从阿帕网络对文本进行数字化的时期,到互联网时代原声数字文本时期,数字网络持续地拓展和刷新对于文本的感知、实践及经验。由于数字网络并不存在一个成形的、完整的样态,在当下,它仍然时时处于更新变化之中,并且可能在未来展现出更为丰富的文本事实性维度。因此,历史并未因为数字媒介而终结,相反,数字媒介的出现,为川流不息的媒介史长河又开辟出一条新的支流。新范式下的媒介史对于未来呈现出巨大的开放性和可能性。

五

吉特尔曼对媒介史的范式创新,不仅使得媒介史成为研究新媒介的一种方式,而且对整个人文学科的反思与重构都有所助益。

对媒介进行思考的缺乏,是传统人文学科所存在的一个问题。事实上,对于科学研究特别是科学人类学研究来说,已经出现对于科学知识的社会学思考,既有的研究已经探讨过生物学家如何使用显微镜进行观察、植物学家如何利用简明拉丁文辨析植物、物理学家如何应用数学模型概括复杂现象等,都是将学科知识的"真理"放到科学铭文的视角去思考,而在人文学科里,鲜有研究探讨艺术史家如何学会观看、历史学家如何学会阅读、哲学家如何学会论辩这样的议题。这样的问题对于理解学科知识的历史形成及变迁至关重要,而解决问题的切入点,正是作为铭文的媒介。

事实上,作为铭文的媒介是整个人文世界的基础性要素,通过媒介的储存与记录,阐释实践以及由此形成的人类思想才得以可能,同时,作为基础,媒介也塑造阐释的方式。所有的人文学科,无论是文学、美学、艺术学还是其他,其学科的建立、知识的生产,都建立在媒介所支持的阐释的基础之上。这就意味着,新媒介的涌现,也必将带来人文学科认识论和阐释实践的变迁。基于这样的视角,吉特尔曼大胆地宣称:媒介史具有成为一门元学科的潜力与野心。

这样一种离经叛道的观点,可以在前文所述的留声机和网络的历史中得到阐释:留声机提供了一种跨过书写、直接将声音转化为纸面痕迹的记录模式,在留声机的衬托下,书写和印刷作为一种记录方式的人工性显现无遗。留声机变成记录的主体,人则变成被记录的对象,赋予人一种抽象的记录的感知。因此,留声机开辟了"记录"这个词的意涵:记录不仅仅有被书写和印刷所赋予的意指进行真实事件的登记的意思,还包括指涉特定主体的过往表现,例如"打破纪录(record)"。作为后果,在同一个时期的文学史家摩西·科特·泰勒(Moses Coit Tyler)的《美国文学史》中,作者就创造性地从言说与书写的关系切入,将书写和印刷看作寻求既往记录的一种痕迹来处理,开辟了美国文学史最初的框架和模式。同样地,数字网络制造出一种数字化的文件形式,这同样使得一种去形体化的作为思想的文件被感知到,而所有具形体的文件都被看作对于这种思想的贫乏的物质复制。这样一种对于文件的认识,同样深深地影响到同时期的文学史实践,显著地体现为一场由芒福德发起的美国历史上有名的文学"群架",美国现代语言协会的美国作家出版中心所出版的六卷本《爱默生日记及其杂项笔记》将象征各种版本问题的记号标记穿插于爱默生的文字之中,芒福德谴责其为一场"排版损毁"。究其原因,在芒福德等人看来,爱默生思想里的文本才被看作原始和珍贵的,而后续的印刷版本无非都是对接触其思想的阻隔。

诚然,吉特尔曼的分析颇为大胆并且未及构建严密的逻辑论证,但是,从留声机到数字网络,从泰勒到芒福德,都展现出一个时期的文学知识形式与该时期新媒介的经验可能存在密切的关联。因此,按照吉特尔曼的观点,文学史和媒介史同根同源,媒介史聚焦于影响人文主义与人文学科的操作实践,将媒介面向的机制阐释赋予文学知识形成和变迁。尽管吉特尔曼关于媒介史可作为元学科的断言,未必能够让现在的人文学科各领域研究者服膺,但是,这样的思考确乎能够对当前时代人文学科变动不居的命运提供一种别样的思路。

六

在21世纪初,吉特尔曼所倡导的新媒介史书写范式,彻底改变了既有媒介史范式将媒介凌驾于历史情境之上的问题,通过援引欧陆科学人类学的理论资源,吉特尔曼将媒介看作铭文,摒弃媒介的本质化预设,对多元的历史情境抱持开放的态度,展现出一种以媒介新新不息、持续变革的新历史样态,从而使得媒介史在数字时代焕发活力,甚至突破学科的边界,成为探索人文学科知识形成及变迁之基础的一种分析维度,显现出元学科的雏形。

吉特尔曼的媒介史创新也对中文学术语境下的媒介史研究具有启示性意义。在数字革命的浪潮之下,媒介研究在中国成为炙手可热的学术领域,媒介史研究成果的数量和质量在数十年来均有显著的跃升。然而,许多以中国作为经验土壤的媒介史研究,往往不言自明地接受某种来自其他历史情境之下的媒介本质化设定,一种典型的现象就是直接将西方媒介研究中对媒介形态的认识作为标准,为这种标准定制中国背景下的经验表现,例如大众媒介时代报纸与第四权力、舆论监督,电视与公共文化,数字媒介时代的隐私、网络中立等。然而,以上这种研究路径所忽略的是,无论是报纸、电视还是数字媒介,都可能在中国的经验土壤上生长出自身的样态,将其作为西方标准的镜像则可能使得媒介的特殊性与复杂性被遮蔽起来。推而广之,对媒介本质化设定的反思,还可能发生在以中国之内不同时空场景为基础的媒介研究之间,古代与现代、晚清与民国、口岸与内地、中央与地方、城市与农村,凡此种种。因此,吉特尔曼的研究启示我们,媒介史研究所要关注的方向,应该是报纸在江南、华北和广东,电视在东部沿海和西南边陲,微信在都市和农村,或者报纸在晚清、民国和新中国时期,电视在有线和数字时期,数字网络在门户网站时期和社交媒体时期,分别创造出什么样的可能性,对于人类社会的文化境况起到什么样的作用。也就是说,只有朝向差异性和特殊性的混沌前进,中国的媒介史才有可能不断推陈出新,乃至在人类理解媒介的学术历史中拥有自己的位置。

前　言

这本书现在所呈现出来的模样，已经和我最初对它的构思有了很大的不同。一开始的时候，我只是想基于我和杰弗里·B.平格里（Geoffrey B. Pingree）共同主编的文集《新媒介 1740—1915》（*New Media，1740-1905*）（MIT，2003）写一本学术专著。杰弗里和那本文集的作者们，使我在媒介史书写上受益良多，因此我期待着这本书在声音录制的早期历史上，能够比我曾经的作品《手稿、槽线与书写机器》（*Scripts，Grooves，and Writing Machine*）（Standford，1999）更为尖锐和清晰。因此，正如卡洛琳·马文恰切的说法，这是一本关于"古老技术的崭新时刻"的著作。并且，它通过声音录制的案例，以严谨的方式开启了关于媒介研究能够如何将数字媒介历史化的重要议题。在本书中，不管是这个议题还是马文式的视角，都因一种猜想变得复杂——这种猜想至少在20世纪60年代就已经根植于媒介研究之中——这种猜想就是，作为历史主体的媒介具有一种令人惊异的自反性（reflexive）。也就是说，没有办法跨到媒介之外，或者撇开媒介来"书写"它们的历史；研究者们之于他们所研究的媒介来说，同样是恒常先在地"就位"的。

随着我对本书工作的逐渐深入，我最初所预想的分裂——旧的新媒介和新的新媒介之间的分裂——被证明同样存在着某种重要的连续性。由此，第二个层面的争议开始出现——探求记录与文件之间的共通性（commonalities），以及留声机与数字网络之间，或者播放音乐和检索信息之间的共通性。这一层面的问题浮出水面，使得本书对人文学科的关注逐渐变得和对媒介史的思考同样重要。记录和文件都是人类思想的核心（kernels），也是现代阐释学工作的核心，后者紧密关联着19世纪大学里历史与文学的学科建制，以及许多广义上的不那么具有学术性质的公共记忆机制，例如图书馆、博物馆和其他权威性文化自我认同（self-identification）的关联形式，例如文集、参考书、文献目录和类似的纲要。这些结构以不同的方式使得保存和阐释，或者更确切地说，阐释和保存的文化冲动成为必要，因为从记录和文件的层面对它们所进行的分析，揭示了恒常先在地内含于保存的渴求或者行动之中的阐释性结构。文化会进行自我保存。并且,这种看法根植于一系列鲜少受到关注的预设之中,审视这些预设尤为重要,尤其是在今天,保存逐渐成为今天新媒介的功能——举例而言,借助数字设备,将某些东西"存放于"(on)或者"写进"(to)服务器的硬盘驱动器。

我要感谢通过贡献他们的建议、批评、耐心、热情和才学来支持我的朋友与同事。其中,有部分人在成书阶段阅读了我的研究部分:我要感谢乔纳森·奥尔巴赫(Jonathan Auerbach)、朱迪·巴比特(Judy Babbitts)、温迪·贝利(Wendy Bellion)、卡洛琳·贝坦斯基(Carolyn Betensky)、加布里埃尔·科尔曼(Gabriella Coleman)、特里·柯林斯(Terry Collins)、帕特·克莱因(Pat Crain)、艾伦·加维(Ellen Garvey)、凯蒂·金(Katie King)、马特·基森鲍姆(Matt Kirchenbaum)、莎拉·伦纳德(Sarah Leonard)、丽莎·林奇(Lisa Lynch)、梅勒蒂·麦吉尔(Meredith McGill)、杰弗里·平格里、埃琳娜·拉兹洛戈娃(Elena Razlogova)、劳拉·里加尔(Laura Rigal)、亚历克斯·鲁索(Alex Russo)、劳拉·伯德·夏沃(Laura Burd Schiavo)和盖尔·瓦尔德(Gayle Wald)。我同样也要感谢在初稿刚完成之际听我试讲的受众,他们遍布于现代语言学会(Modern Language Association)、美国研究学会(American Studies Association)、"转型中的媒介"会议(Media in Transition conferences)以及哈佛人文中心(Harvard Humanities Center)、新学院大学(New School University)、爱荷华大学(University of Iowa)、康考迪亚大学(Concordia University)、马里兰大学(University of Maryland)、明尼苏达大学(University of Minnesota)、麻省理工学院狄伯纳研究所(Dibner Institute at MIT)、达特茅斯学院莱斯利人文研究中心(Leslie Center for the Humanities at Dartmouth College)、天主教大学(Catholic University)的历史系专题研讨会和罗格斯大学文化分析研究中心(the Center for Cultural Analysis at Rutgers University)。这些机构里慷慨大方的主办者之中,不仅有上文所列举的人,还有其他为我提供道义上与知识上支持的朋友和同事:杰森·卡米洛特(Jason Camlot)、罗伯特·弗里德(Robert Friedel)、保罗·伊斯瑞(Paul Israel)、亨利·詹金斯(Henry Jenkins)、大卫·索伯恩(David Thorburn)、罗伯特·莱文(Robert Levine)、汤姆·奥格斯特(Tom Augst)、利亚·普莱斯(Leah Price)、乔纳森·皮克(Jonathan Picker)、劳伦·拉宾诺维茨(Lauren Rabinovitz)、埃里克·罗森布勒(Eric Rothenbühler)、迈克尔·华纳(Michael Warner)和马克·威廉姆斯(Mark Williams)。还有许多出席和参与这些活动但没有出现在名单里的人,他们对于这项工作也是非常重要的。我也要向天主教大学媒体研究专业的同事和学生表达同样的谢意,是你们让媒介研究变得值得关注和充满乐趣。最后,一如往常的特别致谢,献给克劳迪娅(Claudia)、希拉里(Hillary)和艾利克斯·吉特尔曼(Alix Gitelman)。

这本书是美国国家人文基金会(the National Endowment for the Humanities)的合作项目。由于天主教大学的鼎力支持,使得我可以充分地利用这次合作机会。对此，我对基金会和大学都充满感激。同样要向道格·塞里（Doug Sery）、瓦莱丽·吉里（Valerie Geary）、德博拉·康托-亚当斯（Deborah Cantor-Adams）和麻省理工学院出版社（The MIT Press）的工作人员与读者们对本书的审阅表达感谢。第一章中有部分内容来自我对《新媒介1740—1915》中一篇文章的修改。第二章则是对我发表在大卫·索伯恩和亨利·詹金斯主编的《再思媒介变革：转换的美学》(*Rethinking Media Change：The Aethetics of Transition*)(MIT, 2003)中一篇文章的修改，并且包含我发表在罗恩·艾格拉斯（Ron Eglash）主编的《挪用技术：民间科学与社会力量》(*Appropriating Technology：Vernacular Science and Social Power*)(Minnesota, 2004)里的一篇文章中的一小部分。这些文章放在一起之后形成了新的意义，并且基于本书的目的被我基本重写了。新旧版本之间的重合部分，都是基于我的考量。

导论　作为历史主体的媒介

本书探讨了将媒介尤其是新媒介作为历史主体来研究的方式。它使用了两个案例，一个是声音录制（1878 年到 1910 年间的"新媒介"），另一个是万维网，因为万维网是今天通常说的"新媒介"的最主要的体现。为了阐述这些案例，我将从"所有的媒介都曾经是新媒介"这样一种老生常谈的观点（truism）出发，并且伴随着一种预设，这种预设认为通过研究不同媒介的兴起年代、转型状态和身份危机，能够极大地帮助媒介史研究，以及了解过去和现在塑造媒介与传播的广泛条件。[1] 尽管我将声音录制和数字网络的历史分而述之，但是事实上两者是相互呼应的。特别是，我想要让"留声机的案例"与"网络的问题"相互对照，以此来激发读者们想象关于今天新媒介有意义的历史应该呈现什么模样，并且思考应该如何对一般意义上的媒介展开解释。

因此，本书既关乎学者和批评家如何书写媒介史，更重要的是，还关乎人们体验意义的方式，即他们如何感知世界、与他人交流、辨别过去和理解文化。媒介史的视野与类型不同，其结果也迥然不同。媒介史首先是技术方法与设备的历史吗？还是说，媒介史更适合被理解为现代传播观念的故事？抑或它们关乎感知的模式与习惯？或者是政治选择与结构？我们应该去寻求伴随着断裂、革命以及其中发生的范式转换的个别"年代"的顺序拼接，还是说，我们应该更多地关注演化和发展？如是种种针对这些问题的不同答案，预示着不同的课题，它们对我们研究和书写媒介史的方式有着实际的影响。一些媒介史研究提供了一连串发明家和机器，另一些研究则关注观念或者认识论的进展，还有的研究描绘社会实践设置的变动，当然，还有许多研究是将如上几条路径结合在一起。在每一种研究中，历史伴随着一系列关于什么是重要的、什么不重要——谁是重要的、谁不重要——的假设，以及关于媒介的意义、人类传播的特征以及解释历史变化的因果机制的假设。如果说在今天存在着一种普遍流行的模式的话，我认为那就是自然化（naturalize）或者本质化（essentialize）媒介的趋势——简而言之，就是赋予媒介一种强调媒介史比人类史更为强大的历史叙述。

对媒介进行自然化、本质化，或者赋予媒介能动性，这总是发生于人们用英语讲"媒介（the media）"这个词的时候，如同媒介是风一样的统一的自然实体。毫无疑问，这种词汇转向的发生源自一种广为流行的感知,即今天的新闻与娱乐报道共同构成了一个相对统一的机构。因此,人们谈及"媒介"在做什么,有点像在谈论"石油巨头"在忙什么或者纳斯达克指数这个月表现怎么样。人们忘记了 media 其实是一个复数名词,而非单数。media 是 medium 的复数(Media are. A medium is)。公司所有权合并的普遍风潮,进一步加剧了 media 这个词近来被含混使用的现象。往常媒介被当作(as)技术,或者关联着(with)技术,然而,现代性的一个主题就是一种本质化技术或者授予技术能动性的趋向。我举一个简单的例子:当1990年哈勃望远镜被发射升空的时候,它的主镜(ground mirror)被发现有问题,以至于它传回扭曲的太空视野。我所订阅的日报戏谑地说,望远镜"需要戴眼镜了",以调侃它本身就已经是眼镜的事实。哈勃望远镜就是媒介。也就是说,它自己不会到处窥视,除非是在比喻的层面上;相反,它在我们的眼睛与太空中的位点之间居中调解(mediates),使得我们能够以看的形式来进行感知。另外,同样的困惑,往往可能以更加隐蔽和不那么具有卡通色彩的方式出现在媒介理论家的作品里,其中,技术作为一种证据的形式出现,这一点我在后面会再提及。

虽然说语言应该被谨慎对待,然而,媒介似乎很难被精确地谈论和书写。正因如此,在我介绍早期声音录制的个案和媒介及媒介史书写的论点之前,我打算先从一个宽泛的媒介定义入手。我认为,今天的新媒介往往被认为是媒介史的终结,我的目标则是尽可能清晰地对此发出挑战。"历史的终结"这个措辞,是借鉴了弗朗西斯·福山那本富有影响力的书。福山认为,他所描述的"连贯而有方向性的人类历史最终将引导着广大人类通向自由民主"(1992,xii)。("自由"在这里指的是致力于自由放任的开放市场)。福山强调,冷战的结束和资本主义所取得的优势,使得大写的历史(History)的终结更加清晰可见。无论这个论述最终命运如何——它引发的争议不仅尖锐而且多元——我的观点是,正如福山的"人类"一样,媒介也被默认正沿着一条"连贯而有序的道路",顺着不可逆转的路线,也即一段大写的历史,通往一个特定的、并不那么遥远的终结。在今天的美国,对这一终结的想象仍然不假思索地存在着,其中充满对自由民主的信心,并且最突出地体现为那些乐观的预期,认为数字媒介的汇聚导向和谐的关联或者全球性的"协同效应",如果不是如此,那也是通向"人"与机器完美的协调。我注意到这种乐观态度,因为同样的观点并非总是能够如此乐观。在另一个意义上,分布式数字网络长期被描绘成最终的媒介:总的来说,它们是可以在热核战争(thermonuclear war)之中幸存的媒介。

这种抵达媒介史终结点的超定(overdetermined)感知,或许是导致今天新媒介出现那种古怪的恒常新颖性的原因。它存续在一种观念背后,即现代主义如今已经"整全",熟悉的时间感知已经终结。[2]它同样体现在许多流行的历史著作和纪录片的名字里,如《未来的历史》《未来简史》和《发明未来》。在学术界,这种终结性质的感知同样存在,例如弗雷德里希·基特勒那公认的"悲伤"论调,认为频道和资讯的整体数字化抹除了个别媒介的差异,因此,在不久的将来,"一个建立在数字根基上的总体性媒介将会抹去媒介的概念"(1999,1-2)。[3]与之相似,彼得·卢恩菲尔德①(Peter Lunenfeld)认为,数字提供了"一种万能溶剂,将媒介的各种差异统统溶解于比特与字节的脉冲流之中"(1999,7),显著地预示了"后现代时代的终结游戏(end-games)的终结"。按照这些看法,媒介正是在由它们激发的历史之中所消失的主体。

让我阐明一下观点:所有的历史主体自然不会是相同的。举例而言,科学和艺术的历史在构建它们各自主体的时候差异显著。远古的艺术史物件——花瓶、油画或者雕塑——至今仍然是艺术,不管艺术的品味出现多少种变化。但是,远古的科学物件——水蛭疗法、以太、地心说等——则完全不是科学,而是谬误或者科幻了。那么,媒介是哪一种历史主体?它们更像非科学性物件还是科学物件?两者之间的区别,与其说关乎历史写法类型的不同,更像是关乎人们共享的深层心像地图(Mental Map)。作为启蒙运动的遗产,这种依照习俗形成的心像地图将人类文化与非人类文化区分开来。[4]非科学性质的艺术,根植于文化并再现文化,科学则再现自然(我接受各种对represent这个词的挪用),所有的现代学科都牵涉其中。有些知识分支,比如人类学,强调了制造这种区分的问题,因为第一代人类学家倾向于将文化当作自然来进行处理。其他的学科,例如历史学自身,阐释了这种区分被采纳的成因,因为历史这个术语本身既指涉我们在过去所做的事情,又指涉我们正在书写的过去。这个语言学事实,淋漓尽致地体现为,每一本历史著作都具有两个不均匀却富有象征意义的组成部分。每一本历史著作都有一个外壳一样的介绍(就好像你现在读的这篇东西)以及内部主干。在前一部分,作者解释自己的研究计划;在后一部分,呈现自己的研究结果,也就是他所探索到的、过去发生的历史细节。[5]这两者的结合如此有效,因为两者之间的断裂,作为对文化与自然的区分的一种呼应,已经毫无反思地被它们的读者所接受,并且体现为,外壳往往追求精巧,内文则保证精确和真实("只有事实")。

媒介使得这种心像地图变得混乱。如同古老的艺术,古老的媒介也维系着意义。想想中世纪的手稿、八轨道磁带、旋转号盘电话机、旗语、立体镜、打孔卡编程:只有古文物研究者在使用它们,但它们都被公认为媒介。然而,如同古老的科学,古老的媒介看起来同样充满了令人难以接受的不真实。不管是无声电影还是黑白电视,都无法被人接受,除非是追求复古。和声学模拟性录音(acoustic analog recording)(非电子性的)一样,它们都无法做好事情。这里的"事情"主要(虽然不是唯一)就是一种再现,然而,大量媒介的混乱性就是从它们与这个摇摆不定的术语之间的纠缠中产生的。媒介对于再现是什么意思、如何实现充分的——因此也是可商品化的——再现如此至关重

---

① 彼得·卢恩菲尔德,美国数字媒介、数字人文和城市人文理论家、批评家,加州大学洛杉矶分校设计媒体艺术系教授,技术与美学研究所负责人。著有《数字辩证法》(1999)等。——译者注

要,以至于它们兼有艺术史物件和科学史物件的某些传统特征。即使是那些看起来更关乎传递而非再现的媒介,比如电报,也通过编码、连接以及今天批评家们所说的让人感觉线路另一头有人存在的"远程在场(telepresence)"的方式,提供着具有强大说服力的文本、时空和人类在场的再现。[6]这不仅仅意味着麦克卢汉在很久以前说的每一种新媒介都再现了在它之前的媒介,而且就如同里克·阿尔特曼①(Rick Altman, 1984,121)所阐述的那样,媒介进行再现及界定再现的方式,使新媒介提供了可以持续性地、日常化地体验再现本身的新场所。

当我说这是一本将媒介看作历史主体的著作时,我想做的就是激发这种复杂性。如果历史这个术语同时指涉过去发生的事件和再现过去的各种实践,那么媒介在几个不同的层面上都具有历史性。第一,媒介本身栖息于过去。哪怕是今天最新颖的新媒介也来自过去的某个时刻,不管这个时刻是广义地指被描述为伴随社会需要而发生的事情,还是狭义地指某块众所周知的绘画板或者一两轮贝塔测试(beta testing)。[7]第二,媒介的历史性也体现为,它们对过去性(pastness)的感知具有不可或缺的作用。人们不仅常常通过各种媒介再现的方式来了解过去——例如书本、电影等——而且,对媒介的使用也牵涉到与生产这种再现的过去的不期而遇。这种与过去的不期而遇有诸多形式。举例而言,一张照片提供了其对象的二维视觉图像,也同样作为一种证据、一种索引而存在,因为照片是因它所再现的过去的瞬间而形成的。其他与过去相遇的形式有可能不那么明显,不那么具有因果性,或者不那么有索引色彩,就像电视新闻的听众被"实时地"带到户外的新近事件现场,或者数字图像将图像索引(photographic index)的观念再度复杂化。

正如我所援引的哈勃望远镜的事情所启发我们的,思考媒介的一个有益的路径,是将其看作一个社会的科学性器具。自从17世纪晚期开始,科学器具作为一种具有共识性的东西,在一个成员观念契合、家境富裕的群体中出现,这一群体后来被称为科学家群体。每当一位或者一群科学家发明新的器具,他们必须令人信服地证明这个器具恰如他们所宣称的,能够再现他们所力图呈现的某一种类或者某种秩序的现象。其他的科学家则使用这样的器具,并且,在理想状况下,这个器具的被普遍接受会很快地将其转变为某一科学实践的透明事实。现在,无论哪里的科学家都不言自明地使用气泵或者电泳技术(electrophoresis)。他们如同使用望远镜一样使用这些器具,却不会陷入那些器具已经通过的、关于器具是否或者如何实现其效果的争论之中。作为某种体现为实验室实践和科学出版的社会过程的结果,器具和支持其运作的协议(protocols)(例如在什么地方或者如何使用它们的规范,以及测量单位等标准)已经变成自明性质(self-evident)的东西。

---

① 里克·阿尔特曼,美国爱荷华大学电影与比较文学系教授。——译者注

媒介技术同样适用这样的道理。发明、改造以及使用第一台电话牵涉到许多对电话技术(telephony)的自觉性质(self-conscious)的关注。然而，在今天，人们通过电话而交谈，却不用对这些问题有任何思考。作为一种社会过程的结果，技术和所有支持其运作的协议(比如使用"你好"作为开场、缴电话费，以及诸如按键式、12伏电话线等标准)变成自明性质的东西，这种社会过程包括与其他相关媒介关联的习惯。对于电子游戏、广播节目、低俗小说来说，这种自明性或者透明性，或许不像电话这么重要，但是正如批评家们长期以来所指出的，所有媒介的成功都有赖于在某些层面上对媒介技术自身(及其支持性协议)的漠视或者"无知"，以及对它们提供给用户用于启迪或者娱乐的"内容"的关注。[8]当某人像使用望远镜一样使用古老媒介的时候，当某人遭遇到陌生的协议，例如在国外使用公共电话的时候，或者当媒介像哈勃望远镜那样发生故障的时候，那些被遗忘的关于媒介是否以及如何实现其效果的问题就会浮出水面。

当媒介崭新之时，它们提供了一种角度，让我们得以看到它们的效果被构建起来的各种路径。这本书尤为感兴趣的，是媒介实现其铭文(inscription)效果的各种方式。如同其他的媒介，铭文媒介也进行再现，但是，它们所实现以及流传的再现同时具有物质性和符号性。例如，与广播信号不同，铭文更加稳定而易于保存。铭文并不会像广播一样消散于空气之中(尽管广播和电视也可以被留存——这就是一种铭文了)。这种区别看起来十分明显，然而，重要的是我关注到，铭文技术的稳定性与可储存性(savability)的形成同时牵涉社会层面和感知层面。举例而言，作为一种铭文形式的印刷术的那种固定性(fixity)，被证明既是早期印刷品传播的社会后果，也是源自印刷书籍有别于手稿的感知论以及认识论层面的条件。类似地，风景摄像的科学性或者自明性，被证明既来自19世纪插图和叙事的实践，也来自摄影术区别于全景油画以及其他形式的精确性。[9]这些案例说明，对于新媒介的介绍，永远不可能是完全革命性的：新媒介与其说是认识论层面上的断裂点，不如说是社会层面上种种持续不断的意义协商所发生的场所。比较和对照新媒介，能够提供一种了解其自身可协商性(negotiability)的视角——在这种视角下，可以看到各种力量的竞争关系，这些力量决定新媒介最终变成老媒介的路径。

类比科学器具和媒介的一个好处，是有助于在权威(authority)与失忆(amnesia)的交汇点上定位媒介。就如同科学由于与政治以及广大社会领域的分立而总是拥有权威性，当媒介定义和传播的社会过程被分出或者遗忘的时候，以及当构建和接受协议的社会过程被忽略的时候，媒介也就拥有了权威性。[10]有人也许会说，科学与媒介共享的一种支持性协议，就是对支持性协议本身的最终放弃(abnegation)与无视。[11]当科学家与社会大众忘记他们原本注意的规范与标准，进而甚至忘记他们在注意规范和标准这件事，科学与媒介也就变得透明。然而，透明性永远是虚妄的(chimerical)。尽管人们通过电话交谈的时候忘记了电话本身，然而，打电话这个语境规定了他们所说的事情以及他们说话的方式。这一点同样适用于科学:遗传学家将果蝇作为一种工具,如果换作另一种有机体,遗传学将会大为不同。[12]科学特有的权威性使得这样的断言看起来令人不适,但是如果我们切换到共享的心像地图的另一半,可能可以让这个论点变得更加清晰。如果在鉴赏一个艺术作品的时候不考虑它的媒介物(是油画还是水彩?用花岗岩还是泡沫塑料雕刻)那就毫无意义。同样地,在思考"内容"的时候不考虑传播内容、呈现内容、限制内容可能性的媒介,同样毫无意义。无论所讨论的内容是上个世纪的东西还是现时被称为"信息"的东西,它都不能摆脱或者缺乏界定它本身的媒介。把信息看作独立于媒介、完全内含于媒介,或者被媒介所遮蔽(uninformed by)的想法,无论是一个多么普遍的现象,都只能够加重已经存在的结构性失忆。[13]

我将媒介定义为在社会层面上所实现的传播结构,其中,结构包含技术形式以及它们关联的协议,传播则是一种文化实践,一种在同一心像地图上共享或践行关于再现的流行本体论的不同人群的仪式化组合(collocation)。[14]同样地,媒介是独特而复杂的历史主体。它们的历史是社会性的,也是文化性的,不是一个技术如何领导其他技术的故事,也不是个别的天才在世界上施展魔力的故事。就如同威廉·尤里齐奥① (William Uricchio,2003,24)所说的,想要对媒介进行充分解释,就需要"拥抱复数性、复杂性甚至是矛盾性",以理解这些普遍的动态文化现象。

不可否认的是,以这个方式定义媒介,将会保持其中的混乱性。如果媒介包含了我所说的协议,它们也将包含大量的规范性法则和缺省条件,后者像星云般聚集和依附在一个技术核心的周围。协议体现了丰富多样的社会、经济和物质关系。因此,电话包含了礼貌性的"你好"(Hello)(至少对英语世界的通话者是如此),以月为单位的订单周期,以及从物质上连接我们电话的电线和电缆。电子邮件包含了所有精心铺设的技术协议和构成互联网的连接服务提供方,还包括让电子邮件得以"输入"的英文打字键盘,以及人们关于电子邮件体裁所共享的认识。电影所包含的范围,则囊括了从影片齿孔到在家坐待观影的普遍感觉的所有东西。有些协议被国家标准技术研究所 (the National Institute of Standards and Technology)或者国际标准化组织(the International Organization for Standardization)这样的实体所强制推行;有些协议则是被微软这样的巨头公司有效推行,因为市场往往共享它们所乐见的东西。然而,还有许多其他协议是从草根阶层涌现出来的。有一些看起来自成一格(sui generis)、零落分散以及被充分地形式化,也有一些类似数字体裁(digital genres)、视频租赁和计算机键盘,是从不同媒介的复杂混战之中涌现出来的。协议并非静态的,尽管规范与标准拥有强大的惯性,然而它们能够并且确实在改变,因为它们正是变动不居的社会、经济和物质关系的体现。

---

① 威廉·尤里齐奥,美国麻省理工学院比较媒介研究教授,荷兰乌得勒支大学比较媒介史教授。——译者注

技术核心也同样没有那么稳定。事实上，它们作为核心的连贯性特征（coherence）可能是试探性质的（heuristic）。（也就是说，它们只是在被看到的时候是那样的。）正如沃尔特·本雅明（Walter Benjamin，1999，476）对于历史主体所谈到的，"当下决定了过去之对象中的某个位置，在那里，对象之前的历史（fore-history）与之后的历史（after-history）出现区分，从而可以界定出它的核心。"以此观之，把"电话""照相机"或者"计算机"看作一种"媒介（the media）"——现在则主要是"互联网"和"网页"——以及将技术自然化和本质化，如同它是各种变化的漩涡里的那个不会变的"具有某些先天自我规定属性的稳固物件"，是个极大的谬误。[15] 相反，更好的做法是在1890年的美国乡村辨析电话，在20世纪20年代的布达佩斯研究广播电话，或者在21世纪之初的北美研究移动电话、卫星电话、有线电话和无线电话。特殊性才是关键。与其说技术是静态、迟钝和不变的，不如说正如乔纳森·克拉里（Jonathan Crary，1999，13）所言，每种媒介都遵循"一种置换（displacement）和退化（obsolescence）的过程，而这一过程是现代化的狂乱运作的一部分"①。让我们再思考一下今天的数字媒介变化有多快。必须清楚的是，媒介是一种极为特殊的场所，以承载社会的以及在特定历史和文化之中的极为特殊的意义经验。基于这个理由，本书主要的书写方式是个案研究。

由于所有这些特殊性，媒介往往被不同学派整合在一起以探讨其总体性意图（overarching purposes）。如果正如批评家所认为的，媒介是意义经验的场所，那么意义及其经验在何种程度上会被其技术条件所决定和规限？它们又在何种程度上被代表好莱坞、贝塔斯曼、美国在线/时代华纳以及逐渐稀少的跨国媒介集团联合利益的"文化工业"所推行或者形成结构性影响？又或者说，意义的经验更主要的是被生产，而非被决定或者推行？这里的生产是如何同样包含着力量差异明显的普罗大众（他们经验着意义）和跨国工业的？[16] 这种抽象的谜团背后是切切实实的政治。如果意义被工业所推行，那么对媒介的监督就成了现实可行的工作：抹除电视上的暴力，标注具有冒犯性的歌词，将会保护少数群体不受伤害，并且减少暴力犯罪。然而，如果读者和听众自身通过多方行动来生产他们所热衷的意义，那么对媒介的监督就显得无关紧要了。读者会生产他们想要看的暴力内容。在这里，存在两种能动性的不同版本。媒介受众要么缺乏能动性，要么拥有能动性。没有人敢说真理不会存在于这两个极端位置之间，然而，当问题出现的时候，立法者们往往需要做出抉择，要么是，要么否。

能动性的相关问题对于媒介史至关重要。就像我说过的，存在着一种将媒介看作它们自身历史之中能够自我行动的施动者（agent）的流行趋势。因此，杰伊·大卫·

---

① 这段引文的翻译参考中译本：克拉里.知觉的悬置：注意力、景观与现代文化[M].沈语冰，贺玉高，译.南京：江苏凤凰美术出版社，2017.——译者注

博尔特①和理查德·格鲁辛②(Jay David Bolter and Richard Grusin,1999,15)认为媒介能够将它们自身呈现为——

> 其他媒介重新塑造或者改良后的版本。通过数字对线性透视的绘画、摄影、电影、电视和印刷的遵循、竞争与改造这个方式,数字媒介能够被最好地理解。没有媒介……能够在与其他媒介相隔绝的情况下实现其文化效果,就如同它们不能在隔绝其他社会及经济力量的情况下生效一样。新媒介的新,来自新媒介对旧媒介的重造的特定方式,以及旧媒介为回应新媒介的挑战而对自身的改造。

在这里,博尔特和格鲁辛对作为社会及经济力量的媒介的辨析,使用了大量看似将媒介作为具有意图的施动者的措辞,讲得好像媒介有意地重造彼此,并且"实现文化效果"。无论博尔特和格鲁辛将不同媒介在形式层面进行比较和对照的分析是何等机敏,他们都似乎完全剔除了所有人类施动者的表述,如同媒介自然而然地就是那个样子,不需要作者、设计者、工程师、企业家、程序员、投资人、媒介所有者或者听众。当然,博尔特和格鲁辛所知道的远比他们多得多。[17]按照雷蒙德·威廉斯的看法,人们如此书写的原因,是因为能动性是如此难以辨识:威廉斯[(1974)1992,129]强调,"只有在我们没有识别和挑战其真正的能动性的时候",技术创新才会呈现为自然发生的样态。

尽管如此,颇具讽刺意味的是,那些颂扬发明家个体真实能动性的学者们,最终往往与博尔特和格鲁辛殊途同归。基特勒的媒介话语分析大为称颂托马斯·爱迪生,在声音录制的发明上,为发明家的能动性提供了好几个不同的版本。按照基特勒(1999,27)的说法,"爱迪生的留声机""是在改造电话与电报的尝试中,为了节省昂贵的铜板费用而出现的副产品"。然而,基特勒同时认为,爱迪生是在"尝试改进摩尔斯电报的加工速度,使其突破人类极限的尝试中发展出他的留声机",并且,他能够实现这个发明,有赖于"威利斯式的机器(用以合成声音)给予他灵感","斯科特式的机器(用以绘制声波)促使他将其实现"(190)。③尽管这些说法都颇具说服力,包含着人类的能动性与意志,但是基特勒无法提供任何证据去支持这些观点。他或许可以从现存的卷帙浩瀚的文档中找出引证,例如1877年以来爱迪生的实验记录册或者通讯文件。举例

---

① 杰伊·大卫·博尔特,佐治亚理工学院文学、媒介和传播学院新媒体卫斯理讲座教授。——译者注
② 理查德·格鲁辛,威斯康星大学密尔沃基分校英文教授。——译者注
③ 按照基特勒在《留声机 电影 打字机》一书中的介绍,威利斯在1829年通过实验,将橡胶舌与齿轮安装在一起,齿轮转动带动橡胶舌震动,伴随转速变化,发出高低不同的声音;斯科特则发明了一种声谱描记法,用一个喇叭口将进来的声音放大,把它们传送到薄膜之上,再用粗硬的猪鬃将它们转换到涂满煤灰的圆筒上。基特勒认为这两个发现都对爱迪生的发明有关键性影响。——译者注

而言,从那年7月开始的文件显示,爱迪生正在努力改造亚历山大·格雷厄姆·贝尔的电话中的咝音清晰度。在一份于7月18日所写的题为《会说话的电报》的技术笔记中,爱迪生(1994,443-444)评论道:"借助一个带凸点的膜片","话(音)震动"在蜡纸上"留下的凹痕良好",因此,他推断,他可以"在未来的某个时候实现对人类声音近乎完美的自动储存与复制"。这样一种想法的实现,可以被称为留声机的发明,对于在接下来几个月在新泽西的门罗公园所发生的大量相关行动也是同理。在我看来,与其说基特勒是夸大其词或者考证不够(undercited),不如说他的论证依赖于杰弗里·温特罗普-杨和迈克尔·伍兹(Geoffrey Winthrop-Young and Michael Wutz,1999,xiv)所命名的"内在技术逻辑"(intrinsic technological logic)——一种基特勒认为在留声机发明出来的时候就内嵌其中的逻辑。[18]尽管基特勒对媒介以及其所支撑的"话语网络"的感知是如此丰富,但是他似乎不需要通过阐述留声机被发明的原因与细节来说服他的读者,因为他早已经知道什么是留声机,并且知道它们有什么意义(特别是如何实现这种意义)。同样地,这使得一种媒介在其自身的历史之中,既作为证据,又作为成因而存在。

在上文中,我已经摒弃了将媒介看作社会及经济力量的想法和将媒介看作一种内在技术逻辑的观念。媒介更适合被看作社会及经济力量的结果,因此,它们所拥有的任何技术逻辑也只是看起来像是内在的。这就是说,我同时摒弃了一种还原性的反决定论立场。在某些层面上,媒介非常具有影响力,它们的物质特征能够发生作用(无论是字面上的还是象征意义上的),对于一些在广阔流通之中表达并构成社会关系的本地传播条件起着决定性影响。这种媒介的"物质性"是让我最感兴趣的地方之一。提供颗粒度精细的个案研究的优势,就是能够使得这种复杂性显现出来。在留声机和数字网络的案例中,我的论述所涉及的时间范围都比较小,并且,我也将视野限定在我最熟悉的美国的文化地理之上。尽管这样一种视角有着明显的局限,但是每个案例的细节与特殊性能够使解释变得精确,同时广泛地暗示着新媒介出现以及介入它们的文化及经济语境的方式,新媒介与相伴流行的符号的、感知的及认识论的条件相互塑造的方式。

本文选取两个特殊案例进行阐述,一个相对久远,一个相对新近。因为这种阐述,本书的形态与最近备受推崇的"媒介考古学"有诸多契合之处。就如同基尔特·洛文克①(Geert Lovink,2003,11)对考古学视角的概括,"媒介考古学首先是一种方法论,一种用于对抗过去之质感的关于'新'的阐释性解读,而非对从古至今的技术史的讲述。"洛文克认为,媒介考古学家通过以"历史而非其他路径"来解读数字媒介,以寻求从根本上摒弃目的论,摒弃从结构上类似强制植入元历史的叙事性解释。[19]因为,对

---

① 基尔特·洛文克,荷兰阿姆斯特丹大学应用科学系教授、网络文化研究所创始主任。——译者注

故事的讲述相当于向事件加入一个回顾性的逻辑,而这正是这些学者们希望规避的,也是他们批判叙事的理由。(就好像,与此类似地——在文化研究中,没有人愿意承认技术决定论,也没有人想要成为历史学家,除非是所谓的"新"史学范式。)这就解释了列夫·马诺维奇所看到的俄国的建构主义电影与今天的新媒介之间的"共同点"。这也解释了为什么艾伦·刘①(Alan Liu,2004b,72)能够通过将泰勒制科学管理所使用的纸面格式与今天的"符码话语"(encoded discourse)进行精巧的对照,揭示出一种"令人惊讶的连接带宽",因为其中过去只不过是作为"未来的索引或者占位符(而非动因或者先例)"而存在。简而言之,摒弃历史叙事的动力将研究重新描绘为一种"美学"或者"文学"事业的形式,它倾向于植入时间上的不对称性。[20]过去往往在形式上呈现为分散孤立的状态——作为轶闻而存在,或者说通过轶闻而存在——现在则保持着极为微妙或生动的周期性特征(periodicity),例如,洛文克(2003,43-44)的研究就仔细分析了 20 世纪 90 年代中期"*Mondo 2000*②和《连线》(*Wired*)③那种自由主义神话的科技想象;伴随互联网狂热而来的媒介的大众化;2000—2002 年危机期间的企业合并"以及今天的网络化浪潮。[21]

我想要从几个面向上将我的方法与媒介考古学和相关的文化研究区别开来。媒介考古学恰当而富有成效地聚焦于一种从文化上生产现在的历史叙事。后文的两个案例研究则进一步寻求存在于过去并且关乎过去的意念(mindfulness)的相关形式。那么,为什么选择这两个案例呢?这是因为它们都描绘了——甚至可以说,叙述了——技术与社会变革以及我所说的"文化数据"明里暗里的各种介入传唤出当代事件的未来叙事性的那些时刻:录音与文件,也就是现代文化之中那些可被归档的细节,或者说不可化约的碎片。它们被广为流行而不断演化的知识结构看作可归档,并且因此传唤、要求或者挑战着保存工作。这种意义上的历史,与其说是发生于过去的文化生产,不如说是发生于现在的文化生产。我的第一个案例关注发生于 19 世纪末期的系列事件,在那时,人文学科方才从制度和认识论层面进入和今天相类似的形式,变成劳伦斯·维西④(Lawrence Veysey,1999,52)所说的"面向过去的特殊(壁垒)"。(人文学科是我们面向过去的学科:历史、英文、古典学、哲学、艺术史、比较文学。)我的第二个案例关注发生于 20 世纪末期的系列事件,这时候,美国的人文学科因为国家资助的形式而极有可能变得中心化,但最终进入一个公认的持续"危机"时期。[22]我提供这

---

① 艾伦·刘,加州大学圣塔芭芭拉分校英语系特聘教授,研究领域为数字人文、信息文化、科技研究等。——译者注

② *Mondo 2000* 是 20 世纪 80—90 年代在加利福尼亚州出版的一本网络文化杂志,内容涵盖虚拟现实和智能药物等主题,是早期赛博朋克的代表性文本之一。——译者注

③ 《连线》是美国新兴技术文化领域最负盛名的月刊之一。由路易斯·罗塞托(Louis Rossetto)等于 1993 年创立。在中文世界颇具知名度的凯文·凯利(Kevin Kelly)、克里斯·安德森(Chris Anderson)都曾供职于这一刊物。——译者注

④ 劳伦斯·维西,美国历史学家,研究领域为美国高等教育史,代表作有专著《美国大学的兴起》等。——译者注

两个案例,是为通过对照和比较而有所受益,而不是用一个来衬托另一个。两个案例之间的时间鸿沟帮助我"兼顾""历史的多样性和认识论的恒常性(constancy)",后者至今仍潜藏于人文学科之中,并且正如所有的协议(protocol)一样,如果不寻觅那些模糊难辨的断裂性(discontinuity),例如上文提及的时间架构和新媒介的新颖性所共有的断裂性(discontinuousness),那么它们往往很难被看到。[23]

在第一章中,我描述了刚被介绍给美国公众时的声音录制媒介。在1878年的春夏之际,听众可以付费参观和体验在爱迪生最早发明出来的简陋设备上制作和播放录音。一系列美国范围内的剧场展演活动(lyceum demonstration),连同许多被它们所激发的报纸报道,推动了对这一新媒介的认识。这之后,在1889—1893年,听众开始对此重新审视,认真收听。他们为爱迪生机器的改进版本掏腰包,逐渐习惯了在公共场所播放事先录制好的音乐专辑。这些努力并没有持续太久,利润空间也旋即消耗殆尽。通过事后回想就很容易明白,这些最初的尝试之所以最终会失败,是因为不管是科技还是支持科技的协议都还没有成型。尽管如此,可能还是会有人认为,不管是剧场展演还是公众娱乐的交易,都没有成功地定位到它们所预设的美国公众。媒介和它们的公众是共同进化的。因为1878年的展演此前从来没有被详细研究过,所以也从未有人清晰地展现出新媒介被经验为书写、印刷媒介和公共演说既存的动态(外在)逻辑的组成部分——而非拥有一个自身内在逻辑。听众经验并参与构筑了一个对于声音录制而言具有偶然性的否定性逻辑,以呼应新媒介的物质特征,以及其被引介、持续接受和发展的语境。

如同于尔根·哈贝马斯(Jürgen Habermas)首先提出并且被许多后学加以阐述的那样,印刷媒介和公共演说的外在的或者文化的逻辑从历史上看尤为重要,因为从17世纪的某个时期开始,它们同样作为资产阶级公共领域的文化逻辑而存在。也就是说,就其本身而言,出版物和公共演说的基本常识背后的相同预设,同样有助于"决定政治领域运作的方式",并且建立公共讨论和公众舆论的抽象社会空间,其中,有些声音和表达是合法的——并且被合法化——其他的则受到规限。[24]在某个层面上,爱迪生的留声机与这个公共领域磕磕碰碰:通过侵入印刷与公共言说的经验,1878年和1889—1893年的留声机突然使得常识上的界限成为问题,呼吁着印刷、演讲和公众之间关系的再定义。然而,在另一层面上,爱迪生和他的印刷机也成为相同问题扩展版本的组成部分。固然爱迪生不会这样来表达,但是他和他的发明本身就是一个持续的传播工业化过程的组成部分。(他的电报和电话同样适用,伴随着印刷媒介的急剧增长和多样化。)这种传播的工业化起源于新的社会经济结构,并且反过来支持推动后者。这种新结构潜移默化地破坏出版物基本常识的普遍性和智识性(sensibleness),以及政治领域的边界及运作。按照这样的理解,爱迪生和早期留声机与公共领域的关系并非仅是相互磕碰,而是通过磕碰而遭遇。在这个层面上,新媒介连同它所涌现的规范与标准,事实上帮助稳定并重构了一个普遍化或者规范性的公共性感知和抽象公众,对它而言,录音和回放浅显易懂,留声机及其录音的逻辑看起来是内在化的。

  这个上文所提及的模糊而崭新的"社会经济结构"值得进一步阐释,因为我已经将它们描述为19世纪媒介史之中具有动因性质的(当然也是互构性的)能动性。这些新的社会经济结构包含诸如现代企业,以及证券及商品期货中心化贸易的现代市场和新兴管理阶层的"看得见的手"——所有在工业化传播的历史之中,或者在詹姆斯·贝尼格(James Beniger,1986)①所说的"控制革命"之中熟悉的角色。[25]在这种解释之中较少被注意到却同等重要的,还包括一些伴随性的社会经济结构,例如工薪阶层的形成,移民人口的增长和美国的帝国主义扩张,以及印刷媒介与公共景观的大量新城市受众的伴随性涌现。如果传播的工业化广泛地关联这样的社会经济结构,那么声音录制的新媒介就会囊括体现它们所限定之关系的协议。这并不是说,早期留声机在某些角度上具有经理阶层或者无产阶级的属性。相反,新媒介的基本常识是在与控制与分化之间、传统公共领域与其潜在新成分之间的辩证法之中显现出来的。可以预见,对于新媒介定义来说最为重要的潜在新成分,在某些方面也是最不"他者"、最不陌生的。第二章就阐述了声音录制的新媒介被女性,准确地说是中产女性所深度界定的详尽过程,这些女性参与塑造了一个对家庭娱乐而言颇具新意的新媒介。

  具体来说,第二章重点关注从公共场所走向私人家庭的新媒介。这种转变在1895—1900年成功实现,粉碎了爱迪生和其他将留声机看作商业听写机器的人们的期待。录音回放,而非录制,成为这一媒介最为首要的功能,也成为它的市场持有人的利润富矿,尽管听写留声机(它曾经有一个名称叫Dictaphone)仍然留在美国市场上,一直持续到二战后磁带录音机的最终成功。从听写到娱乐的主要功能切换,被广泛解释为爱迪生"偶然天才"以及发明家爱米尔·贝利纳(Emile Berliner)"杀手级应用"(Naughton 2000,245)的案例,因为贝利纳构想了他自己的声音录制方案,并且据该方案制造的一种娱乐设备——盘式留声机(gramophone)在1888年面世。②[26]这种切换也被解释为一种工业设计上的重大胜利:更好的动力来源,更便宜的机器,以及大规模生产的音乐录音。同样地,它还被解释为文化工业的成功之举:明星演员、流行唱片、大型唱片公司以及富有吸引力的广告宣传。绝大多数的解释都同意,消费者的需

---

① 詹姆斯·贝尼格,美国历史学家、社会学家,南加州大学安南伯格传播学院教授,早期以研究统计学定量图形历史著称,后致力于研究信息社会的技术与经济起源,代表作有《控制革命:信息社会的技术与经济起源》等。——译者注

② 在英文中,gramophone主要指代使用盘式录音的留声机,phonograph则主要指的是使用锡箔或筒式录音的留声机。但是在日常使用中,无论gramophone还是phonograph,均可指代所有类型的留声机。因此,在本文翻译中,如语意特指某种留声机录音形态,则将gramophone译为盘式留声机,phonograph译为筒式留声机;如果语意泛指所有类型的留声机,则将两个词均直接译为留声机。特此说明。——译者注

求在将声音录制的新媒介转化为大众媒介的过程中扮演着决定性角色——到1910年,它重构美国人体验音乐的方式,并参与重塑美国社会生活,使得娱乐消费迅速增长。

我同意消费者的需求是决定性的,但是我想要表达的是,仅仅消费者和生产者的范畴不能完全满足对新媒介的深层定义。当媒介是新的的时候,当它们的协议还在涌现,它们所最终要表达的社会、经济和物质关系还在成形阶段的时候,消费者和生产者可能尤为难以辨认。声音录制的新媒介,根据家庭和公众的持存结构而被理解为一种家庭娱乐的形式——这种结构,主要是在19世纪晚期被转变的妇女角色,以及更长远的被转变的社会性别和文化差异体验。这种社会语境也被认为对同时期的电话、月刊、电影具有同样的决定性影响,尽管具体的影响并不相同。[27]女性参与生成了一个媒介与公共生活共有的崭新逻辑。新的声音录制媒介的协议和实际首要功能,部分地根据诸如喜剧演员模仿秀、淑女爱好者客厅钢琴弹奏等实践的语境而涌现出来,这些语境被工作与娱乐、生产与消费的潜在性别化结构所塑造。即便是媒介的技术协议,例如录音表面的坚硬度和唱针的设计,也部分地作为对女性音色的回应而出现,事实证明,它们的录音效果出奇地良好(所以也更便于面向公众发行),并且,这因此带来艺人与制作部(A&R,Artists and Repertory)常识规范的形成,以及音乐声音保真度常识标准的形成。

简而言之,新媒介的定义复杂地依托于界定和区分生产与消费的整体社会语境,而非仅仅依靠消费者和生产者自身。这并不是在消除人类能动性的影响,而只是更加彻底地描述大多数能动性所在之处,从而尽可能地摒弃对其背后经济结构或者文化政治的否认。在19世纪末的美国,声音录制媒介参与消解和持续重构对公共性的抽象感知,这种感知持续地将女性、移民和工人等"他者"囊括其中。当然,新兴的公众感知并不是像格劳乔·马克思(Groucho Marx)①那样,不愿归属任何想要将其纳入麾卜的俱乐部,相反,它是与既有的感知完全不同的东西,因为,最起码地,新公共领域主要被认为是消费者而非市民的集合体,并且按照哈贝马斯(1989)所预言的,持续地被公共性的文化溢价和公共品味所重构。我并不是想要浪漫化哈贝马斯式的资产阶级公共领域,或者过于夸大它那富有争议的解释力。固然,按照迈克尔·华纳(Michael Warner,2002,8)②的说法,公众是一个基于美国白人男性气质的"真实虚构"(practical fiction)。然而,按照迈克尔·盖斯勒(Michael Geisler,1999,99)的解释,"没有通过媒介的向心力来抵消"社会分化的"离心力",这个概念"将是无法想象的"。[28]

---

① 格劳乔·马克思,美国著名喜剧演员。格劳乔有一句名言在美国流行文化里被广为流传:"我拒绝加入任何想要将我纳入麾下的俱乐部。"——译者注
② 迈克尔·华纳,美国文学评论家、社会理论家,耶鲁大学英语文学与美国研究教授。——译者注

这样一种控制与分化之间、既存媒介公众与其潜在新成分之间的辩证法,在今天有一个稍有不同的形式,体现为不断增加的全球化研究文献之中的中心设备。直观而言,全球范围内的数字和卫星通信将人们聚集在一起,并且通过这种方式协调差异、推动文化的同质化。在这篇文献中,媒介作为一种西方文化帝国主义和成熟金融资本的工具而存在,制造出日益庞大的美国消费者的全球村。从文化层面来说,全球化是一个牵涉全球范围内技术转移和人口迁徙的过程——人口迁徙包含着移居、离散和流亡——地方主义的离心力对此只能绝望地抵抗,如果它们还能抵抗的话。无论这样一个黑暗图景多么贴切,它都是通过粗线条勾勒出来的,它粗大的笔画恐怕会模糊本就打算消灭的地方主义,并且夸大了今天的新媒介得以如此崭新的方式。

值得注意的是,在 20 世纪初期,声音录制媒介构成了日渐增长的全球经济的组成部分,体现为资本和商品在一个史无前例的范围内的流动,这种流动在第一次世界大战期间突然减少,随后一直到世纪末都保持着无与伦比的增长级量。[29] 新媒介从物质上就依靠全球化贸易——就好像德国的化工和印度的虫胶(一种录音带的清漆制作所需要的昆虫分泌物)——以及全世界范围内的录音艺人、录音工作室和留声机销售商。正如安德鲁·琼斯(Andrew Jones,2001,54)所言,"这个新的(也是利润空间巨大的)产业,从一开始就以跨国化作为特征。"英国留声机公司(The British Gramophone Company)于 1901 年在印度、1902 年在俄国、1906 年在伊朗成立子公司。1907 年,爱迪生的国家留声机公司(National Phonograph Company)(在国际舞台上只是小角色)则在欧洲、澳大利亚、阿根廷和墨西哥建立子公司。在那时候,布达佩斯、悉尼、圣地亚哥、北京、约翰内斯堡和泽西城的消费者都能买到大规模生产的音乐录音。尽管资本和制造业的根基依然最主要存在于美国、英国、法国和德国,但是录音压制工厂却可以出现在 1908 年的印度和 1914 年的中国。1907 年的澳大利亚和 1911 年的日本也通过类似的努力以不同形式取得成功。[30]

唱片公司旋即在全球范围内取得成功。其中例如黎巴嫩的百达丰公司(Baidaphone),它主攻整个中东市场,却在柏林使用贝鲁特生产的唱片模板制作录音带。到了 1913 年,阿根廷的国家唱片公司(Discos Nacional)拥有了自己的工作室和工厂,并且在阿根廷市场上一年就卖出了几百万张录音带,它的探戈舞曲录音带还以其他品牌的形式在欧洲发行。[31] 这样的结果可以被看作文化差异的协商和传播,也可以被看作文化或者消费的同质化。录音的流行参与塑造了"各式各样的新城市流行音乐"(A. Jones 2001,54),它们是因应全球性和地方性文化政治的本土表达。根据某种说法,美国哥伦比亚唱片公司在美国发行的带有"外文"名字的专辑远多于其他对手,它在 1908—1923 年为全国移民受众和小众市场所做出的努力是如此成功(Gronow 1982,5)。[32] 同时,印度的唱片公司(the Gramophone Company)同样发行旁遮普语、乌尔都语、北印度语、孟加拉语、泰米尔语、特拉古语和马拉雅拉姆语的产品目录,并且针对英语、阿拉伯语、库奇语、土耳其语、梵语和普什图语的录制工作,各自至少雇用了一名流行艺人。[33]

这些例子对媒介的启示,远远比文化的同质化及美国化,或者空前的全球性后现代扩张更为有趣和复杂。媒介参与"在全球经济秩序之中组织和重组对于差异的流行感知",以至于出现一个越发普遍的现象,即"讲到一个人所在之处,不再那么关乎他所处的真实地理位置或者根基,而是人所处的经济、政治、技术和文化流动的关系"(Curtin,2001,338)。换言之,越发普遍的现象是,全球媒介参与创造这样一个世界,其中,人的地方性(local)的形成,不仅根据他们身处哪里、从何处来,而且根据他们与地方主义及其命运的媒介呈现的关系。甚至是在一战之前,播放录音、遵循各种录音惯例的体验——包括商品化的不同形式——就已经将新的声音录制媒介转化成"堪称第一种全球方言的东西"(Hansen,1999,68)。[34] 在这里,我借用了迈克尔·科廷(Michael Curtin)①对今天电视的描述和米莲姆·汉森(Miriam Hansen)对"经典"时期好莱坞电影的解释,他们的观点确实很准确地把握住了早期声音录制和第一波全球化的特征。

声音录制在20世纪初所保持的新颖性,某种程度上和21世纪初数字传播的新颖性类似:被广泛感知为引领性的技术创新,在激烈的竞争、大肆的炒作和不断开拓的市场之中实现全球性的连接。当然,不同时期的全球化之间、不同的新颖性建构之间,都存在着差异。比较媒介研究必须是严格具有对照性的。然而,仍然有一些显而易见的共同点需要阐明,并且我认为——在现在看来颇为清楚的是——声音录制的早期历史对今天数字媒介早期历史的设想有特殊的启发作用。一部分的启发是显而易见的,一部分则涉及历史理念自身——即它对于历史或者历史事实的感知体验意味着什么,它对书写任何事物的早期历史意味着什么,以及什么是媒介史所特别关切的东西。这部分地因为,声音录制是以早期发明家与受众都没有预料到的方式在发展的,并且也因为数字网络同样是以一个史无前例的方式在发展的,这两个例子都提供了一个契机,切除流行解释中的技术决定论,并且允许以一种更为微妙的感知方式,来理解媒介的物质特征和物质事物的社会流通是如何以不同方式帮助塑造意义和传播的。缺乏兼顾物质面向和历史书写面向(historiographical)的媒介史,很容易因为今天的数字时代而忽略和消除留声机的重要性,特别是电报和电话网络——这些从直观上开始将传播"去物质化",由此塑造今天分布式数字网络的技术。[35]

从最广义的层面上来说,声音录制用于改善商业传播的初衷和作为(至少主要作为)居家娱乐的最终形态,确实体现了不少与数字媒介直接的相似性。就如同从大型

---

① 迈克尔·科廷,美国加州大学圣巴巴拉分校电影与媒介研究名誉教授,在媒介全球化、文化地理学、产业及政策研究等领域享有盛誉。——译者注

主机到个人电脑的演变，新媒介变得不再那么中心化和昂贵，并且因为存储性能的改善而变得更加"个人化"。就像基于文本的万维网（World Wide Web）在欧洲核子研究组织（European Organization for Nuclear Research，CERN）被发展出来，并且在之后被成功转化为伊利诺伊大学的程序员编写的、兼容图片的 Mosaic 浏览器，新的声音录制媒介从其研发之中被剥离出来，并且变得更为商业化。并且，如同 MP3 文件和用于音乐下载的文件分享技术，这一新媒介通过新的形式发行音乐，挑战既有的市场结构，并且挑起了我在其他地方分析过的关于知识产权的强烈争议。

尽管颇有启发性，但是这样的对比可能有点油嘴滑舌。所以，我想就声音录制和数字媒介其他方面的共同点严肃说几句。这本书与其说是关乎声音，不如说是关乎文本，比起音乐的政治经济学，这本书更关乎对于作为物质事实的意义的社会经验。爱迪生的留声机以一种新的方式记下了这些，许多它最初的使用者对此显然会觉得不可思议。使得爱迪生留声机更加可感、便携和不可逆的铭文就是录音（records）。但是不同于更为人熟知的铭文，它们也更加难以辨认（illegible）。没有人可以用阅读书写字迹、印刷品、音符，甚至鉴别照片或者获取其意义的方式来读取录音。只有机器可以"读取"（也就是"播放"）这些被精细雕刻的槽线。更甚的是，爱迪生的留声机似乎能够在不考虑说话者或者来源的前提下，将无论是噪音还是音乐的东西毫不偏颇地、统统地加以铭刻或者"捕捉"。而且，铭刻的方式似乎是直接的，不需要使用耳朵、眼睛、手、铅笔或者字母。这里所提供的关于 1878 年和 1889—1897 年（第一章）及 1895—1910 年（第二章）的解释，是关于这些新的铭文如何被理解和商品化的文化史的一部分——也就是说，在这一过程中，新的铭文逐渐不再那么不可思议，逐渐显现为文化记忆的形式或者辅助，显现为文化数据的组成部分。

数字媒介也进行铭刻，并且是以不可思议的新形式进行铭刻的。（至少对于我和其他没有工程背景的人来说是不可思议的。）举例而言，我看到被写在电脑屏幕上的文字，我知道它的操作系统和其他程序是由程序员所编写的，但是我有充分把握的相关铭文，只有那些从关联打印机输送出来的东西，可能还有那些听说被印在预先安装在电脑某处的芯片上面的东西。至少诸如打印机和微处理器回路的铭刻方式，还拥有可感性、便携性和不可逆性。至于其他的，谁知道呢？我发布储存我文件数据——无论是文本、图表还是声音——的指令，然而，在对它们的储存过程中，我对数字的可储存性并没有类似熟悉的物质性存储那样的绝对把握。我曾经将之归结为虚拟和现实之间的差异，但是没有停止琢磨虚拟铭文［凯瑟琳·海勒（N. Katherine Hayles，1999，30-31）称之为"闪烁的能指"］可能是什么样子。[36] 如同 19 世纪末期在锡箔和蜡的表面实现不可思议的声音录制，数字文件虚拟铭文的迷思，是这些存在于历史、关涉历史的新媒介的持续定义的组成部分。举例而言，按照史蒂夫·琼斯（Steve Jones，1999，23）的想象，历史是在电路中，或者更笼统地说，在磁粉之中，在组成不同储存媒介的

"凹陷与峰谷之中被书写的"。如同许多对于微小的 1 和 0 的随机请求,有些真实的幻想或者有用的虚构对于数字媒介的新兴有显著影响。

铭文不同,意义大为不同。社会学者布鲁诺·拉图尔(Bruno Latour,1990)阐述了铭文(他所说的"不可变的可移动之物")在科学领域有着什么样的威力。科学家收集和流通铭文,使用某些铭刻方式——例如电子显微照片、数据表格、实验室笔记本和规范引注的文章——来生产其他的东西——例如经费申请书和同行评审期刊的学术论文。对于其他学科或者其他类型的研究工作来说,情况也是如此。举例而言,古典学研究部分地依靠铭文性考古物件(碑刻、硬币等)以及铭文性档案物件(莎草纸、牛皮纸和今天的植物纤维纸;手稿、印刷品、索引和专题著作)。当然,社会也依靠大量不同的铭文,从街头标志、新闻报纸和视频,到病历表、价格标签和简装书。不同种类铭文的相关功能或者优点可能难以仔细区分,特别是如果人们不熟悉它们流通的社会语境的话。有些铭文在广阔的语境中都富有意义(例如,每一个成年人都知道一张美元的钞票能做什么),而有些铭文只是在特定语境之中才具有意义(例如婴儿的照片、干洗券,或者博物馆策展人在珍稀标本上所做的统一编号)。整体的新铭刻模式——例如在 1878 年通过留声机捕捉声音,或者在今天建立或储存数字文件——作为一个同时从物质和符号层面界定其效能的社会过程的结果而富有意义。计算机工程师或许可以解释数字文件是如何创建和储存的,但是我想要强调的是,这种可创建性和可储存性的日常体验至少对于数字新媒介不断发展的社会定义有着同等重要的意义。

因为所有的铭文在某种层面上都是物质的,所以有一个它们所共享的重要性质就是与过去的关系。不管是刚刚胡乱记录下来的,还是公元前六千年雕刻在石板上的,不管是片刻快门所捕捉的,还是被经年累月的书籍保存所积累的,所有的铭文都是对它们自身发生瞬间的证明。在这个意义上,它们作为自身历史的例证而存在,并因此帮助引导关于历史到底是什么的回顾性思考。[37] 举例而言,塞勒姆女巫审判的历史之所以广为人知,是因为当时的人们把它记录了下来。这些文件包含着清晰的信息,同时,因其物质性——它们的物质存在和物质层面或者鉴定层面(forensic)的特质——而携带着大量其他数据。今天的历史学家自然会阅读塞勒姆案的文件,然而也会"阅读其背景";他们分析被写下的文字,他们也从视觉、触觉和嗅觉上评估着纸质文件,甚至有时候,他们对于自己在做这样的事浑然不知。[38] 一种共享的对书写的感知,对于什么可以被写下、什么不能被写下的感知,有助于通过大量微妙的方式让书写的东西被理解。于是,书写所依赖和对应的整体社会语境存在于马萨诸塞州之上,还包括一些现在仍然存在的相关语境,尽管今天书写的默会知识包含了关于书写不是什么的有力细节:书写不是摄影;书写不是声音录制。17 世纪女巫和神学家所无法想象的铭刻模式,如今巧妙而不可避免地成为理解 17 世纪铭文的方法。

这意味着,媒介是一种具有自反性的历史主体。铭文媒介尤其与历史的运作相互纠缠,以至于将它们历史化是如此困难。没有办法完全站到"外部"来进行历史描述或者分析的工作。[39]我们对历史的感知——对与过去所关联的事实性(facticity)的感知——无法逃脱我们对书写、印刷、摄影、声音录制、电影和今天(有人或许感到诧异)储存文本、图像和声音的数字媒介铭文的经验。后面的章节在某种意义上就是对这样一种观点的例证。它们阐述了新的铭文在历史的意义与实践之中,在公共记忆的主题、单位、器具和工作之中是何等复杂。研究一个媒介的历史,能够帮助构建这种观点,即研究本身是一种类似两次踏进同一条河流的尝试:尽管不可能,但这种尝试很重要,至少能够使研究的背景(的历史性)变得清晰可见。

同样类型的自反性如何使今天的新媒介变得复杂?举例而言,如何书写一部被网络本身所结构化了的万维网史?数字铭文,连同它那些不可思议的虚拟文稿和文件,如何成为数字时代新兴的历史感知的组成部分?第三章和第四章通过一个有差异但是具有互补性的路径来探索这样的问题。第三章关注的是一些数字网络文本的早期案例。它追问因特网的前身阿帕网络(ARPANET)的创造者和用户是如何在与铭文的关联之中体验计算机网络的。他们体验数字网络文本所依赖的铭文和铭文性,是如何广泛流通的?用以界定数字媒介文件的广义上的文件是什么?与第一章聚焦于1878年和1889—1893年类似,第三章开启了一个狭小的窗口,1968—1972年,以期在新媒介出现之初对其进行观察。不过,与第二章类似,第四章扩展了视野,关注依然处于涌现阶段的数字媒介在更为新近、更加流行的时期是什么被使用的。这一章追问了历史是如何在万维网中呈现的,网络是如何被用来再现它本身的历史的。进一步地,它还追问对互联网的使用如何启发用户发现关于新与旧、关于时间、关于对过去和现在的感知,甚至是关于对终结的感知的各种潜在假设。我认为,最后这个关于互联网使用的问题,可以揭示出前面两个问题网络上的历史和网络的历史是如何关联的。这固然不是相同的,却是彼此纠缠、无法摆脱的。[40]

如同在16世纪和17世纪从欧洲来的传教士登陆不久便开始书写美国的历史,现在也有大量的人已经开始书写因特网和万维网的历史。举例而言,迈克尔·乔伊斯(Michael Joyce, 2001, 211)①承认,尽管第一个网络浏览器在1990年才上线,但是"相互矛盾的解释[从范内瓦·布什(Vannervar Bush)到道格·恩格尔巴特(Doug Engelbart),到特德·尼尔森(Ted Nelson),再到其他人]"早已被用在了数字之书那古老的遗嘱式感知上:"玛拿西子孙的后代,照着宗族和父家的数目。"②[41]这种父系的解释下的摩西或者爱迪生可以延伸到欧洲核子研究组织的计算机科学家蒂姆·伯纳斯-李(Timothy Berners-Lee),他编写和发行网络基础架构、促成第一代浏览器,并

---

① 迈克尔·乔伊斯,美国著名电子文学作家与评论家,曾担任美国纽约州瓦萨学院英语教授。——译者注
② 这句话来自旧约圣经民数记 26:28-34。民数记记载神带领百姓走旷野道路,以及两次数点百姓。引文是数点百姓时使用的方法。——译者注

且在今天领导建立在麻省理工学院的万维网联盟(World Wide Web Consotium，W3C)。[42]他和他的同事，罗伯特·卡里奥(Robert Cailliau)，向他们的单位推广互联网，作为欧洲核子研究组织钻研粒子物理学的信息管理工具。第四章将进一步研究这段互联网的历史是如何被诉说的，以及网络如何在某些方面呈现出对历史的拒绝。

在欧洲核子研究组织之外，广大的物理学家群体是万维网的早期应用者。举例而言，斯坦福线性加速器中心(Stanford Linear Accelerator Center，SLAC)的图书馆很快提供了以互联网为基础的"预印本"(preprints)——那些正在进行同行评审，但是还没有获得期刊最终出版许可而被印行或者电子发行的文章——的获取。预印本的新获取方式让它们不再那么权威，但是对于物理学家的工作变得更加不可或缺。研究物理的实践(就像研究古典学)出现改变，以适应原本只在狭隘语境中缓慢流通的铭文的新的可获取性和丰富性。[43]在学科版图的其他地方，艺术史书写也发生了类似的改变，但这种改变主要发生在20世纪早期，伴随着幻灯片讲义作为典型教学方法实践的出现而发生。就如同罗伯特·尼尔森(Robert Nelson，2000，417，422)①所解释的，艺术史课堂的幻灯片不是被当作"原件的拷贝，而是被当作物件本身"来提及和看待，以至于"仅仅基于幻灯片的论题也是具有说服力的，哪怕这个证据仅仅存在于讲座本身的修辞和技术的范围之内"。(举例而言，"来自不相关的文化的、在尺寸上迥然不同的物件被认为可以比较，仅仅因为它们出现在讲义的前后页。")根据尼尔森的说法，会形成一个更为归纳性和实证性的学科；因为幻灯片被广泛采用，艺术作品以一种新的方式变成具有自明性的事实。

伴随着艺术学学生和他们的研究主题之间符号性进展的新层面，艺术史课堂回荡着海勒那闪耀的能指时代颠倒的或者前事实性的回音。然而，这些缩略的学科历史更广泛地体现了铭文的性质特征、可获得性和丰富性，对于它们的事实性至关重要。这并不是对或错的问题，而是关于什么可以作为知识、什么不可以，或者什么是有趣而重要之事的问题。[44]并且，如果物理学研究和艺术史书写的事实性和相应实践因为适应铭文的改变而进行调整，那么思考媒介史书写的学科实践如何因为它们书写历史所依托的媒介的改变而改变，就是理所应当的事情。

注释

[1]关于这一视角还可以参考Pingree and Gitelman(2003)。"身份危机"是Altman(2004)的说法，"转型"则是麻省理工学院及其出版社所钟爱的术语。参见Urichio(2003)；Marvin(1988)。

[2]关于这一观点的讨论参见Jameson(2003)。Jameson想要"搁置技术决定论

---

① 罗伯特·尼尔森，美国耶鲁大学艺术史系名誉教授，研究领域为中世纪艺术、艺术史理论及研究方法。——译者注

的问题",却认可了一种合乎全球金融资本逻辑的"全新意识形态设置"投射于新媒体之上的症候(705);后现代主义是一种彻彻底底的现代主义,因为即时性的交流在全球范围内,以及在殖民地与殖民者之间磨平了时间性的体验。

[3]关于德国媒介研究,参见 Geisler(1999)。

[4]这里我借鉴了 Latour(1993,2000)。这是拉图尔关于人类学的看法(在本段中)以及后来他针对铭文的便携性的强调。我希望说清楚,我并不是在支持或者反对我所描述的认识论条件(即自然和文化被努力地区分开);我想说的是,这些条件是一种通俗说法。

[5]参见 de Certeau(1988,21,38,passim)。

[6]针对远程在场,可以参照例如 Sconce(2000)。必须承认,在新近的历史书写中,再现层面的媒介研究,要少于认识论、认知和感知层面的媒介研究。这有一部分的原因,就是决定论(deterministic)。盖斯勒注意到德国媒介研究对于"实际的文本性(actual textuality)"没有兴趣(1999,79),并且解释这种["有计划性的"(88)]规避,实际上是一种技术决定论("将媒介看作塑造范式的技术的一大好处,就是不需要思考关于再现的事情")以及作为法兰克福学派遗产的高/低预设的隐蔽成见所造成的后果。

[7]针对被附加的必然性,参见 Winston(1998)。

[8]正如麦克卢汉所说,"极为典型的是,媒介的'内容'让我们看不到媒介的特征"(1964,9)。

[9]这一针对印刷的固定性的评论,是 John(1998)观点的概括。针对留声机,我参考的是 Sandweiss(2002)。

[10]将科学看作有界限的和无关政治的,是一种常规的看法,但是就如同 Shapin and Schaffer(1985,341-342)通过对波义耳和霍布斯以及空气泵的解释所展现的,常规化的界限本身被证明是一种深度化的政治社会性的构造,现代科学正是从中诞生的。

[11]我在此深受 Bowker and Star(1999)的影响。

[12]遗传学"在研究的步调和(它的)问题被建构的方式上"将完全不同。类似的观点,参见 Lenoir(1994);Clarke and Fujimura(1992);Hankins and Silverman(1995)。

[13]针对信息的词源学,参见 Nunberg(1996,111-114)。针对信息的物化,参见 Nunberg(1996,116-123)。海勒挑衅式地写道"信息丢失了它的身体"(1999,2);对于这一过程(类似这样的信息的研究)的开始,参见 Day(2000)。

[14]对于这一定义的文化(以及格尔茨式的)面向,超越一个更为纯粹的关于传播的语义学模型,参见 Carey(1989,13-36)。对于这一定义的技术形式以及协议的面向,我吸收了 Bowker and Star(1999,Chapter1)对于基础设施的讨论。我希望,"再现

的本体论"从一种媒介形式的纯粹感知性的解释指向一种无所畏惧的知识的人文主义社会学。我希望走向——尽管下文不尽清晰——马克·汉森所说的"再现的'阀门'",因为我认为他的"整体论(holist)"路径和"文化主义"路径可以比他所说的更为相近。

[15]这来自 Lastra(2000,13),一个针对他称为"相机的咔嚓声"视角的媒介史的评论。

[16]读者们或许可以显而易见地从这些问题中看出麦克卢汉式媒介研究的决定论色彩(某种程度上类似基特勒),法兰克福学派在文化工业上的看法(例如阿多诺的大多数作品),和一种我必须承认充满理解的文化研究的感知力,尽管对于它的"肯定性"(affirmative)特点也有所疑惑;参见 Budd, Entman and Steinman(1990)。

[17]Bolter and Grusin(1999,78)针对他们自己的作品做出了同样的观察,我感谢 Jonathan Auerbach 指出这一点。

[18]我从未见到任何证据说明爱迪生是为了节省成本或者思考"威利斯式的机器"而发明留声机的。

[19]Geert Lovink, "Interview with Wolfgang Ernst: Archive Rumblings," February 2002, <http://www.perlentaucher.de/buch/10397.html>(accessed May 2005 via<http://laudanum.net/geert>).

[20]这是 Lovink(2003,14)的"美学事业"(aesthetic undertaking)和 Clayton(2003,39)针对后现代主义而对 19 世纪的"文学"引用。

[21]对于一种类似的微妙的周期性,参见 Liu(2004b,63;2004a)。

[22]Rosenberg(1979)和 Manoff(2004)最近的推论在这里也颇有帮助。

[23]Chandler, Davidson and Johns(2004,3),我选择谱系学而非考古学,或者让这个标签更偏培根哲学而非福柯哲学。本书追求的是最近《批判研究》(*Critical Inquiry*)特辑的导论中所描述的"传递的艺术"(arts of transmission)。

[24]Warner(1993,9)、Solomon(1993)和 Nerone(1993)也对我这里的思路有所帮助。

[25]也可参见 A. D. Chandler(1997)。这两种解释都通向技术决定论,并且在我这里的简述中,我不可否认地冒着没有充分调整讨论的术语,以将它们的因由整合到我的论述效果,或者将它们的效果整合到我的论述原因之中的风险。

[26]盘式留声机(gramophones)和筒式留声机(phonographs)以不同方式运作,并且无法播放同一个录音。

[27]我主要想到的是 Garvery(1996)和 Rabinovitz(1998),然而还有 Miriam Hansen(1991),Rakow(1992)以及 Fischer(1991,1992)。

[28]可以参见 Warner(2002)对哈贝马斯工作富有洞见的阐释。Geisler 描述了Helmut Winkler 的工作,后者将和一视角引入德国媒介研究之中。媒介的离心力是

Anderson(1991)富有影响力的"想象的共同体"背后的预设,有一点需要再说下,我觉得有一种认为媒介内在地具有离心力的危险倾向。因阅读而使社群四分五裂是一个很好的、很具有示范意义的案例,参见 Sarris(1993)。

[29]有越来越多的文献讨论第一波全球化,可以参见 Harold(2001)。

[30]参见 Manuel(1993,37-39);A. Jones(2001,53);Racy(1977,97-99);Laird(1999,18-19);Talking Machine Trade(1911)。

[31]关于黎巴嫩,参见 Racy(1977)。关于阿根廷,参见 Gronow and Saunio(1998,31)。

[32]Gronow(1998,67)判断,"在 1900 年到 20 世纪 50 年代之间,美国公司针对美国的非英语社群发行了至少 30000 种录音",尽管其中许多种可能只发行了 1000 张左右。

[33]参见 Farrell(1998,67),他注意到印度流行音乐产业的地域多样性是短暂的,并且在 20 世纪 70 年代仅仅以盒式磁带的形式再次出现。

[34]我认为,声音录制作为一种先例很容易被忽略,因为它没有提供任何视觉风格。

[35]例如参见 Levinson(1997,xii);Starr(2004,298-299)。数字媒介的"物质性"是大量学者评论的主题——例如,术语本身发展出一系列意义,使得对此的演绎十分困难——一个我在第三章、第四章会讨论的议题。

[36]正如海勒在 2002 年 4 月给我的一封电子邮件中所解释的,"当我使用'闪烁的能指'这个表述的时候",我的意念里有一个能指和所指被重新塑造的关系,它在此前的批判理论和文学理论中没有被构建出来。正如同我所强调的,索绪尔[(Ferdinand de) Saussuer]及其他人所概念化的能指,被认为在组成上是统一的,在结构上是平整的。不管被看作口语表达还是书写标记,它都没有内部的结构,能够进入符号学话语之中。然而,当能指出现在电脑屏幕上的时候,它们只是集合过程的复杂系统的最顶层,其中,MANIFEST 本身是面向用户的标记,但是当其在数字机器的语境下被看到的时候,却可以被恰切地理解为一个过程。我希望通过动名词"闪烁"(flicering)来传递这种过程性(processural)的特征,将其与印刷那种平整而持续的标记、口语所关联的那种空气冲击区别开来。

[37]我知道,有大量的东西可以被塞入这一主张之中;对此富有帮助的包括 J. Chandler(1998.60)对(Paul Veyne 和)历史的反思,以及 Poster(2001,73-74)对(雅克·德里达、朱迪斯·巴特勒和)痕迹的述行性的反思。

[38]"阅读其背景"是 Brwon and Duguid(2000)的一章中的标题,它很优雅地抛出了这样的观点。

[39]大量学者做出相关的断言。[正如 Hayles(1999,9)所观察到的,自反性是

现代批判理论的自反特征之一。]我想到是 Raymond Williams(1976)在《关键词》中对词汇(vocabulary)的观察,de Garzia(1992)对于文本真实性的启蒙逻辑的观察,以及 J. Chandler(1998)对于浪漫主义文学史的观察。

[40]研究电影和电视的学者们针对"__中的历史"和"__的历史",以不同程度的自觉意识做出了相似的观察,参见 Sobchack(1999—2000);Hanke(2001)。

[41]乔伊斯正在研究超文本和网络文化。

[42]特别可以参见 Gillies and Cailliau(2000)。加里奥将自己称为(以第三人称)"自封的万维网福音传道者"(324)。爱迪生/伯纳斯-李的比较来自 Naughton(2000,245)。爱迪生/摩西的比较来自 Carson and Gorman(1990),他们称呼爱迪生是大众文化的摩西,因为摩西引导犹太的子孙到达应许之地,但自己没有进去。

[43]参见 Gillies and Cailliau(2000,218,226-227);L. Addis,"SLAC 图书馆中的预印本即数据库活动的简明野史,1962—1994,"2002 年 1 月,<http://www.slac.stanford.edu/~addis/history.html>。关于古典学,我想到的是珀尔修斯项目(the Perseus Project,<http://perseus.tufts.edu>)以及希腊语词典(the Thesaurus Linguae Graecae),参见 Ruhleder(1995)。

[44]在思考学科本身的时候,我受到 Ruhleder(1995)的启发,并且受 Lenoir(1997)所影响,特别是第三章。

第一部分
留声机的案例

第一章　新媒介公众

1878年：锡箔

和其他所有新媒介一样,声音录制也是以旧的媒介实践作为基础而涌现出来的。爱迪生在1877年春夏之交研发电话和电报期间,偶然地产生了声音录制的想法,电话、电报这类传播设备提供了定义留声机的最初语境。对于发明者及其同时代的人来说,留声机的意义要从它的相关用途中去获取,特别是从它和既有机器所区别的地方去获取。就如同爱迪生(1878,527)所说的,让留声机变得如此不同的,是它"对迄今仍然在逃(fugitve)的声音的收集和捕获,以及(在后来)对它们的任意生产"。以前总是遗失的,总是先行逃逸的,现在可以被收集或者"捕获",并且储存下来以供未来使用了。当然,留声机捕获逃逸声音的意义,要从它的相关用途中获取,特别是从它和当时唯一的陷阱装置(snare)——纸面的铭文——所区别的地方获取。[1]

新闻界报道的潮流形成这样的启示,即最早的留声机是依据书写与阅读的实践而开始被理解的,特别是它们与言说的关系,而非比如说依据乐谱、作曲和表演的实践或者商品化过程而被理解。正如早期观察者们所惊叹的,"会说话的留声机"或者"言谈机器"真正引人注目的面向,是它真正地实现对自身的解读。"一份录音被制作出来,然后被播放,其感觉类似于,"与其精读一本书,不如将它放到机器之中,让机器运转起来,瞧!你就能听到作者在复述自己创作的声音。"[2]这背后暗含着詹姆斯·拉斯特拉(James Lastra,2000,6-7)①所说的"两种理解和标准化媒介的比喻":一个是铭文,另一个是人格化(personification)。[3]通过文本设备和隐喻性质的作者与读者来看待留声机,可以从结构层面和功能对照的层面来推动对留声机的公共理解:这些最早的录音是通过在锡箔纸片上制造凹痕来实现的。类似许多著名的作家和演讲家,爱迪生的留声机在1878年夏天进行了剧场巡演活动,在公共场合"书写、阅读和朗诵他们的锡

---

① 詹姆斯·拉斯特拉,美国芝加哥大学电影与媒介研究系教授,著有《声音技术与美国电影》等。——译者注

箔纸片"。

面对声音录制那种史无前例的惊奇现象,以及基于其早期颇有瑕疵的演示而出现的毫无理智的炒作,留声机展演活动的观众们呈现出既满怀热情又颇感怀疑的态度。这些早期的录音声音模糊、脆弱易损,而且充斥着刮擦声的噪音。在最初的热议逐渐消退之后,公众鲜少有机会再次亲临现场感受声音录制,一直到1893年,播放蜡制圆筒录音的改良留声机面世,并且逐渐被用于展演活动,作为投币机器(nickel-in-the-slot machine)供人娱乐,在城市公共场所播放预先录制的音乐录音,并且成为展览会和度假胜地里的消遣活动。这些机器既引来更强烈的狂热情绪(收获大量利润),也收到更大的怀疑声浪,因为不管是机器装置还是蜡制录音,所实现的效果相比所承诺的都有很大差异。尽管如此,音乐娱乐还是成为新媒介的一种预设的功能,哪怕爱迪生等人还在将其朝着商业听写机器的定位进行改良。[4]

这一章探讨的是这一新媒介的早期形态(incarnations)。也就是探讨,当美国公众及公共生活仍然主要依托印刷媒介的结构的时候,留声机的公共生命呈现为什么样态。当时的美国人之所以觉得自己是国家以及所辖地区的组成部分,有部分原因是他们都是同一个出版界的读者,都是同一个巨型公共印刷历法系统之中的私人主体,由此形成的仪式化组合带来了这种感知。[5]当弗雷德里克·道格拉斯[Frederick Douglass,(1892)1976,89]①回忆起自己年轻时期阅读反对堕胎的巴尔的摩报纸的时候,他把这些报纸称为"我们的报纸",在口头上将自己纳入这个公众之中,然而正是这个"我们",系统性地否定了他的人性。因为声音录制令人惊异地与"纸"形成关联,因此它的早期历史对"我们""我们的"产生了影响。我的一个观点是,所有的新媒介都诞生于公众和公共生活,并且参与重构后者。因此这对于我们公共记忆的运作,也就是其模式和主要内容,有着深远的影响。换句话说,新兴媒介的历史,某种程度上就是历史的历史,就是被保存——被书写、印刷、录制、拍摄、录音或者扫描——的事物(以及人物)及其被保存原因的历史。

印刷和公共演说相互关联的意义是美国文学史领域大量研究的主题,[6]关注的焦点对象。然而,这些研究很少囊括自由的民族国家更为稳固存在的19世纪或者20世纪。[7]就像詹姆斯·西科德(James Secord,2000,523)②在他关于维多利亚时代早期印刷品的生产与接受的研究中所解释的,西方在19世纪中期经历的"传播领域的工业革命",一个重要的源头就是印刷物生产技术和"公共辩论形式"之关联的改变。西科德认为,从最宽泛的意义上讲,"印刷物的威力体现在其稳固性的(共享)假设之上",然而,在19世纪的美国或者大不列颠,印刷品变得不再稳固(come unglued)。[8]19世纪

---

① 弗雷德里克·道格拉斯,19世纪美国著名黑人政治家、演说家、作家。早年为马里兰州奴隶,从奴隶生活中逃脱后,他成为废除奴隶制度与社会改革的领袖,是美国废奴运动的代表人物之一。——译者注

② 詹姆斯·西科德,美国历史学家,剑桥大学科学史与科学哲学系教授。——译者注

印刷物相对的不稳定性首先可以体现为在印刷媒介的大量生产,体现为观察者们所说的"堆砌如山的书刊"[books in shoals (and) journals by the score](Farmer, 1989, vii),特别是廉价月刊、周刊和日刊的量产。有一个说法是,在1876年,美国领土内有8129份本地报纸。[9]然而,数量的意义远远不及质量。借助美国的"交换"系统(全国范围内受到补贴的发行物的邮政交换),报纸和期刊被不知疲倦地重印着。本地报纸彼此采集页面上的资讯,并且组建全国新闻社。同时,由于没有国际版权的非难,美国的印刷商热火朝天地进行盗版,尤其针对英国的出版社。其结果,是导致了或许从17世纪以来都没有出现过的印刷物的不稳定性(unfixity)。[10]

印刷和事实之间最基本的关联——使得(米歇尔·福柯所说的)"作者功能"(author function)得以运作、遵奉文本真实性,并且合法化文本证据的典型启蒙逻辑[11]——在实践之中逐渐腐蚀:今天的读者们知道这种感觉多么令人沮丧,捡起一本刊物,哪怕是一本在那个时期得到授权许可的"全集"(complete work),或者报纸专栏,更不用说一本在美国盗版发行的英国小说,却几乎找不到任何关于作品出处的信息。它最早是在哪里、何时被出版的?被谁出版?不管是报纸的洗稿编辑剪掉了这些信息,还是盗版出版商理所当然地将其遮蔽,在印刷出版业大量的混乱中,出处与文本的关联被松动了。有时候,最为复杂的认证文本——由推荐书(testmonial)所组织,以及由最受尊敬的权威人士作序——也会被看作丝毫不可信。[12]哪怕是《圣经》都变得不甚稳定,在草率的修改和翻译之后,其英语版本以各种方式被大量印刷。[13]并且,如果不可能说出一个文本最初来自哪里,那么要说出文本最终将通往哪里,也就越发困难。伴随着识字阅读公众规模的增长,潜在的阅读形式也在丰富。更确切地说,在这个时期之前,学习文学文本主要与鉴赏而非解释有关,所谓绅士的判断标准,包括"能够直观理解"这样一个文本意味着什么(Graff and Warner 1989, 4)。[14]但是,当大众文化与廉价出版物相结合,情况就有所不同了。由于出处(在文献学层面上)的松动,接受情况(在社会学层面上)的无法预料,作者所有权的问题就成为一种困扰,印刷物的稳固性处于危险之中,印刷的社会意义出现了变化。

在19世纪的美国,公共演说的意义同样没少发生变化,尽管这些意义本来就是出了名地难以理解。"掌握措辞"(governing the tongue)或者说恰当表述的工作,在很早以前就不再关乎确立合法性或者拯救灵魂,而是变成一种"将有教养的人从平头百姓中区别开的"更为微妙而个人化的方法,"一种自我控制的训练"(Kamensky, 1997, 190, 182)。在美国重建时期(Reconstruction),保持一种"公民式"的言语论调,与公民权威性毫不相关——当然,学生(特别是美洲原住民和外来人口,他们的"未经教化"的言论容易被限制)和在1868年因为据称"肆无忌惮的充满煽动性、诽谤性的高谈阔论"以及在公共场合针对国会的"大声恐吓与敌意威胁"而招到弹劾的安德鲁·约翰逊总统,都是例外。对于那些既不是总统也不是学生的人来说,演讲的意义即使是公开性的,也显得没有那么多特别的价值。[15]

在中产阶级的圈子里,"对朴实演讲的呼吁是民主文化诉求的重要组成部分",这体现为后来的修辞批评家猛烈地抨击美国修辞用法标准的下降。[16]修辞批评家们遇到一个两难困境:他们将美国报纸作为修辞用法标准下降的证据,但他们也把报纸作为下降的一个最重要的原因。所谓的英语报纸,是他们正义斗争之中的"大反派"(the arch villain)(Cmiel 1990,134-135)。在我看来,这个责难的逻辑难题——即原因同时也被看作影响——被忽略了,因为读者们将报纸视为一种二元矛盾的事物,也就是被印刷的演讲。新闻的短期流通性,纸质文本的短命,使得它们更加像演讲行为,而非印刷制品,尽管它们的质料性让他们看起来更像白底黑字的"硬"证据。从物质上来说,报纸是被印刷出来的。然而,在法律上,它们更像口头表演而非著作形式。根据美国最高法院在1829年建立的一个判例,"如此漂浮**易逝**的形式"是无法获得版权的,版权是宪法为"更加固定的、永久和持续性的"表达方式所保留的。[17]在这个语境之中,爱迪生通过锡箔纸片对于"易逝"的声音的"捕捉",不过就是对新闻出版的改造而已。

1878年对留声机的展演和19世纪90年代初期的投币机生意,通过以不同方式对书写、阅读和言说的常规习惯的诘问,为评估19世纪晚期印刷媒介的意义提供了一个机会。可以确信的是,同样的意义也可能在其他文本的伴随性体验中被发现——举例而言,在著作权持续的司法构建之中,在出版业不断变化的政治经济学之中,世纪末文学(late-century literacy)的附属主体性(additional subjectivities)中,文学批评不断变化的角色及其机制性地位等。这个清单可以列得很长。与之不同,我在这里所要说的是,锡箔录音可以从文学或者教科书的意义上被看作箔纸(foils)。它们是其对应功能之中重要的历史角色,通过其他角色的对比来加以界定,并且与其他的角色彼此对立——也就是诸如作者、读者、出版商和批评家这样的角色,特别是那些在美国报纸版面上"说话"的角色。随之而来的、留声机作为娱乐设备的改造,牵涉到对本尼迪克特·安德森(Benedict Anderson,1991)所说的"印刷资本主义"的相关调试,其中,印刷物传播与消费的文化流通体系(economy),有力地帮助美国的公众构建出一个携带"我们自己"国家传统和期望的"我们"。

伴随着周遭的公共性,锡箔录音提供了一个深刻而具有自觉性的体验,来感知纸面上的"言说"可能意味着什么。至少根据修辞批评的突然流行,或者语言学家和修辞学家关于合适的语言研究方式的偶然争吵来判断,爱迪生的发明与其说是一个变化的动因,不如说是那个时代的症候。关于在纸面上进行言说的相关问题,同样见于对简化拼写的推广、不同的速记系统之间泛滥的竞争,以及一边出版方言性、地域性的文献,一边又从学术上担忧拉丁语的"正确发音",乔叟和莎士比亚作品读法的发音,并且"收集"非西方语调、"纯正的"黑人灵歌、民间传说和英国民谣。[18]这一章同时讲述了一张稀有而易碎的锡箔纸片和一台短命的投币机娱乐设施的故事,因为这些故事提供了另外一个充满谦卑态度的契机,来调查它们那个时代所关心的东西。特别是,声音录制的早期历史展现了新媒介作为一种地域性异常现象的出现,这种现象同样深深地镶嵌于它们那个时期话语形成的持续过程之中,镶嵌于公共记忆,公共知识和公共生活的内容、主题、方式和原因之中。

在1878年1月,爱迪生签订了授权留声机参与展演(以及制造说话时钟和留声娃娃①)的合同,并且保留了自己后来开发其首要的听写功能的权利。展览权被一小撮投资人拿到,其中有一部分人是记者,大多数人早已经在亚历山大·格雷厄姆·贝尔(Alexander Graham Bell)电话的金融化进程中有所涉猎。到了4月,他们组建了爱迪生留声机公司(Edison Speaking Phonograph Company),并且在5月,他们聘请了詹姆斯·雷德帕斯(James Redpath)担任他们的总经理。作为曾经的废奴主义者(abolitionist),雷德帕斯曾经参与将早期美国剧场的本土成人教育系列讲座转变成一个演讲者中央办公室所管理的全国性正式"巡回活动"。他刚刚卖掉了他的雷德帕斯剧场办公室(Redpath Lyceum Bureau),并且以要多行"善事"的名义转而加入留声机公司,尽管他后来的传记作者认为此举"仅仅是为了报纸上的声誉"(Horner 1926,227,185)。在随后数月的留声机展览之中,这样的区分事实上模糊不可辨。和之后一直到今天的许多娱乐消遣一样,留声机的展览者们主要利用其新奇性来赚钱。按照一位公司领导在私底下给爱迪生写的信中所说,尽管新奇性会逐渐消退,但他们还是花了将近一年时间才把"这头展出的牛的奶彻底挤干"[19]。

爱迪生留声机公司的运作,就是授予展览者们到地方进行演示的权利。个人花钱购买在一个受保护的区域展示留声机的权利。他们通过训练掌握了一些使用机器的技巧,并且同意向公司支付他们收入总额的25%。于是,这不仅仅是一个巡回讲座了,更像是一个官僚制组织。留声机的展示者是地方的;把他们和全国性的公司联系在一起的是商业性的合作和大量琐碎的会计工作。纸张在全国范围内传播——通讯信件、银行票据和账单收据——但是人们以及他们的机器在旅程中反而变得更加本土化,被当地报社报道,被在他们合同划定的州或地区内的当地群众和机构支持或反对。门票被设定为25美分,尽管很快就被展览者们砍到只剩下10美分。颇具讽刺意味的是,并没有一场留声机展览被留声机录制并且保存下来。因为尽管被新闻报道寄予厚望,但是锡箔录音带并不能存续很久,并且很难重放。相反,这些展演活动的特征可以从当地报纸上的许多报道、写给雷德帕斯及其公司的信以及大量不同的其他信源中拼凑出来,其中还包含名为"布莱克教授的搞笑留声机,或言说机器"(Prof. Black's Phunnygraph, or Talking Machine)的滑稽戏展演。

伴随着爱迪生留声机公司的崛起,爱迪生和他的朋友及助手们开始开设自己的展

---

① 说话时钟和留声娃娃是爱迪生同时期形成的两项试验,即可以清晰播报时间的时钟和可以唱歌的娃娃玩具,但这两项试验均没有取得良好效果。——译者注

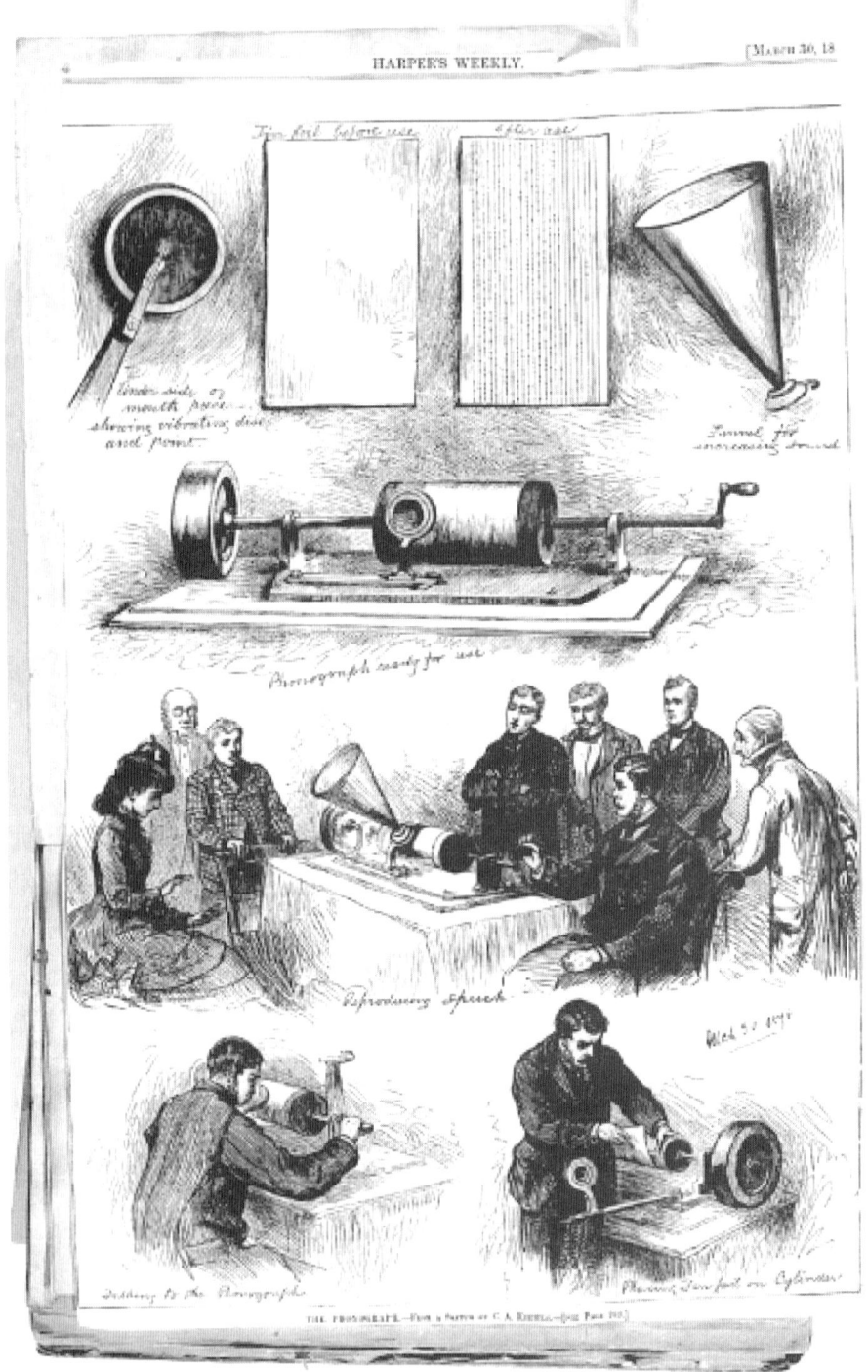

图 1.1　1878 年 3 月 30 日《哈珀周刊》上的锡箔留声机。在页面上方有已使用与待使用的锡箔纸的样例。（来源：托马斯·A. 爱迪生档案数字文库）

览，建立起一个让雷德帕斯的展览者可以效仿，并且让公司内部人士充满期待的模式。爱迪生本人无偿出席在华盛顿美国国家科学院（the National Academy of Sciences）的活动。展览包含对其如何运作的解释，以及随后爱迪生的助手对着传声口"唱歌、呐喊、吹口哨、欢呼"。如同《华盛顿明星报》（the Washington Star）第二天所报道的那样，"这个小机器看起来有点古怪和可怕"，它"自己会说话"，"同样的声音清晰可辨地从中流出"。后来，由于锡箔纸被划破，演示戛然而止，尽管出现演出中止的状况，但是，"远处传来的声音最终打破了议论留声机之前那令人讨厌的寂静"。和几个月前一样，爱迪生高兴地接受了一位记者的采访。他夸下海口，承诺要通过声音录制来保存演讲或者著名女歌手的声音，并且说美国语言学会（the American Philological Society）希望使用留声机"来保存正在消亡的奥内达加语（Onondagas）和塔斯卡洛拉语（Tuscaroras）的口音。"按照《华盛顿明星报》的说法，爱迪生说，"哪怕是能够流利而标准地发音的老人，也要担心自己有一天会死。你看，有人跑到印第安人中间去，展示英语的发音。但是换到印第安人身上，同样的词，读音就完全不一样了。留声机则可以保存准确的发音。"[20]爱迪生暗示了两个人之间的差别，也就是"人"和"印第安人"之间的差别，以此来凸显再现的装置（contrivances）和口语的自然流动性之间的差别。

爱迪生的朋友爱德华·H. 约翰逊（Edward H. Johnson）受雇完成第一次演示，将留声机和各种版本的电话配在一起进行。在1—2月纽约州的巡回展演上，他向剧院经理每晚上要价一百美元。并不是所有的展演都成功地要到了一百美元，但是按照他的说法，展演在埃尔迈拉和科特兰"取得了决定性的成功"，夜晚气氛的顶点"总是在留声机开始说话的时候到来"。"每个人都在谈论留声机"，约翰逊报告，"每个人都认为，第二天的展演会比第一天更成功。"约翰逊的计划非常简单。他把节目分类为"背诵、交谈议论、（带歌词的）歌唱、小号独奏、动物声音模仿、笑声、咳嗽等"，这些声音将"被传入机器的嘴中，随即被复制出来"。按照约翰逊描述，自己歌唱的时候引发了大量的笑声，不过他也尝试怂恿观众及其他人自发上台，展示才艺。[21]一个月以后，J.W.S.阿诺德（J.W.S. Arnold）教授使得纽约的奇克林音乐厅（Chickering Hall）座无虚席，在那里，他的留声机"讲述了玛丽有只小羊羔的故事"，然而，他和约翰逊的留声机一样，来了一场演说、呐喊和歌唱的大杂烩。在当天晚上的结尾，阿诺德分发了用过的锡箔纸作为纪念品，根据报道，"纪念品引发一阵哄抢。"[22]

当这家留声机公司开始打算有所作为的时候，至少纽约城已经完全普及了爱迪生的发明。雷德帕斯（可能是开玩笑性质地）抱怨道，当他在欧文音乐厅（Irving Hall）进行自己效果平淡的系列展演的时候，整个城市早已上演了超过三百场展示。公司签约的展示者只能找到少许厌倦的观众。举例而言，一位名叫弗兰克·隆迪（Frank Lundy）的记者拿到新泽西州哈德逊的展示权，他的活动效果如何，可以从当地新闻界的反映来判断。举例而言，隆迪在6月中旬穿越了整个新泽西州泽西城，一场办在卫理公会主教派教堂的展览"门票卖了25美分",另一场则在图书馆大堂(Library Hall)作为"基督教会的女士们"主办的演出的一部分。这两场活动都以社群音乐表演和留声机的解释与演示为特色。按照报道,隆迪向机器"背诵""莎士比亚戏剧的选段和鹅妈妈(Mother Goose)的歌,大笑而歌唱,用小号吹奏音符,所有这些都被如实复制。观众大为惊喜,并且获得了锡箔纸片作为纪念品"。隆迪那可怜的6月20日的展演,被前一天泽西城"美学学会"(Aesthetic Society)为其成员举行的送别宴抢去了风头。根据报道,"泽西城最好的家庭"的成员以及"许多纽约文人社群的明星"都在史密斯太太前往欧洲大陆的前夕,被邀请到了她的住所。一位纽约记者顺手带去了一台留声机,并且在那天晚上的一个时间段,表演了笑声、歌唱、对史密斯太太的辞别,以及格罗斯贝克小姐"无法效仿的婴儿哭声模仿"的录制和播放。凭借这种被录制的哭声,"宴会效果显得格外轻松诙谐",记者"保留了锡箔纸条",将新闻报道所说的格罗斯贝克小姐"亲口"表达的物证留存下来。[23]

在爱迪生及其公司的势力范围之外,留声机的展演也呈现出类似的情况。得梅因(Des Moines)的乔治·H. 伊奥特(George H. Iott)也拥有展演权。整个《爱荷华纪事报》(The Iowa State Register)在1878年7月3日报道了"得梅因的留声机"。伊奥特的展演在城市一个商业街区早中晚不断演示,所有想要看到"由钢铁和锡箔制作成的可以用来说话、吹口哨、唱歌、欢呼、大笑以及制造任何声音的令人惊奇的机器"的人都可以前往观看。如同格罗斯贝克在新泽西州那样,爱荷华人也获得了录制他们自己声音的机会。正如《纪事报》所说的,"昨天有大量我们的民众对着这台留声机歌唱和说话"。一个女士录制了一段在法庭上的申辩,另一个人则录制了主祷文,"好几个女士对着机器歌唱",一位教授用外国语言对着它说话,而机器把所有这些全部"复读"了出来。外国语言听起来颇为好笑,伊奥特自己表演的《约翰·布朗的躯体》(John Brown's Body)和《一起欢呼吧,爱丽莎·简》(Whoop Her Up, Eliza Jane)也颇为脍炙人口。两周之后,在令人讨厌的酷暑天气里,留声机出现在了迪比克。尽管当地的《每日时报》(Daily Times)只称之为"爱迪生的留声机",但是或许也是伊奥特操持了这场展演。在迪比克的展演之前,有些人已经提供了"锡箔纸的样本"以供城里展出,这些"原本环绕在爱迪生留声机的圆柱筒上"的样本,大概是其他什么地方进行公开展演后留下来的。哪怕没有留声机来展出,这些体现在锡箔纸上的"声音被固化或者说物质化的效应",同样"令人发自内心地啧啧称奇"。[24]

尽管留声机展演多种多样,但是它们共享相似的形式和内容。它们的结构都是自我应验的(self-fulfilling),具有互动性,并且都建立在教育意义这样一个相似的说辞之上。演讲者们将爱迪生的机器介绍成一个重要的科学发现,他们解释了其如何运作,然后这个"如何"在随后对录音与回放的演示之中得到证明。观众深受启发,并且从中感受到了欢愉。[25] 演示最初涉及的录制,囊括了从呼喊、歌唱和背诵,到类似咳嗽、大笑或者欢呼这样的噪音大杂烩,所有这些,由演讲者完成,由机器复制,演示给安静的观众。在这之后,一部分观众有机会录制自己的声音,这些声音同样被复制。通过制作自己的录音,观众们变成了这场展演的一部分,以及新媒介的一部分——从而可以印证这两者所声称的东西。

这些展演形成一种对当代文化秩序复杂而自发的回应,尽管它们本身也是这个秩序的功能性组分。在1876年充满争议的总统选举和1877年的铁路大罢工之后,当经济在从深深的衰退之中走出来的时候,留声机参与塑造了"对美国未来再度保持乐观的态度",成为历史学家罗伯特·韦伯(Robert Wiebe,1967)①所说的后重建时期"对秩序的寻找"中一个早期的缓和剂。[26]尽管对于不同的观众来说,其意义在某种程度上存在不同,但是展演还是能够凝聚共识。这种体验是本地化的——许多观众也许都认识彼此——但是其意义是超越本地化的。如同本地新闻界交换来的栏目和专线报道,留声机展演指向外部,瞄准一个包含相似私人主体的非个人化公共领域。观众在最劣等的教堂地下室录音的效果,几乎与在纽约、芝加哥和新奥尔良的演出大厅内的录音没有什么区别。人们借助可以录音的能力而相互连接。观众们或许可以想象自己成为一个可以录制声音的新潮社群之中的成员,与他们以前所不知道的、同样可以录音的人群组成一个"我们"(作为一个所构想的赤贫的"他们"的对立面)。

留声机展演通过两个不同的方式取悦观众,将他们整合在一起。一方面,展演为每个在场的人提供了参与技术进步的机会。在被报纸称为"门罗公园的巫师"和"现代的魔术师"的发明家的成功之中,观众可以紧跟时代潮流,获悉最新的科学发现。观众可以共同设想和接纳留声机可能带来的有用功能,只要爱迪生能够按照承诺改进这台设备。另一方面,展演提供了一个格调不错、诙谐有趣的集体参与形式。在制作录音和回放录音的时候,展览者们在人们所熟知的莎士比亚和鹅妈妈的线索之间,在天才音乐家和爱德华·约翰逊这样的二流写手之间,在动物和婴儿的噪音和演说清晰的发音之间,构建起不和谐的关联。观众从中可以塑造和维持他们自身的判断,在合适的时候大笑,辨别其印象并且参与调侃逗乐。他们可以共同参与文化等级的制定。

文化等级是通过狂欢式姿态来制定的——例如人发出的声音和动物发出的声音——这些中产身份的消极面,被具有模仿性的新兴设备所捕捉。[类似地,爱迪生的活动电影放映机(kinetoscope)在1894年上映了《一个打喷嚏的记录》(*The Record of a Sneeze*)。]爱迪生本来设想他的机器或许可以保存好"我们的华盛顿、我们的林肯,(和)我们的格莱斯顿"——也就是马修·阿诺德(Matthew Arnold)所说的"能够被想到和(书面)提及的最好的事物"——然而留声机的公共承载力(capaciousness)似乎传唤着低级的、另类的、幼稚的事物——前符号的或者是原始符号的——在中产阶级的

---

① 罗伯特·韦伯,美国历史学家和畅销书作家,西北大学历史学教授,研究领域为美国商业史。——译者注

演讲空间及其技术统治论（technocratic）的理性愉悦的体面之下，所有这一切被宣泄般地展现出来。因此，按照乔纳森·斯特恩（Jonathan Sterne）的说法，录音技术成为一种复杂的"工作室艺术"的开端，其中"不管是拷贝还是原件，都是一种再现性（reproducibility）过程的产物"（2003，236，241；加了着重号）。[27] 面对一台能够储存和重复言说的机器，个体的表达退化成生硬背诵。他们重复那些已经被不断重复的片段：祈祷文，歌词，（莎士比亚）语录的通用辞典的小片段，或者（托儿所里的）过去常见的片段。他们冲着机器进行模仿，并且他们知道机器会录制他们的模仿行为。他们将自己完全变成了它的主体，通过留声机录制自己的声音，并且通过对比自身而认可其死记硬背的"记忆力"。

同样的狂欢也发生在新闻界，在那里，留声机既被真诚地赞颂为这个时代最令人称奇的科技发明，也被认为是各种笑话的来源。最常见的是厌女症人士（misogynist）的讥讽。他们喜欢用一些私人性的、怪诞的言辞来形容女性，例如说三道四，嗡嗡作响，唠叨不停，像不需要锡箔纸的言谈机器，以此来维持公众和公共演讲的男性气质。其他的笑话则关于相关的新铭刻设备：记录和复制气味的留味机（smellograph），记录和复制酒醉（inebriation）的留饮机（nip-ograph）等。如同展演期间所录制的各种各样的声音，这类笑话在丰富多样的语境中出现，其中，公共言说行为作为一种具身文化生产而有意义。伴随着留声机"说话"，它们的功能性主体在所能及的言说形式中不断扩散：课程和演说以及"评论"、"谚语"、朗诵、模仿、叫卖、吠叫等。不同公共演说行为高度的异质性，就像参与构建美国公共领域的公共演说家的多样性一样，不应该被忽视。这个此前被宣布进入新世纪的国家，仍然是一片嘈杂的土地。

许多特定观众的反应很难被评判。在这个国家的一些地方，对这些东西丝毫不感兴趣。密西西比和南边的一些地方正在经历近年来最为严重的黄热病流行。按照报道，新奥尔良的观众非常失望，因为需要声嘶力竭地对机器喊，才能够让它比较好地复制，由于报纸将期待提高到了完全不现实的层面，带来了其他不少对于这个技术的挑剔。在路易斯安那州的农村，一位展演者发现，他的演示完全失败，除非观众在录音的时候已经在场。录音质量仍然很差，以至于要提前知道所录制的内容，才能让回放更加明白易懂。雷德帕斯花了大量的精力来协调那些投资没有收到如期回报的展演者们，但他同时也花时间处理来自那些观看了展览的人们的问题，并且写信问他们是否想要拿下展演权。在给佛蒙特州伯瑞特波罗的一位展演者的信中，雷德帕斯以同情的笔调写到，"其他区域人口的素质水平"被证明完全和伯瑞特波罗一样低下，但这些"人口素质平平"的区域仍然可能取得巨大的成功。这个国家的某些区域仍然鲜有人涉及此领域，尽管其他区域可能已经完全被渗透了，例如宾夕法尼亚州、威斯康星州和伊利诺伊州的一些地方。[28]

然而一种特别的反应似乎已经不足为奇：观众们在展演结束后，把带凹痕的锡箔纸碎片纪念品带回家。对于发现它们的女人和男人来说,这些原始而碎片化的录音在某种程度上充满意义,他们会在第二天早上的餐桌上追问"它会说什么"。当然,没有留声机来回放,这些锡箔录音都没有什么办法说。然而同时,早上的报纸也可能会有一些独家报道,就是这些录音说了什么东西。这种"声音的物质化效应""确实令人啧啧称奇":它们是印刷文化的护身符/法宝、纯粹的"补充物(supplement)",虽然难以辨认,但某种程度上是文本的、公共的以及铭文性的。展演者们于是写信给公司,要求提供越来越多的锡箔纸。公司专门设定了一个"锡箔"账户来处理这些交易。数以磅计的锡箔纸条在全国范围内被运送,送到了展演者手中以进行公开发放:制造凹痕、分类、分发、被私人收藏,然后保存起来。这种保存行为,形成了一个对可保存性(savability)和锡箔纸防腐效应的全新体验。烟草和乳酪常常用锡箔纸包装出售,但是用于包装和储存残留物的锡箔纸的商业价值被发现,就是很晚的事情了。

一场名为"布莱克教授的搞笑留声机,或言说机器"(Prof. Black's Phunnygraph, or Talking Machine)的"精彩的留声机滑稽戏表演",让人对留声机展演有了更多的了解。弗兰克·霍肯伯里(Frank Hockenbery,1886)的滑稽剧对他所讽刺的留声机展演进行评论。所谓"滑稽戏表演"(burlesque)并非指代脱衣舞表演,而是指败坏风俗的热门喜剧,大量的幽默台词都指向那个时期的活动,霍肯伯里滑稽戏表演的笑柄就是1878年的留声机展演。作为"精彩的"滑稽戏表演,"布莱克教授的搞笑留声机"还把黑人歌手的五十年放入其中。这是所谓的庞大的艺人表演的时代,有40—60名表演者在巡回演出,霍肯伯里的"搞笑机器"可能被当作这种种族主义表演间隙的幕间节目,因为它最后的总结性部分会引出歌手表演,"向一半的圈子移动,等到这一半被吃透了,黑人合唱(negro chorus)或者种植园音乐(plantation melody)就开始了。这就是歌手的生意经。"[29]

无论它的出发点以及表演历史是什么样的,"布莱克教授的搞笑留声机"的目标和约翰逊、隆迪、伊奥特这些留声机展演者并无二致。滑稽戏表演发展出一种"在搞笑留声机或者言说机器上讲演"的形式,因为"淳朴的平民大众对它充满热情"。布莱克"教授"是其"唯一的发明者、专利所有人、制造者和建造师",尽管它短暂而轻蔑地提及了"比利·阿迪森"。布莱克教授这个角色既取材于药品宣传巡回演出,又得益于爱迪生或他的助手阿诺德这样的人。与专利药品的关联被场景清晰地呈现,场景部分包含了一些关联到剧中演讲的符号:

进入许可

成人——10美分

儿童——1/2剂量(dose)

这个场景的其他组成部分,是一个被装在"带有手柄的香肠肉馅研磨机之上""大到可以装下三个人的干货箱",一个家用的漏斗和"一些要被送入研磨机以说话的白纸条"。布莱克教授的演讲模仿了许多爱迪生留声机公司展演的形式。教授解释了机器是如何运作的,然后加以演示。就好像真的留声机展演者一样,教授尝试着录制言谈、背诵、模仿动物叫声、吹口哨和唱歌。但是他的搞笑留声机其实就是三个人藏在箱子里面,他们不可能记得并且准确复述教授在箱子顶部对着这个厨房用具所喊出的单词和声音。

布莱克教授在纸上"说话"的尝试是失败的。他的三位(字面意义上的)共犯脑中一片空白/一无所获。在开放的舞台上作为锡箔替代物的"白纸"再次证明,留声机同时是一种书写工具和记忆机器,同时强调,锡箔纸片纪念品在读者眼中不过是令人恼怒的模糊空白。听觉文化可能被保存下来留给后代,但是保存带来了可保存性的经验性规范的问题。

如果说锡箔纸纪念品是没有办法读的,那么它们从许多重要的角度看是无作者性的(unauthored)。屡见不鲜的解释告诉我们,人类的声音通过空气运转,推动膜片和触针,后者反过来造就了锡箔纸片上的凹痕。作者的声音在进行创作。《爱荷华纪事报》称之为"不可思议的事情"。加上已经形成的机器如何运作的模糊感觉,留声机的展演从其他路径对令人困惑的创作力量(authorial agency)做出了很多贡献。每场展演中,展演者是证据确凿的作者,对通过唱针和纸片操作机器负有责任,掌管被制作出来的录音资料。观众在制作他们自己的录音的时候,分享了展演者的作者角色。被如此轻易拟人化的机器,同样也是作者性的主体,以至于后来的展演者们总是被训斥要记住,"观众们听机器说的时候的紧张感总是强于听你说的时候。"[30]最终,爱迪生在任何联系到他的发明的地方,都保留着作者身份,作为一位典范式的自学成才者和制造者,甚至有时候在新闻中遮蔽了留声机的当地展演者们。一位公司主管指出,他们可能卖出十万张这位发明家的纪念照片,如果他能够好好限制自己出镜的机会。[31]这种话题也许从来不会实现,但是最初的十万张的估计很有道理。四年之后,奥斯卡·王尔德(Oscar Wilde)在美国做巡回演讲的时候,他的纪念照片轻轻松松就卖出了85,000张。[32]

纪念照片和锡箔纪念品之间如此恰切的类比在留声机展演的早期报道中令人惊奇地缺席了。尽管一部分人曾经好奇"听觉上的银版照相法"(acoustic daguerreotype)的可能性,许多人很快希望把爱迪生的留声机和"它的姐妹工具照相机"进行比较,然而在1878年的报道之中,它们的类比出现的频率并不高。[33]非要说什么的话,霍肯伯里专利药品的诙谐类比可能还更有分量。爱迪生和其他人注意到了他的发明可以将演讲"装在瓶子中"留给后代的不可思议的力量,瓶装(bottling)很好地呼应展演那种类似狂欢节式的风格。通过一位"教授"为了他的药品或者灵丹妙药而四处巡回演讲的形式,展演者的公司娱乐了公众;詹姆斯·惠特科姆·莱利(James Whitcomb Riley)记得他年轻的时候,素描莎士比亚的半身像,在两块黑板上写着糟糕的双关语,而一位叫C.M.汤森(C.M.Townsend)的"医生"在1875年嚷嚷地兜售他那不可思议的"万能油"(Wizard Oil)。①[34]和许多的灵丹妙药一样,锡箔纸给出很多承诺,能实现的却很少。除去新奇性之外,留声机的展演者们售卖的还有许多尚未实现的、令人惊奇的可能疗效。爱迪生的设备被设想的未来功能,就好像轻松捕获易消逝的声音那样,能够捕获易消逝的社会文化疾病或缺憾。

锡箔纸由此也变成了许多紧张感聚集之处。留声机展演者们生产了数以磅计的锡箔纸,观众们为了收藏而哄抢。在它们对声音的"捕捉"和后来对公众经验的无声召唤之中,私人收藏的锡箔纸片构成满足好奇心的纪念品。和所有的纪念品一样,它们是为所有物(belongings)所担保的所有物。它们是担保事实(fact)的人工制品(artifact)。通过公共地生产、私人地保管,它们的物质存在提供了一种私人与公共记忆的显而易见的连续性,成为共同经验的坚实证据。如同苏珊·斯图尔特(Susan Stewart,1993,133,135)②所解释的,"在市场经济的文化发展之中,对真实经验的搜寻,以及相关联的对真实物件的搜寻,变得至关重要。"她还说:

> 我们也许会说,事实上,物件作为真实经验之物件的能力,体现在纪念品上。纪念品使得经验被显现。我们并不需要追求那些可被复制的事件的纪念品。相反,我们需要并且追求那些值得被报道的事件的纪念品,那些从物质上不被我们把握的事件,那些借助叙述的发明而存在的事件。

对锡箔纸的渴望就是对真实性的渴求,对真实发生过的事情的渴求。尽管,比任何纪念品和照片更为突出的是,锡箔录音就是被共享过的实际声音的鉴证(authentication)。如果不知道真的读者和作者,录音就是极好的起源(provenance)的先驱(harbingers)。每个录音都有准确的起源(按照今天的说法,就是在一个"真实时间"里的录制),它们由于其准确性以及生动而崭新的索引性(indexicality)而被界定。

实际上,锡箔纸提供了一个崭新的精确引用方式,或者说以前从来没有过的与引用的问题共存的方式。换句话说,锡箔纸纪念品预示了,口头的内容生产可能被以文本的方式具体化为听觉的复制物,而不是通常类别的图形再现,详加说明后挤进页面中的引号之中。留声机展演所提供的,并不是文本的特别展演(举例而言,一个书面宣

---

① 詹姆斯·惠特科姆·莱利是美国作家、诗人。莱利青年时期由于与父亲关系破裂离家出走,自行谋生。在当时,莱利通过卖药表演赚取收入,例如扮演被药品治愈的盲人画家,以鼓励观众购买药品。文中回忆的片段即对相关内容的描绘。——译者注
② 苏珊·斯图尔特,美国诗人、文学评论家,普林斯顿大学人文学院教授。——译者注

言让一个国家独立,法律的工具文本制造了法律,或者经典文本创造了一个全国性传统)。被见证的,是一个特别的展演文本化形式——引用以某种方式被内在化,形成崭新类别的引号,使其转向(或者说机械性地、魔法般地返向)引文自身。

锡箔纸纪念品提供了对纪念品的翻新,暗示着物质与事件,材料与话语,文本与演说行为之间的正常联结的变化。实际上,留声机展演只是值得报道,却经不起反复使用,用斯图尔特的话说:一旦锡箔纸片被移除出来,就非常难把它装回机器里面,所以当它被撕碎并且分给观众们之后,也自然不可能从中复制任何东西。但是,关于演示值得报道的点,恰恰是可重复性。在早餐桌上的锡箔纸片,意味着对这个叙事即将发生的强行使用。这就是纪念品的纪念品性(souvenirness)。当一些可以想象的纪念品自我言说的时候,对真实性的渴求终将获得圆满。早晨的报纸同样对此加以承诺。锡箔纸碎片和报纸上的嘲讽文章在早餐桌上并置在一起,共同质问这个承诺,鼓励拥有它们的见证者/听众参与建构这一集体主体。诚然,因为证据的缺乏,我要承认1878年美国早餐桌上的读者是我的想象,这某种程度上类似于本尼迪克特·安德森他们将自己设想成国家共同体的情景。然而,需要说明的是,我的部分论点关乎这些缺失,关乎(今天)将新闻和锡箔碎片作为证据材料进行推测的必然性,其中,"证据材料"和文化数据被建构为新兴媒介形式持续辩证的组成部分。

关键词:记录

尽管1878年的展演颇为短命,但是雷德帕斯很快进入全新的项目之中,作为纪念品的锡箔纸片很快被忘记了,但是声音录制媒介永远都在质询书写、印刷和公共演说的相关意义。其他版本的相关问题很快吸引了观众的注意,例如,1881年詹姆斯·加菲尔德(James Garfield)总统的遇刺和最终去世,检验着美国媒体最初的时效性(liveness),对新闻界通过电报保持最新新闻的报道提出挑战,尽管它还在不幸地使用贝尔的电话技术追查总统身体里那颗刺客的子弹。[35]不管它现在或者之后运作是否良好,声音录制都在含蓄地贬低印刷,提示在与言说的比照之下,书写体现出的人工性。同时,锡箔纸片录音作为永久性的、无法抹去的铭文的证据不足,参与推动了关于遗失的重点问题的出现,书写和印刷的意义长期牵涉其中。这些遗失的问题,准确来说是关于被写下、印刷和储存的文字。但是它们关乎更为广阔的公共记忆、自我认同和相应所排斥的事情,举例而言,"我们的华盛顿""我们的林肯"对抗"我们"不确定的未来,以及"被保存的"奥内达加语和塔斯卡洛拉语的"腔调"对抗"它们的"濒临消亡。如果说,留声机最初的主题是本土化和准狂欢性质的,那么,在更为宽泛的层面上可以说,早期留声机是中产阶级霸权的工具,或者说阿诺德式"文化"的工具,用以神圣化"我们的"传统,抢救"他们的传统"。[36]

我想说的是，留声机展演形成了一种言说与书写关系的日常体验——一种到后来才被语言学家和哲学家理论化的关系——这种体验对于文化构建有着不言自明的深远影响。[37]这些体验自然不只局限于留声机展演或者1878年。它们本身曾经是、也一直存在于伴随印刷的惯习之中。举例而言，在1869年，国会的一个委员会调查在内战期间美国南方囚犯的待遇问题。委员会从口头上和书面上游说北方作证，其直接目标，是使那些"基于个人体验和观察的、短暂并且某种程度上易逝的历史"被转化为"有国家权威认证的、如实可信并且可以持久的记录"。个人口述史被这个早期福利国家权威性的文本化操作捕捉和补救。[38]措辞将其制造为一个尤为有条理的案例，对于音乐搜集者、本土作家、修辞批评家和新闻记者来说，同样也是将个人化的听觉遭遇转变成物质化的公共记录。无论它们如何呈现，在纸上"说话"都是爱迪生留声机新近预示的被忧虑和纠结的问题之一。

爱迪生在报纸上吹嘘，他的发明将会毁灭书籍的市场，推断记录可能会在桥接的锡箔纸片上的音波之中被轻松地制造，而不是被渴望报酬的排版工费力地编排。作者和他的观众终将获得胜利，而印刷工和排版工将会失败。然而，这位发明家的评论仍然要通过费城报纸被读者看到，由于报纸自然是由排字工人排版的，所以发明家的话被引用为留声机录音"不需要排字（tpye）（原文如此）"，而是在锡箔纸上"戳洞"。上文这个排字的错误恰好指向一个问题：图形（graphic）。它生产了一种无法被拼读的"言语"，只存在于纸面之上，可以被看，却无法被说。这四个字母个体保持着可视性。它们分别是 t、p、y 和 e，因为它们并没有组成单词文字（type）。"pye"或者"pie"是一个印刷工人排字时候的混杂，然而没有一种方法确切地知道，这是一个事故，还是费城报纸所雇佣的排字工人的嘲讽，（是因为懒惰，还是他们是卢德分子？马虎工人还是激进人士？）并且也不大可能有许多读者受此困扰或者关注他们的困境。[39]本地报纸上的一个排印错误根本无足轻重，然而，人们可以熟练地捕捉到一种对早期留声机而言完全陌生的、书写和印刷的口头—视觉上的状态：就如同第四章将要说的，错误可能会造成重大问题。在报纸上体验"演说"，要求的是眼力而非听力。出于同样的原因，早期的听众会写"瞧"而非"听"，"可以听到作者在重复自己作品的声音"。在其公共展演的语境之中对一个新媒介的更为强大的即时性（immediacy）的庆祝，使得他们错解了这个感知的装置。

对于文学的未来，远比爱迪生的话被错排更重要的，是摩西·科特·泰勒（Moses Coit Tyler）①两卷本的美国文学史。泰勒是美国文学领域最早的教授之一。他的《美国文学史 1607—1765》（*History of American Literature*，1607-1765）(1878)是最早对美国文学史形成连贯叙事的作品之一，在爱迪生的留声机刚被介绍给美国观众的时

---

① 摩西·科特·泰勒（Moses Coit Tyler，1835—1900），美国作家，美国史教授。——译者注

期，它参与界定了书写与印刷特殊的文化地位。泰勒的作品呈现并编写了一个全国性的文学传统，提供了许多早期作家的长短引文。

如同他自己所描述的，泰勒（1878，xii）的工作是寻求展示一段"具有显著文学价值、在美国精神发展过程之中具有重要意义"的书写文本的详尽历史。他的方法是通过在图书馆经年累月地翻阅、遴选书本，评判其文学价值，并且判断其与"十三个殖民地零散声音"的相关性，在他看来，这些声音最终极为重要地"融合成为一个巨大而坚决的声音"(xi)。这是一个具有巨大野心的项目，也是一个泰勒到处详尽描绘的似乎混合了演说与书写功能的项目。他希望看到美国文学如何延续"英格兰书写式演说（written speech）的尊贵血统"，"开始最初的咿呀发音"。泰勒的"咿呀发音的文学"和"书写式演说"确认了语言的言说和书写是如何整体地、相互地定义的。用"瞧"代替"听"参与了一个仍然活跃的古老传统。一般意义上的书写，特别是文学传统，在与言语行为的复杂关联之中存在并且被珍视。

"记录"（record）这个词囊括了这些意涵。泰勒的第一章从美国思想史切入："书写文字是最早的人们以私密和清晰的方式对自身思想的记录。因此，我们现在要找到这些记录（record），就是去寻找这些书写记载（record）。"尽管泰勒被誉为"一流的文体学者"，但是他对于 record 的双重使用令人迷惑。[40] 心理上的记录是他更为广泛的范畴，其中，书写文字作为一种极适合被搜寻的痕迹而存在。对泰勒来说，两种用法之间的含混，体现了围绕泰勒文本性潜在的民族和文学特征的张力，以及更普遍的，他所焦虑地感知到的思想与文字之间、作者的概念以及被书写或者印刷的表达之间的隔阂。不管泰勒是在爱迪生的录音之前、之后还是在直接对其进行参照的语境下写下这些文字，他的措辞都分享了完全相同的语境。

也许并不奇怪的是，泰勒在引用他所建立的文学传统的时候显得很随意。借用一个仅仅一年之后就被版权法所表述的区分方式，泰勒寻求并且尊重作者的想法，但是必须设法应付他们的印刷形式。[41] 他的文学批评针对的是作者的作品，却需要依靠印刷的文本。泰勒（1878，xv）认为，起源出处不自觉地悄然推进拼音与标点的现代化，并且认为，对他来说，删除或者更正所有的疑难、"特别不精确的地方"或者"出版的明显错误"，"并不会违反引用的完整性"。出于对这样自由的引用实践和对出版的不信任的对抗，并且为了跟上他关于搜集和保护一个清晰明确的美国文学传统的宏大计划，泰勒的"记录"在这种意义上是一个被雷蒙德·威廉斯（Raymond Williams，1976）收录到他的《关键词》（Keywords）中的关键词。[42] 如同威廉斯的"文化"（或者"阶级""媒介"）等词一样，泰勒的"记录"似乎"是在回应在他所要分析的变化的过程中囊括了这种意涵"[43]。这个词汇并不能够在不依赖其指涉的语境的前提下被定义：也就是文学的咿呀发音和传统的建构。同样地，爱迪生的"录音"（record）也在一定程度上根据不同面向的记录主题而获得其意义。不管是美国文学史还是早期声音录制，公共记忆的工具与主体都无法被分开考虑。[44]

在泰勒这里颇为明显,"记录"(record)这个名词的自反性被证明是转瞬即逝的。在一些最早期的尴尬之后,它的用法很快被稳定化,扩展到能够囊括留声机录音以及其他修辞批评家所说的"意义的新奇保存方式"。尽管这个词长期以来都意味着"真实的登记"(an authentic register),包括抽象的、非物质的以及非个人化的(register)的公共权限登记,但是它现在被"曲解"为对一个人过往表现的指涉。这个词最早被用于候选人的过往表现之中,但是它的意义很快就在口语之中被推广到所有人身上。人们拥有了记录(records),拥有了"永久性"的记录。这种类别的记录源自个人,由公众构成,在"人们通过打破纪录(RECORD)的同时也就创造纪录"的意义上,具有一种奇特的工具性(Farmer 1889, 454)。[45]这些新的记录,类似于爱迪生的录音,是具有述行性质的(performative)。留声机频繁的人格化(personification)在词汇上出现了倒转,如今记录(的意义)包含了人。留声机迅速地变成隐喻性的作者、读者和发言者,人们则相应地变成了隐喻性的机器。

1889—1893 年:瓶装的乐团

和任何新媒介一样,锡箔留声机从它的语境和公共参与中获得意义。它的直接语境包含了从爱迪生关于未来的宏伟规划以及相新闻界那些周而复始的相关主题,到展演的方案,锡箔纸的收藏,录音、录制与播放的复杂语义。当代电子媒介、印刷和公共文化的多样化语境更加广阔。新的语境很快就出现,参与新媒介的重铸,公共参与的习惯和与之相应的技术及经济结构也发生改变。投币式的或者"自动"的留声机取代了展演者和他们的机器;观众们不再自己录制;演说大厅的理性(尽管带有狂欢性质)的技术统治(technocracy)让位给更为商业化和休闲化的公众和流行音乐。作为对锡箔纸片的替代物,投币机器使用蜡制圆筒唱片,并且不再提供有形的纪念品。

尽管投币留声机的成功并不长久,但是它长期被看作这一类型媒介的历史上重要的一个转折点。它让资本家和音乐人明白了留声机可以作为娱乐设备用来播放事先录制好的音乐专辑——观众(和发明者爱米尔·贝利纳)则比他们早数月乃至数年就明白了这点。尽管这样一个特点十分准确,但是在他们的表述里很难认可投币机器。就好像乔纳森·斯特恩(2003, 203)注意到的,"如果我们在它们同时期的环境里面考虑早期声音录制设备,那想要大量产出预先被包装好的录音看起来只是它所有未来可能中的一种而已。"[46]

无论是自动式留声机的提倡者还是赞助商都无法预知未来,他们对于投币机器意味着什么的体验要从不同方面探索。它们的意义,有一部分当然是跟书写和印刷有关,以及和"记录"作为对抽象公众而言重要或者可能重要的数据铭文和真实体现的古

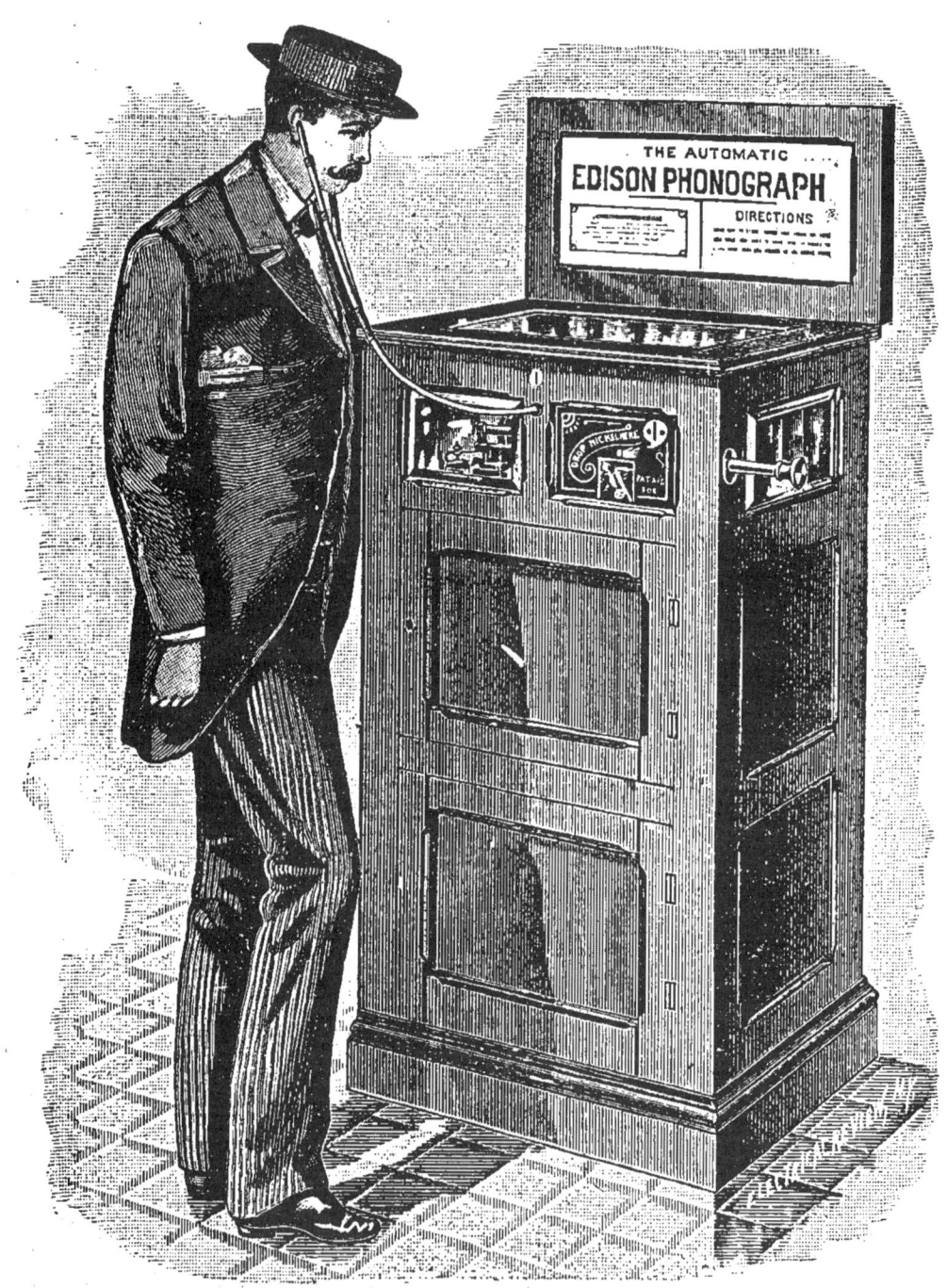

图 1.2 《唱片》(*The Phonogram*)杂志上的投币留声机,1892 年。(来源:爱迪生国家历史文库,美国国家公园管理局)

老意义有关。留声机录音,哪怕是音乐留声机,最早获得意义的途径,都是通过它们对书写记录的直观真实性和公共性的适应而实现的,这种适应相应地被遗忘,录音的新含义失去其陌生的广度,新媒介获得越来越多的形式和功能上的惯例常规。

投币式留声机由太平洋留声机公司(Pacific Phonograph Company)的总经理路易斯·格拉斯(Louis Glass)发明,这家公司是在1888—1890年全美三十二家在受保护的领域里对爱迪生"改良版"留声机[以及相关的格拉福风留声机(graphophone)]进行开发的"本地公司"之一。爱迪生的改良留声机使用圆柱体来取代纸片录音,但是其目标仍然主要是文本性的;这是一台用于听写的商业机器。贝利纳已经想象过,使用他那在1888年首度公开展演的格拉福风留声机,来播放提前录制好的 Phonautogram 音乐唱片,但是太平洋留声机公司和其他的当地公司慢慢地意识到,娱乐绝对不是其副业。格拉斯最早的投币机器——后来又出现三台,然后很快变成十五台——在旧金山的顾客中非常受欢迎,在1890年年底,他旗下的持牌许可人和充满竞争力的设备在全美的公共"会客厅"、沙龙、酒店、仓库、药店和拱廊商场播放着录音。[47]

如同最初用纸片的留声机,投币留声机有一些对于它们定义来说至关重要的结构和功能特征。社会语境和音乐内容都在这个新机器的意义上起到显著的作用,这个技术的形态本身也是如此。尽管它们名字是这么叫,但是投币机器拥有至少三种和它们的投币运作机制同等重要的设计特征。有一点是,它们都包含着一个可以返回的装置,所以当复制器("复制"声音的机制性组分)到达录音的终点的时候,它们都可以返回起点,并且重置自身以备下一次投币。重复性被嵌入机制里面。每个顾客的硬币支付形成一次交易,与其他无限次的交易保持高度而自动的相同,尽管最早的投币机器很容易被愚弄。早期的"利润"是通过代币(slugs)来收取的,并且根据报道,"哪怕是沙龙顾客饮品中的冰块,都可以被用于激活这个播放/返回的机制"[48]。如同这一时期其他的自动贩卖机一样,投币留声机将交易标准化和去个人化,尽管它们短暂地让人们怀疑或者嘲笑标准化的硬币。留声机成为美国都市里最早的小部分"沉默的售货员",这一点通过与沉默的口香糖自动售卖机、邮票自动售卖机和秤杆的比照尤为明显(Schreiber, 1961, 12-20)。

另外两个设计特征则不是设计师主动的选择。硬币滑入狭槽而消失,为留声机提供电源的湿电池潜藏在视线之外,录音、重放器和返回机制往往能够被顾客看到,通常是放在机器顶部的玻璃窗户或者圆顶上。这个机器以这种方式公开表演,然而表演背后电力和金融的力量是私密的,并且在橡木家具的遮蔽中显得神秘莫测。最后,投币留声机与后来的自动点唱机(jukebox)不同,却与听写留声机类似,即往往一次只为一位顾客进行播放。早期录音的音量适中,更适合使用连接着机器的头戴式耳机或者"听筒"。这很像双耳听诊器,当时刚开始投入应用的诊断工具(Reiser, 1978, 40-43)。顾客悄悄地听着录音,某种程度就像医生听着病人的肺一样。1878年被描述为模糊而"遥远"的录音,现在在人们耳畔即刻地发出共鸣。"声音是如此清楚",一篇报道这么说,"以至于你想象50英尺范围内的所有人肯定都能听到",但是他们所听到的只是"微弱的妈妈、妈妈、妈妈的叫声",即便他们可以透过玻璃看到这些。[49]用户为在公共的机器上实现私人的甚至亲密的接触而掏腰包。就像几年之后在黑暗中观看放映电影的必要性一样,投币留声机分散了感官,哪怕顾客被卷入匿名的人群之中,也能够将他们彼此分开。会客厅的顾客们站在一起,共同观看,但是只能各听各的。

尽管留声机公司的内部人士也承认,最好是安排一个维护性的"操作员"或者"检查员",来保持投币留声机良好地运作,经常性地更换音乐选集,"每过几天"就清洗音乐听筒。投币机器是一个固定的设备,由公司购置放在良好的位置,如果一个检查员要看护超过一台的机器或者是一整组机器,那么检查员本人就要到处巡视。这和相关形式的展览性留声机不一样,后者被到处巡游的艺人带着到各种集会、野餐、度假村和小城镇旅行。这种展览式机器拥有11条或者"14到16条听筒",使用被内行称为"轨道"的东西来将音乐同时分散到11—16条不同耳机装置之中。顾客都付过钱之后,他们像许多医生在问诊同一个病人那样站着(或者说像围着一个动物的一群兽医,因为从一张流传下来的照片来看,展览式留声机被安装在一头驴的背上)。他们作为一个群体在收听,尽管他们之间因为独自收听的原因而没有交流;他们以同样的"方式"在听相同的东西,然而听筒将他们区分开来。[50]

我想说的是,投币留声机和展览式留声机的设计创造了一种公共与私人的非常复杂的体验——这种体验被表演与权力、观看与收听、死亡之躯与鲜活之声的区别所构建。这是一种重复的并且可再被重复的体验,意味深长地将交换标准化和去个人化,去搜集并且原子化消费行为,并且因此将市场本质化,使其更轻易地被体验为一种抽象的东西:市场。这种体验同时受到社会、投币留声机的城市语境以及它们所播放录音的声音内容的影响。

投币留声机参与促成了历史学家凯西·派斯(Kathy Peiss,1986,6)①所说的美国"从同质社会(homosocial)文化向异质社会(heterosocial)文化的转变",并且很大程度上是因为其展演所在的不同公共场所的范围而实现的。[51]哥伦比亚留声机公司是最成功的本地留声机公司之一,能够购置许多台听写留声机,并且在1891年年底在华盛顿-巴尔的摩区域放置了140台投币机,赚得盆满钵满。公司明确以"所有人群聚集的地方"为目标,然而投币留声机却在酒店、火车站和药店里被围观。[52]最早的城市观众是充满男性气质的。酒店和仓库都是存在已久的传播站点,在那里,电报情报和新闻可以被占绝对比例的男性活跃听众获取。相比之下,药店、避暑度假村和游乐场为声音录制提供了一个明显是异质社会的环境。在新奥尔良,宫廷药店(the Palace

---

① 凯西·派斯,美国历史学家,宾夕法尼亚大学美国历史教授,其研究聚焦美国女性与现代消费文化的关联。——译者注

Drug Store)展示"最优质的冷饮机与最好的苏打水"以及至少一台极其赚钱的、由路易斯安那留声机公司(Louisiana Phonograph Company)设置的投币留声机——这台留声机"对顾客来说既是景点,也是娱乐设施"。大量的机器有时候会被放在"会客厅",它们的赞助人矛盾性地将这个公共场所指认为中产阶级的家庭密室(domestic sanctum),来怂恿着男男女女的光顾,正如同铁路公司经营着他们的"汽车会客所(parlor cars)"一样。这种指认在后来帮助推动了这些娱乐设施走进美国家庭的进程,在那里,他们将这么一个会客的媒介像体视镜(stereoscope)一样加入其中,并且预告了下一个世纪的"起居室"里的广播与电视的到来。[53]

沙龙的顾客们,工薪阶层男性,同样尝试使用留声机。和许多其他的技术一样,投币留声机在介入并参与构建一个异质社会的公众的同时,和男性气质构成弹性的关系。一位观察者将留声机的顾客描述为"厌倦享乐的花花公子"(blasé man about town),他们很早就觉得自己已经"榨干了纽约娱乐场这颗柠檬的每一滴汁水",现在正盼着听到"一点儿最新潮的东西"。在布法罗,自动式留声机最终被中断,因为沙龙的顾客们通过"敲打"机器来取乐,例如在硬币上串一条绳子,将其从凹槽里拉出来。酒保们都被安排获得一笔佣金来看管机器,防止类似这种反资本主义者的社交行径,但就像他们之中有人所说的,"佣金都被老板拿走了,我们又没赚到钱,看到没?"[54]不同于在1878年夏天期间呈现留声机展演的新闻报道那么频繁和规律,作为同阶级男性社交形式的鼓励"榨取"娱乐和"敲打"机器的技术,只是偶尔才被新闻界关注。就像玛丽·P. 瑞恩(Mary P. Ryan)①所注意到的,"公共记录很少详细记叙发生于城市空间犄角旮旯里的日常生活"(1997, 209),不管那些流传于酒吧、杂货店或者门廊等地方的公共与私人所关心的事情的"合金"(alloy)是多么复杂。

如果说1878年的那句"瞧"建立在公共领域的理性和"公开的"无私利性(disinterestedness)上,那么1892年酒保的这句"看到没"就暗示搅乱日常生活的利益纷争。作为对报纸幽默传统的持续,一家圣路易斯安娜的报纸在题为《自动化强盗》的文章中虚构了在酒吧里的遭遇:

"对,先生,在凹槽下面一英寸的地方来上一拳。可以听到硬币里面发出的声响。你看,这倾斜度不够使得硬币滑到机器里面。所以把它震起来,你就可以启动这台机器。你明白了吗?"

"看!"男人边喊着边把听筒放到耳朵上。

"天啊,伙计,我不想要看,我只想听。"

在解释的人,是圣詹姆斯的一位酒保,而正在咒骂的人,则是留声机的抢

---

① 玛丽·P. 瑞恩,美国历史学家,约翰霍普金斯大学历史学教授,加州大学伯克利分校历史学荣誉教授,著有《公民战争:19世纪美国城市的民主和公共生活》等。——译者注

劫游戏的受害者。[55]

在这里,机器的陌生特性,感官的崩解,以及商业的小贩主义都参与定义了留声机的声音以及它的录音。(尽管当地留声机公司的经理们也坦承他们的机器运作很差,承认"为之掏腰包的人们"确实会想"从中索取一点什么"。)[56]

当人们把硬币丢进凹槽,靠近听筒的时候,他们听到了什么?他们首先听到的是媒介自己的声响、电机的呼呼声响和复制器尖头在蜡上划过的声音,然后是一段快速的声明,紧接着出现一段两分钟左右的录音表演。如同收听锡箔录音的体验,收听投币留声机的体验是难以恢复的,主要是因为回头看起来,模仿的问题总是如此使人焦虑。举例而言,我们无法准确评估将听♪的录音体验为♪或者♪表演的程度,听这样的录音在何种程度上是一个对模仿的体验,一个对♪的再现及表演的体验,连同许多能够作为再现形式的复杂参数:物质的、著作者的、符号学的等。留声机是在制作音乐,还是只是在播放音乐?在何种程度上这种机制性的复制是透明的复制?尽管可以被轻易地推测听♪的录音被经验为♪或者♪的呈现,在同时代的选择之间、真实的、再现的和述行的(performative)之间的平衡与互动,是对片刻的购买(moment),是关于地方的问题和共享的文化实践,并且很难被后来建构的"声音保真度"的研究完全解释。[57]

关于收听投币留声机的体验,可以确切知道的是一些诸如录音艺术家、他们的曲目、他们录音表演的常规之类的东西。尽管越来越多的证据表明他们错了,但是各大本地留声机公司的主管们都曾经百般纠结,很难断掉自动留声机应该播放演讲录音而非音乐录音的念头。比起音乐特别是工具性音乐,演说是一个"更加伟大的奇迹",因为在此之前早已有如此多人听过诸如音乐盒这样的东西。演说则是"很好的东西"。就好像在美国中西部的一个观众说的,"我认为在一个小地方,用机器为百来号人播放好的言谈,远远好过播放那些靡靡之音;有些简短演讲或者小的故事,意义远远不止于一种娱乐。"[58]于是,美德(goodness)变成了阶级、品位、乡土风格(provincialism)以及流行录音的较差的声音质量和相对粗俗的表现的点缀物。

留声机公司生产录音,并且将它们印成商品目录以供销售,最早是在1889—1890年。一张哥伦比亚留声机公司打印的名为《华盛顿特区美国海军陆战队乐团演奏选集》(Selections Played by the U.S. Marine Band of Washington, D.C.)的清单罗列了60种可供购买的录音。北美留声机公司母公司印发的清单罗列了55张选集,被分为"铜管乐团"序列(16张),"室内乐团"序列(15张),"短号"部分(16张)和"单簧管"部分(8张);在这个案例中,没有一位艺术家的名字被标注出来。在这两张目录之中,诸如进行曲、华尔兹和波尔卡舞曲的通用类别是被突显的数据信息,作为组织选曲的方法,体现在单个选集的标题,或者伴随选集标题的解释性信息上。后面几年的录音目录都遵循相似的模式，预示着风格和乐器（或者音域）对于录音鉴别（identification）的重要性，这通常以录音艺术家姓名作为代价，并且证明了乐队音乐录音在生产上所占据的主导性地位。[59]在1892年，爱迪生留声机工厂（Edison Phonograph Works）提供了143张不同的录音，主要还是美国海军陆战队乐团的选集（总共46张），以及许多声乐和其他类型的录音、一些艺术家的口哨表演（4张）、一小部分朗诵（3张）和最早的一两张"黑人歌曲"（darkey song）。俄亥俄留声机公司发行了一个类似的清单，路易斯安那留声机公司则为其乐队和其他录音提供了一个艺人演讲。[60]

最早的录音曲目被解释为一些不完美技术的实际结果：口哨声音录制得很好，男高音也是如此，女高音则不然。不管这种解释有什么优点，都显然和美国海军陆战队乐团与哥伦比亚留声机公司的早期主导性紧密相关，他们利用自己在华盛顿特区的优势，为这个"总统专属"的乐团录制。哥伦比亚公司为其他公司提供唱片，他们一次生产5张，并且利用法律防止别的公司录制海军乐团的乐曲。就如同一篇报道所写的，海军陆战队乐团"正在走向不朽……通过大量瓶装生产他们最为和谐的旋律"。乐团成员在空荡荡的"第七大道下E大街的房间里"演奏，"却为全美各地区的人民提供了娱乐"。[61]

美国海军陆战队乐团的录音，就如同美国海军陆战队乐团本身一样，建立起横跨美国地方与全国社区的关联。乐团成立于1798年，随后在1800年和联邦政府搬到华盛顿特区，并且在杰斐逊总统任期里成为总统专属乐团而闻名于世。它通常在白宫为国家职能事务部门演奏（现在也是如此）并且成为华盛顿特区作为国家符号的卓越地方标志之一，尽管海军陆战队乐团也在全美巡回演出。[62]但是能够获取他们的录音，使其又多出了另一种卓越，可以体现为投币机顾客通过私人收听拥有民族性的甚至爱国主义式的价值感。当然，海军陆战队乐团的选集并不都是《永远忠诚》、美国国歌和《美国精神》。举例而言，在1890年，乐团录制了《约瑟夫大帝》（*Kaiser Joseph*）进行曲、《甜蜜华尔兹》（*Sweet-heart Waltz*）、《墨西哥舞蹈》（*Meican Dance*）和广为流行的"爱尔兰"民歌《麦金蒂倒下了》（*Down Went McGinty*）。带有族裔的、人种的和民族的差异的声音，帮助媒介实现对"美国"利益的铭刻。

所有由乐队演奏的音乐都和投币机听众有着不同但相关的关联。如同肯尼斯·克莱特纳（Kenneth Kreitner，1990）、玛格丽特·哈森和罗伯特·哈森（Margaret Hazen & Robert Hazen，1987）①所阐明的那样，乐团音乐参与构成美国公共和地方空间体验的一部分。[63]在1889年，全美大概有1万支乐团，预计共有15万名乐团成员。人口大概只有2000人的小镇举办业余乐团比赛，请族裔团体或者贸易团体来担

---

① 罗伯特·哈森，美国矿物与天体生物学家，华盛顿卡内基科学研究所地球物理实验室科学家。在科学研究之余，他与妻子玛格丽特·哈森撰写并出版科学、历史及音乐的流行书籍，如本书所提到的《音乐人》。该书获得美国作曲家、作家和出版商学会联合颁发的蒂姆斯·泰勒奖。——译者注

任民间评审。[64]他们通常用小镇的名字命名,有的也用当地文明的乐团领队的名字命名。他们的成员通常都是中下层社会的人士,乐团成员是流动的,因为工人和商贩们的阶层形态也相对流动。可以确定的是,乐器、制服乃至天赋都有很大的差异,曲目和音乐编排也是如此。乐团在很多地点和活动中表演,包括自己或其他团体经营的室外演出,以及节日庆典的特别活动。新的电话线路联通进来,或者名人来到镇上巡回演讲,都是他们表演的场合。[65]他们在大街上行进,在演奏台上表演,随时随地停留或者坐下。在夏天,他们几乎每周都出来演出,到了冬天,则毫无踪迹。[66]

某种意义上,乐团是早期游行传统的替代者和继承者。如果说,他们的人员组成体现了公共表演中男性公民志愿者的力量,那么他们演奏的声音就有力地构建了一个代表普遍公众利益的本土社区,同时也毫无疑问地参与展示建立在性别、阶级、人种、政治倾向和本土主义(nativism)差异上的接纳与排斥的姿态。[67]尽管城市有大量的乐团,但是乐团音乐更多地从听觉上指向乡村生活的景观。约翰·菲利浦·苏萨(John Philip Sousa, 1906, 281)生活在华盛顿特区,但是他狂热地谈论"村镇乐团"和"乡村乐团富有能量的表演,本地商人的忠实支持,乐团的花车、艳丽的制服、全国性的比赛和伴随而来的自豪和快乐"。如同旧世界村镇里的大钟一样,美国的村镇乐队生产着认同的听觉标记,夹杂着关于家庭与娱乐的信息,可能也有关于民族、国家和公民仪式的信息。[68]

投币留声机将户外的公共音乐带到了室内,将其"瓶装",保存其中,供给人们公开购买,便于私人收听。顾客们第一次听到属于自己的乐团;他们都拥有了私人购买公共声音的普遍经验。这些声音是公共生活的声音,它们第一次实现了离身(disembodied)。就好像迈克尔·华纳(Michael Warner)所描述的18世纪的印刷制品,换句话说,这些刺耳的曲调本身是"抽象公众的转喻",它们新近被"具身化"于蜡筒之上。[69]早期的乐团录音,由于乐团音乐的公众语境,以及声音本身复杂的空间特质,使得投币留声机参与重构私人与公众的方式变得更加复杂。

投币留声机的消费也牵涉到印刷和公共演说作为公共记录之实质的相关意义。尽管音乐表演越发普遍地形成它所预期的主体,但是这个新兴媒介在其对这些内容的传递之中,也并不是透明的。每一台投币机器都挂着一块板——公司管它们叫"公告板"——它提供了所有权信息、操作指南和关于它要准备播放的录音的索引性信息。顾客们都已经习惯了在公共场合以这种方式购买印刷品。声音录制存在于一个已经通过印刷文字深刻实现自我迭代(self-iterated)的公共空间,例如汹涌的商业资讯和如同"请勿践踏草坪"以及"禁止张贴"这样的具有抽象公共权威的大量非商业标识。[70]顾客们阅读公告,然后他们可能播放录音,观看在每个录音表面缓缓移动的复制器,最终从另一面返回到起点以等待下一次播放。留声机作为一种早期文本设备,其播放过程中复制器缓慢的侧滑扫描,使可被收听的内容在公共印刷消费的语境里获得了意义。

尽管使用"公告"这样的术语,留声机公司也明白这个印刷板作为广告的修辞价值。俄亥俄留声机公司的经理建议:如果对于"人们可能听到什么"的录音公告写得潦草马虎,那么它们可能就不受欢迎;"如果你把公告写完整,说明这到底是什么,在什么环境下奏效,那么你就会发现收益增长明显。"他自己就通过这类修辞框架使"劣质的圆筒"创造了可观的收入:一张声称"一位种植园(奴隶)歌唱的战前旧时的班卓琴音乐"的录音,一天能赚 4.75 美元,远远超过海军陆战队乐团创造的收入。[71]

借助印刷和听筒私人消费的各种建构,投币机录音形成另一种公告演讲的方式,即录音表演前飞快地公告。所有的录音都以类似这样的呼喊式的公告开场:"下面这段录音是由华盛顿特区的哥伦比亚留声机公司制作的,名为《国防军进行曲》(*The National Fencible March*),由美国海军陆战队乐团演奏。"或者:"《包厘街》(*Bowery*),选自《中国城之旅》(*A Trip to Chinatown*),由来自华盛顿特区哥伦比亚留声机公司的约翰·约克·艾特利(Mr. John Yorke AtLee)演唱,盖伊斯伯格教授钢琴伴奏。"[72]不同的公告看起来关涉不同类型的索引性信息,但是它们都给出了演奏选段的标题,其中许多还提供了录音艺术家的信息。所有公告都包含用以鉴定作为利益方的录音生产公司的所有权信息。这些口头公告和印刷广告及说明相伴出现,共同构成它们相关联的选集。

录音公告参与构建了一个录音选集复杂的述行性特质,这些选集被呈现为"被演奏""被歌唱""被伴奏"。录音公告将录音放入一个被表现出来的过去式之中,却是在顾客放入硬币的这个抽象而持续的当下所实现的。它们通过一种既不属于录音艺术家也不属于公司的去个体化的权威口吻来述说,却将收听者放入关系到上述二者的消费关系之中。除去有意区分的声音,它们几乎无法和后面的音乐选集录音区别开来。(在前文的例子里面,艾特利不仅负责演出,也负责声明公告,他本人还是华盛顿特区政府的一个兼职职员。)它们通过某些人,向其他人发布录音声明,但是无论是说的还是听的,都没有特指。如果说乐团录音为抽象公众提供了一个转喻,那么录音公告就为抽象的权威提供了转喻。笨拙的教授和富有企业精神的销售员也不见了,取而代之的是声音洪亮、不具有形体的男性声音,以及含混模糊的媒体经营管理的公开说明,并且跟它的主体打招呼:就像后来的"我们中断广播以告诉您这些重要的信息","下周同一时间继续收看"和"找不到文件"。

没有收听的反馈信息,人们只能惊讶于这些公告为了哥伦比亚留声机公司所提供的少数"专题"(topical)录音,微妙地实现极其复杂的架构功能。哥伦比亚留声机公司为 1892 年总统选举(哈里森对阵克利夫兰)提供了一些录制好的选战歌曲,一首工人四重奏(通过其名字判断)《为家庭和荣誉而奋斗》(宾夕法尼亚州的霍姆斯特德),以及极好地自我指涉(self-referential)和自我实现的《请您投入硬币,剩下的交给我们》

55 (*You Drop a Nickel*，*We Do the Rest*)。当顾客阅读题目后，他们将会听到"请您投入硬币"的说明，并且按照说明投入一个硬币。被印刷和被录制的公告立刻被抢去风头，如果有人投入伪造的硬币，则效果会被削弱(undercut)。然后，一个抽象的、无特指的"我们"——由播音员的单一声音代表——通过播放特定人士过去的录音(我认为又是艾特利和盖伊斯伯格)，开始、持续并且重复"完成其他的事情"。机器和顾客进行了一场精心设计的模仿互动仪式，一个关于再现的类似对话的形式，这对于作为体验、商品和再现本身的"其他的事情"的瞬间定位具有重要意义。这类似于柯达公司令人熟悉的口号，"请你按快门，我们完成其他的事情"，将相同的"你"和"我们"的角色关联到作为商品的真实再现的消费与生产之中。

针对锡箔纸片纪念品易保存、有纪念意义的品质，投币留声机提供了蜡和硬币的短暂体验。新闻报纸和锡箔纸片为彼此提供了充分的语境，而蜡和硬币鲜有被新闻报道的。在1878年夏天，关于留声机的类似报道在本地报纸上到处可见，但是对1889—1893年自动机器的报道不仅少，而且鲜有成形模式。这部分地是因为自动留声机的传播不太协调，尝试的时间更长，而且1878年锡箔纸展演的浪潮中异常地集中在城市，正如我上面所提到的，部分因为它们作为"廉价娱乐"和酒吧间装饰物的功能使它们被看作平常物件。(我的论述依据主要是来自爱迪生，因为这位发明家雇人搜集公共报道，通过剪裁放入他的私人档案之中。)不管是什么样的理由，尽管投币留声机清晰且复杂地参与重构涉及私人消费的公众，但它们自己本身并不是重要的"记录事项"。这个情况至少持续到媒介史学者——在知道了后来发生什么的前提下——开始讲述它们作为通往大众媒介，也就是今天被称为"产业"的道路上一个重要转折点的故事。尽管在他们那个时期公共记录更加重要，但是锡箔留声机也以相同的理由退出媒介史。如果关注后来发生的事情，1878年的演示并没有产生多大影响，锡箔留声机只是被马虎敷衍或者"好奇地"关注到而已。[73]

56 尽管后来大众媒介的语境因此倾向重新界定它们的意义，但不管是锡箔留声机还是投币留声机，都不会被混淆为大众媒介。它们是新媒介，但是无论从规模还是从政治经济特征上来说都不是"大众"的。首先，就规模来讲，它们确实不太大。举例而言，在1878年5—10月，爱迪生留声机公司向爱迪生支付了1032美元作为展演的版税，82,553名观众每人支付了25美分来观看展演，尽管在5月之前、10月之后的交易，以及未被记载的交易也不计其数。[74] 同样地，在1891年，本地的留声机公司只有1249台投币机器在运转，还不到同年度他们所租出去的听写留声机数量的一半。17家本地公司在业内会议上认可娱乐性留声机能够盈利，而两家公司则投了反对票。尽管1892年是更好的一年，经济却在1893年又一次戏剧性地衰退。[75] 简而言之，在1878年，许多人只是阅读到关于锡箔留声机的东西，而不是亲眼看到或者亲耳听到，同样地，1889—1893年的人们更多的是听到现场的乐团音乐，而不是在投币机器上听到。

尽管规模不大,但是声音录制的早期历史提供了关于新媒介诞生和作为历史主体的媒介的有趣知识。其中最为突出的知识,就是向公众展示的"测试版"设备没有获得公众赞誉,无法预示后来相关设备提供的功能。需要澄清的是,新媒介的社会意义不管在何种意义上,都不是由技术所决定的。在这个案例里,技术被证明是再阐释(re-interpretation)的沃土。就如同雅克·阿塔利(Jacques Attali,1985,89)所说的,所发生的事情"是对录音发明者初始想法的严重背离"。尽管"他们力图使它成为保存演讲"的载体,但是他们所获得的是大量新的文化形态:音乐生产和消费的新社会实践,资本化和传播表演的新企业结构。这些新的实践和新的结构共同塑造了一个新的大众媒介,其中,"严重"背离和"大众"媒介的意涵超过了规模、范围,或者阿塔利所说的形态的问题,指向一个全新的公众组织与市场的关联,以及由此带来的市民和消费者之间新兴的认同。这个新的组织或者"大众化"构成了下一章的主题,它阐述广阔的社会语境,在那里录音变得可被感知,并且作为在家中播放预先录制的音乐的媒介而变得直观。

尽管过去的知识不需要严格地呼应今天,但是声音录制的早期历史广泛地指向新媒介和媒介公众的共同进化。在美国,前留声机时期的媒介公众的特点,是逐渐多元化的流动人口,以及数量逐渐变多、对其读者的重要性逐渐不确定的印刷形式的主导性。同样地,听众体验并参与构建了声音录制的逻辑,回应新媒介的特定材料特征及其引入的不断变化的语境。相关的物质特征包括锡箔纸片和橡胶听筒之类的东西,相关语境则囊括了从剧场大厅和酒吧间到地方及全国性新闻界的既有组织,从保存锡箔纸纪念品的情景到抽象公共领域,它使得所有值得保存的东西都各得其所。留声机录音——就其定义而言——牵涉到对"公共记录"(the public record)的洞察,以及伴随而来的记录(record)与证据的问题,即使其准确定义一直都在流动之中。

注释

[1]本章关于投币留声机的部分最初是在麻省理工学院迪布纳研究所发表的会议论文,我在此感谢保罗·伊斯瑞(Paul Israel)和罗伯特·弗里德(Robert Friedel)的邀请。我在很久之前就掌握了锡箔留声机的经验材料;我写过一个不同的但是更着重谈论这一话题的版本,就是《最早的留声机:通过声音书写与阅读》和《锡箔纸片纪念品》。

[2]*Scientific American* 37(December 1877):384.

[3]Lastra(2000)的第一章,"铭文与模拟",是一个最初根据这些比喻对现代媒介想象的阐述。

[4]这里有一个流行的误解,认为磁带是业余的录音活动最早使用的媒介。然而事实上,筒式留声机和格拉福风留声机(不包括盘式留声机)都可以录制声音,一直到电子化的录音在20世纪20年代成为惯例。参见 Morton(2000)。

[5]这些说法参考了 Anderson(1991)、Habermas(1989)和 Warner(1990)。关于发行,参见 Henkin(1998)、John(1995)。

[6]举例而言,关于公共演说,可以参见 Looby(1996)、Fliegelman(1993)、Grasso(1999)、Ruttenburg(1999)。

[7]最突出的例外是 Cmiel(1990)。

[8]Secord(2000,523)假设,"依托工业系统之中的帝国自由贸易和经济前景","印刷业的相对稳定从 19 世纪 40 年代中后期"在英国"重新出现","为自由民族国家奠定了基础",尽管在维多利亚时代的美国情况并不是如此。Secord 没有注意的另一个因素是电报。

[9]对于纸张的数量,参见 Cetennial Newspaper Exhibition(1876),其中部分数据来自 1870 年的人口普查,并且作为费城世博会"怪物般的阅读室和报人之间的交流"的组成部分,这届世博会推出报纸馆,展览了全美各地的精选出版物。根据美国制造业的调查,1880—1900 的 20 年里,美国报纸和杂志的投资额估计增长 400%,纸张消耗量增长 650%。

[10]就最后一个观点而言,我赞同 Secord(2000)。如同 Secord,我也想要强调,印刷的固定性是一个可变的社会建构,而非一个媒介物的内在属性,媒介在它们被感知到之前就已经是社会的。这个案例被 Johns(1998,2,19)强调得最为突出。就美国语境下的情况,参见 McGill(2003)。

[11]参见 de Grazia(1992,7),他为莎士比亚作品集如何作为这种逻辑的构成部分提供了一个精彩的解释,也就是它是如何"按照一种无可争议的形式被复制的"。

[12]A.Fabian(2000,173,passim)。奴隶的叙事提供了一种特别好的案例。

[13]参见 Gutjahr(1999,110-111)。

[14]Secord(2000)在研究不同读者以不同方式接受 *The Vestiges of the Natural History of Creation*(1994)时,更为广泛和详尽地阐述了这一点。

[15]《约翰逊总统弹劾条款》(1968 年 3 月)的第十条写道:"也就是说,安德鲁·约翰逊……确实试图将侮辱、嘲笑、仇恨、蔑视和责备引向美国国会……以激起所有美国好公民对国会的憎根和愤怒……并且根据他所说的设计和意图,公开地在四方聚集而来的公民面前大声宣讲,充斥着肆无忌惮的、充满煽动性和诽谤性的高谈阔论,并且夹杂着威胁与恐吓……这一切则在聚集而来的群众的哭泣、嘲讽和讪笑之中传播。"(与之相比,20 世纪的弹劾案,与其说关乎比尔·克林顿总统说了什么,不如说是关乎他说的话意指什么。也就是说,它"取决于他所说的'是'是什么意思"。)

[16]在书写普通演说词的时候,李尔(Lear)依托的是 Cmiel(1990,263-265),后者计算了罗列在《国家联合目录》之中的修辞批评和用法手册的书籍数量,从 S. 赫德(S. Hurd)的 *A Grammatical Corrector* (1847)到 R. H. Bell 的 *The Worth of Words*

(1902)；Cmil 注意到 34 本书的 182 种版本。

[17] 原文已加着重标记；出自 *Clayton v. Stone and Hall*，2 Payne 392(1829)中对于"报纸或者市价表"的表述，并且在 *Baker v. Selden*，101 U.S. 99(1880)中被引用。我关于这两个案例的思考，受益于梅勒蒂·麦吉尔的《易逝之物：美国对知识产权的保护》(working paper, October 12, 2000)。

[18] 关于灵歌，我受到 Cruz(1999)的影响。

[19] 爱迪生留声机公司的录音存放在新泽西州西奥兰治的爱迪生国家历史文库之中，以及费城的宾夕法尼亚历史学会。来自西奥兰治的被制作成微缩胶卷，并且形成作品 *Thomas A. Edison Papers: A Selective Microfilm Edition* (1987)。这一项目同样可以从爱迪生文库的电子版本之中获取；参见 http://.edison.rutgers.edu。对于这里引用的内容，例如1879年8月2日 Uriah Painter 写给爱迪生的书信（"这头展出的牛的奶彻底挤干了"），微缩胶卷信息为：TAEM 49:316。来自费城的文件形成 Painter Papers 文集的组成部分，并且在这里被引用。公司的非商业书信信息是 TAEM 51:771。公司的历史可以查阅 *The Papers of Thomas A. Edison* (1998)。也可以参见 Israel(1997-1998)。

[20] "AnIntersting Session Yesterday: Edison, The Modern Magician, Unfolds the Mysteries of the Phonograph," *Washington Star*, April 19, 1878. 纽约时报在同一天提供了一个相同故事的更为简短的版本。

[21] Edward H. Johnson to Uriah H. Painter, January 27, 1878, in the Painter Papers; Johnson prospectus, Februrary 18, 1878, TAEM 97:623. 这两篇都被收录和发表于 Edison(1998)。我感谢托马斯·A.爱迪生文库的编辑将这一版本的手稿以及他们对 Painter Papers 的了解提供给我。

[22] "The Phonograph Exhibited: Prof. Arnold's Description of the Machine in Chickering Hall—Various Experiments, with Remarkable Results," *New York Times*, March 24, 1878, 2:5.

[23] 泽西城的报道可见 *Jersey Journal*, June 13, 14, and 21, 1878, and the *Argus*, June 20, 1878。

[24] *Iowa State Register*, July 3, 1878; *Daily Times* (Dubuque), July 16 and June 29, 1878.

[25] 针对关于后来展演之中教育意涵的讨论，参见 Musser(1991, chapter3)，在书中，他采纳了尼尔·哈里斯(Neil Harris)针对操作性美学的观念，来把握莱曼·霍弗(Lyman Hove)在"上层"展演的职业生涯状况。Cook(2001)以不同方式涉及类似观点。

[26] 就韦伯而言，Musser(1991, 22)就是"复兴的乐观主义"。在思考将展演看作

一种霸权形式的时候,我受到 Uricchio and Pearson(1993)关于 1907—1910 年"高质量"电影研究的影响;关于莎士比亚在美国文化中的普遍流行与社会功能,参见 Uricchio and Pearson(1993,74-78)。

[27]"我们的华盛顿"来自 Edison(1878)。我所提到的狂欢涉及弗雷德里希·基特勒所说的声音录制与拉康所说的真实界的关联,因为正如 Kittler(1999,16)所指出的那样,(与书写不同,)留声机可以记录"任何先于语义顺序和语言意义的喉部声音"。

[28]这些细节来自爱迪生留声机公司的画纸、信簿和会计册,其中包含 Smith to Hubbard,November 23,1878;Mason to Redpath,November 1,1878;Cushing to Redpath,July 16,1878;Redpath to Mason,July 10,1878。

[29]1878 年同样见证了美国剧场里《皮纳福号军舰》(*H. M. S. Pinafore*)令人眼花缭乱的版本数量,参见 Allen(1991)。霍肯伯里最初的印刷版本被收藏于纽约公共图书馆,在其他地方也可以通过查阅 19 世纪英美喜剧的微缩胶卷(New York:Redax Microprint,1968)查阅。《搞笑留声机》的制作史则不得而知。

[30]这里涉及第二波留声机展演浪潮,按照爱迪生的说法,在这一轮展演中,机器已经被"改良";*Proceedings of the Fourth Annual Convention of Local Phonograph Companies*(1893),112. 关于作者性与展览的问题,参见 Musser(1991,6-7)。

[31]乌利亚·佩因特(Uriah Painter)在写给托马斯·爱迪生的书信中提及由马修·布雷迪工作室(Matthew Brady Studio)拍摄的发明家与留声机的照片;参见 TAEM 15:575。

[32]我们之所以知道王尔德照片的数字,是因为它们当时处于版权纠纷之中;Burrow-Giles v. Sarony,111 U.S. 53(1884)。

[33]参见 Lastra(2000,16). 关于姐妹工具的说法,参见 Andem(1892,7)。当我在会议上报告这个观点的时候,观众似乎难以理解。由于参考了 1878 年的报道,我对这一观点的准确性怀有自信;尽管偶尔会出现,但是留声机/照相机的类比在最早期的新闻报道之中并不是很典型。

[34]来自 Dickey(1919);在 Lears(1989,31)被提及,作为它讨论广告和"魔法的现代化"的组成部分。

[35]参见 Menke(2005)。

[36]"神圣化"来自 Levine(1988);"抢救"则来自詹姆斯·克利福德(James Clifford)的"抢救式民族志",在 Cruz(1999,180)中有所提及。关于后来民族志中留声机的使用,参见 Brady(1999)。

[37]一种极端的说法,甚至可以说太极端,"所有关于痕迹的概念,可以追溯和囊括德里达文字学意义上的'原初书写',都是以爱迪生的这一简单观念作为基础的。先于书写的痕迹,所有在阅读与书写之间保持开放的纯粹差异的痕迹,不过就是留声机

的唱针而已"(Kittler 1999,33)。

[38]A.Fabian(2000,132,134)对此有所引用和延伸讨论。我所依据的是近期的一些研究,它们认为对内战时期寡妇、孤儿和老兵的联邦资助,是美国福利国家的源起;参见 Skocpol(1992)。

[39]Weekly(?),April(?),1878;参见 TAEM 25:187. 帕特·克莱因(Pat Crain)提供给我关于"pye"的双关语。

[40]关于泰勒及其风格,参见 Vanderbilt(1986,81,184);也可参见 Spengemann(1994,4-11)。

[41]贝克诉塞尔登案(*Baker v. Selden*)于1879年在美国最高法院宣判。在判决之中,最高法院由此确立在版权法领域意见/表达的二分法。这一案件涉及簿记规范,并且提出问题,作者对印刷出来的簿记表格享有的权利,是否可以延伸到他们所提出的簿记规范本身。在初审中,答案是可以(1874),但是在上诉再审中,答案是不可以(101 U.S. 99)。

[42]一个对印刷的类似怀疑的更好案例,是民谣收藏家认为未出版资源相对出版资源更有价值的观点。弗朗西斯·詹姆斯·柴尔德(Francis James Child)致力于落实手稿资源,以及那些"依然在人群中口耳相传的资源"(Kittredge,1965,xxvii-xxviii)。柴尔德的作品分批面世,可以从1883年追溯到1898年。美国的"民俗研究者"与此有相同看法。民宿研究者爱丽丝·梅布尔·培根(Alice Mabel Bacon)建议,"我们在印刷物上所看到的东西,都不要放进来"(1897),这句话被 Cruz(1990,170)引用。在一个时代之后,文学研究中的"新文献学"运动兴起,推动经典"作品"的再版,将之从过去(可能已经腐坏)的印刷"文本"之中拯救出来。

[43]这是他在其他的关键词中引用的,Marx(1997,967)。

[44]更宽泛地说,"生产事实上是历史编纂中普遍的解释原则,因为历史研究将每一份文件都看作生产文件的事物所表现出来的迹象"(de Certeau,1988,11)。

[45]《牛津英语词典》可以佐证法玛尔(Farmer)的观点,在1856年和1879年,"记录"一词的第一个用法是个人的记录,以及在1883年和1884年,"记录"一词的第一个用法是最佳纪录。

[46]在这里,我本人是一个主要的肇事者,因为我曾经很不恰当地写道,投币留声机"被证明是一个开启现代娱乐市场的楔子"(Gitelmann,1999b,69)。我就这样依据后来所发生的事情,以目的论的方式确立了它们的意义,然而我现在又在这里想要询问它们在它们的时代具有什么样的意义。相比之下,Kenney(1999,23-30)关于投币留声机的研究比较没有目的论的色彩。也可参见 Sterne(2003,especially 201-206)。

[47]我的解释和 Kenney(1999)相契合。也可参见 De Graaf(1997-1998);Berliner(1888)。

[48]最后这句出现在 1891 年本地公司大会的报告之中;参见 Brook(1978)。

[49]"Songs for a Nickel", *Journal* (New York), November 9, 1890.

[50]参见"我们部分公司的留声机音乐产业", *Phonogram* 2(August-Semptember 1892):180-188;Andem(1892,59-61)。Sterne(2003,137-177)关于"听觉技艺"的研究对此特别有启发(第三章),关于听诊器、留声机和电话以及广播,Sterne 写道,"技术化、个体化的听觉领域,可以被集体性地进行体验"。

[51]Kasson(1978,41-50).

[52]Quoted in Brooks(1978,10;emphasis added).

[53]"留声机音乐产业",187;根据报告,一台机器在三个月内,可以创造平均每天 15 美元的收入。三百台投币留声机,每次播放两分钟,合起来六百分钟,相当于每天工作 10 个小时!毫无疑问,这个数字被商业出版物《唱片杂志》大为夸张化了。关于从会客厅到起居室的演变,参见 Sterne(2003,200-209)以及本书后面的章节。

[54]*Journal* (New York), November 9, 1890; *Times* (Buffalo), May 7, 1892.

[55]*Chronicle* (St. Louis), February 14, 1891.

[56]*Proceedings of the Second Annual Convention of Local Phonograph Companies* (1891),64.

[57]关于保真度问题及其根源,参见 Lastra(2000,chapter 4)。也可参见 Thompson(1995);Sterne(2003,chapter 5);Morton(2000,chapter 1)。里克·阿尔特曼在这一段落的形成过程中对我帮助颇多。

[58]*Proceedings of the Second Annual Convention of Local Phonograph Companies* (1891),64.

[59]对于 1889 年基本目录的描述,参见 Brooks(1978,6)。这里引用的是哥伦比亚公司 1890 年 10 月 1 日的目录,出自美国国会图书馆,声音录制分类,以及后来的目录和其他公司的目录;北美公司的"音乐唱片目录"是爱迪生国家历史文库的档案,见 TAEM 147:361-362。关于哥伦比亚公司和美国海军陆战队乐团,参见 Brooks(1978,10-18)。

[60]爱迪生留声机工厂的目录在 TAEM 147:314-318。关于路易斯安那公司的六年和吟游艺人与录音业的交融,参见 Cogswell(1984,145)。

[61]Brooks(1978,11,18);Brooks 吸收了雷·威利(Ray Wile)的研究。关于实际原理的案例,参见 Millard(1995,80-81);Gaisberg(1942,83)——录音领域似乎很少见到公平的见证者。这是一个在文献中反复出现的有趣观点,也是需要被多加关注的观点。

[62]总统专属乐团展演,一个由白宫历史学会、白宫策展办公室、美国海军陆战队和国家公园管理局合作主办的展演(持久性)。

[63]Altman(2004,43-51).

[64]Hazen and Hazen(1987,8).

[65]Umble(1996,63-64,66)讲述了两个当地乐队的故事,为了纪念这一事件,他们在电话线路的两端,向对方传递音乐。

[66]这些概括来自 Kreiter(1990,47,87-88);Kreiter 所研究的宾夕法尼亚郡县的典型性虽然不具有严密性,但是充满启发性。关于乐队录音,也可参见 Kenney(1999,28-30)。

[67]Ryan(1989).

[68]这里我参考了 Corbin(1998)。关于这一时期的公民庆祝活动,参见 Ryan(1997,chapter 6)。

[69]Warner(1990,61-63);后面引用是"印刷品并不是抽象公众的唯一换喻"。

[70]Henkin(1998).

[71]James Andem, quoted in *Proceedings of the Second Annual Convention of Local Phonograph Companies* (1891), 62-63.

[72]Quoted in Brooks(1978,9,16).

[73]Martland(1997,16);也可参见 Israel(1997—1998,41)。Sterne(2003,298)对于锡箔留声机展演只包含了一小段叙述,因为《听得见的过去》(*The Audible Past*)的中心议题既不是铭文,也不是体验。

[74]新泽西的隆迪痛苦地抱怨他的区域总是被其他人所侵入,并且被爱迪生本人对门罗公园的开放政策所篡取,然而这一区域的公司还在怀疑隆迪瞒报了他的收入。雷德帕斯的抱怨被 De Graaf(1997—1998,36)提及。隆迪的抱怨出现在 TAEM 19:109,公司的怀疑则被雷德帕斯注意到,体现在 TAEM 19:89。

[75]Edison Speaking Phonograph, Accounts, TAEM 19:177 and following; for this total, see Israel(1997—1998, 36). For the number of automatic phonographs, see *Proceedings of the Second Annual Convention of Local Phonograph Companies* (1891), 118.

第二章　新媒介用户

留声机是极其少见的、双重人格式（Jekyll-and-Hyde）的机器设备之一，发明的时候是一个样子，后来发展成完全不同的另一个样子。1888年，爱迪生（如其所言）"改良了"（perfected）他的留声机，并且也完全确信它的首要功能将会是商业传播。他的机器拥有读写功能，他和他那些接连不断的狂热投资人群体都认为，这种留声机将成为革命性的听写设备。当然，他们错了。到了19世纪90年代中期，消费者需求推动留声机转化为一种只能读取的娱乐设备，到了1910年，录音成为第一种非印刷类的大众媒介。这一章的目标，是解释、描述这种意图的转向，并且在这个过程中倡议从使用及用户中去寻求新媒介史，而不是在产品的发展、产品的设置、商业的模型或者市场份额的计算之中兜圈子。这些要素固然十分重要，但并不是全部。和前一章一样，这一章关注的时间范围颇为狭窄，但是其语境化新媒介的野心仍然非常开阔。在1895—1910年，录音被重新视为一种家庭消费的商品。某种程度上很像后来计算机面向"个人"计算机的重新定位，家庭留声机和预先录制的留声机录音的成功，某种程度上都依靠关于个人和家庭的未被承认的预设，这些预设标志着美国文化整体深刻转变。[1]

这一章的标题"新媒介用户"，呼应了前一章的标题"新媒介公众"，一部分原因是我想要强调公众和用户之间往往被遗忘或者忽略的区别。公众由用户所组成，但并不是所有用户都被看作公共领域的成员。印第安人，泼妇，艺人，这些出现在1878年锡箔留声机报道中的人物——更不用说哭泣的婴儿、疯狂的动物，以及醉汉——既不是用户，也不是公众，他们作为一种再现形式，根据某些长期以来（不言而喻）的规则以不同方式参与定义公共生活和公共记忆，这些规则界定了谁重要、谁不重要、借助什么手段、依托什么媒介。相比之下，通过欺骗投币留声机自娱自乐的工人阶层沙龙顾客才是真正的用户，但是他们很难成为留声机管理层所想象的、被资本主义经济所要求的、被19世纪90年代美国公共生活或者中产文化评判者们所接纳的那种公众。他们是一群黑客（hackers）。[2] 然而，付钱的顾客同样也是公共领域的成员，尽管这个时期持续出现的大众文化的一个特征，恰好就是这些区分显而易见的崩塌，公众逐渐变成由消费者而非公民组成——换句话说，消费者选择成为个体理性和身份最为有效和可行的公共表达。[3]

比起愤世嫉俗，我想做的是反思：我提及公众和用户之间的区分，因为我在这里想要强调的是，在新媒介与公共生活、公共记忆相互重构的时候，是用户在定义新媒介的问题上起到关键作用。或者就如同珍妮特·阿巴特（Janet Abbate，1994，4）①针对互联网的早期历史所说的，"用户并不必然只是技术的'消费者'，在定义其特征的时候，他们能够起到积极的作用。"从这个意义上来说，用户并非必然和公众保持什么自觉的关系。他们既不完全是"反公众"（counterpublics），也不是排外性的亚文化；他们是多元、动态以及分散的。他们既是公共领域意识形态塑造的镜子，也是接收者，然而他们本身并非意识形态性质的：个体并不"属于"用户，但他们作为用户的活动可能深刻影响迈克尔·华纳（Michael Warner，2002，12）所说的所属物（belonging）的"元语用学"（metapragmatics）[4]。当然，早期声音录制用户并不像阿巴特笔下的早期互联网用户那么积极，但他们同样在重要的方面参与塑造了这一媒介。特别是性别差异对声音录制的定义不可或缺。中产阶级的女性是留声机和录音本身意义的核心，因为女性深度参与确定了录制和回放的功能及功能语境。简单来说，我并不是主张家庭留声机最终变成大众文化的性别化工具。它们确实如此，但是不仅仅是如此：我要强调的是，性别和文化差异从一开始就被置于家庭留声机之中。

某种程度上类似于阿巴特作品中的阿帕网络和因特网，我的兴趣点是提出能够让生产与消费的严格二分法相形见绌的问题，后者对于媒介史来说颇为熟悉，并且是美国技术观念的典型特征，不管这些观念是技术恐惧论（technophobic）还是技术狂热论（technophilic）。生产/消费二分法都怀有一个特定的决定论，因为它们通常将生产者置于前面，然后画出一个指向消费者的箭头。在这种姿态中，潜藏着一种把发明和技术作为社会文化变革的充分解释来使用的倾向，这反过来又有助于将媒介史定位在社会影响的叙事之中，同时远离除白人中产男性以及发达国家世界之外的能动因素。换句话说，它对公众的偏爱超过用户，并且呈现为一种历史，举例而言，在其中"发明电话是男性化的事情；讲电话是女性化的事情"[5]。依托同一种逻辑却更加精心设计的版本，则潜藏于对消费者抵抗和例外论的最具积极意味和女性主义友好的解释之中，并且呈现为一种历史，举例而言，男性发明了电话，女性教会他们怎么用，或者男性发明了留声机，但是让女性帮助他们在一战期间进行售卖。[6]这样的叙事将女性描述为能动力量，不管说的是她们对商品的改造使用，还是对预设男性角色的偶然篡夺。然而，她们的能动性在很大程度上并非主动的，这个幌子只能通过对生产和消费的关键性重估所揭开，这些生产和消费要么只是历史性地呈现稳定状态，要么只是相互区分的分析术语。[7]

---

① 珍妮特·阿巴特，美国弗吉尼亚理工大学科学技术与社会学教授，她的研究侧重于计算机与互联网的历史，特别是女性在其中的参与。——译者注

对生产/消费二分法的习惯性依赖,导致声音录制的早期历史呈现这种模样:在爱迪生发明留声机之后,随之而来的是贝利纳("盘式留声机")和贝尔的沃尔塔实验室(Volta Laboratory)的发明家们("筒式留声机")的竞争,促使爱迪生对其机器进行商业开发。爱迪生的留声机和贝尔的留声机被北美留声机公司所出售,后者在1888年通过合并在保护领域内经营的本地公司网络而形成。昂贵的设备被出租,并且在后来作为听写机器出售,但是收效甚微,因为上班族拒绝这种复杂并且喜怒无常的机器。"几乎是偶然地",事情发生了变化:一位加州企业家将他的留声机改造成了投币机器,并且逐渐证明录音作为娱乐的成功,创造了一种对提前录制的音乐录音的需求。当1894年,贝利纳开始在美国营销他的盘式留声机以及盘式录音的时候,他面对来自模仿者以及哥伦比亚留声机公司这种公司的竞争,到1896年,爱迪生的国家留声机公司也加入战局,然而这两家公司在一开始的时候都只卖筒式录音。家用机器的市场通过技术创新和价格战被建立起来:筒式留声机、盘式留声机和格拉福风留声机都被巧妙地改造成通过发条驱动(由你来上发条),而不是用粗糙的电池或者踏板装置,音乐录音被巧妙地改造为通过一个喇叭附件实现大声播放。这种家用机器售价低廉,例如1896年标价10美元的鹰牌留声机(Eagle graphophone)和标价40美元(后来只有30美元)的家用牌留声机(Home Phonograph),1898年标价20美元的佐诺风牌(Zon-o-phone),1900年标价3美元的维克托玩具(Victor Toy)等。录音因为其保真度的改善被销售,大规模生产的方案被快速地开发并利用起来,广告起到了效果,价格从1—2美元降到了35美分左右。[8]

这样的解释把什么遗失了?除去省略消费购买(毕竟,留声机和录音是用来播放的),这样的解释还把生产的定义局限在发明家和企业家的活动之中。但是如果这样的生产只是故事的一小部分,通过那种会将技术解释成男性领域的文化规范和期望来赋予其独特的重要性,那又会怎么样?技术的真正意义或许会遇到威胁。发条传动的留声机在世界范围内的家庭中工作着(worked),然而,如果它甚至还没有在其创新的社会语境之中以某种方式起着作用,它是否还会被描述甚至被理解成"工作"(working)?基于这种原因,如果被北美留声机公司管理层贬低为"投币速记员"的公司职员们欢迎而非拒斥这个听写机器,投币留声机是否还是以现实中的这一路径发展?[9]

这样的问题,将女性和其他用户带回历史之中。"声音录制,"历史学家安德烈·米勒德(André Millard, 1995, 1)①写道,"肯定是现代生活的一大便利。"然而,我们从露丝·施瓦茨·考恩(Ruth Schwartz Cowan)②那本至关重要的《更加忙碌的母亲》

---

① 安德烈·米勒德,美国技术史学家,阿拉巴马大学伯明翰分校教授,托马斯·爱迪生文库编辑。——译者注
② 露丝·施瓦茨·考恩,美国科学、技术和医学史学家,以对人类和医学遗传学史以及家用技术史研究闻名。除去《更加忙碌的母亲》之外,她所撰写的《美国技术社会史》也是科学技术研究领域最负盛名的教科书之一。——译者注

(More Work for Mother)(1983)以及其他的女性主义技术史可以知道,"便利"的定义是如何被特定时空环境的性别、社会、经济建构所给定的。电动洗衣机是现代便利,但是它们在20世纪美国的被接纳应该在与这些现象的相互参照之中进行解读:可接受的清洁度标准的相应变化,家政劳动的人口统计数据,电气化的社会经济地理格局以及其他家务劳动的持续重构。[10]仅有它本身的便利性,无法解释任何事情。简而言之,只要我们承认,新媒介的生命不仅仅是公共关系事件、商业模式、公司战略,也是社会实践,那么就可以说——对生产的语言稍作改动——是家庭主妇(homemaker)参与制造了家庭留声机(make home phonographs),如同她们以新奇而复杂的方式"制造"家庭。如同乔纳森·斯特恩(2003,197)所说的,在留声机的早期历史之中,"中产阶级不断变化的家庭和工作生活,至少也和企业规划和实验一样重要"。

我想说的是,留声机及其录音都有丰富的作为符号的经历,它们在被理解和使用的环境下接受和拥有意义,这些丰富而又变化多端的意义,与人们的社会生活和有形事物相互关联。或许因为它们除去是技术和商品之外还是媒介,所以留声机和录音似乎具有非凡的"阐释灵活性",它们拥有一系列可及的意义,其中,不管是它们的发明者还是音乐上的统治力量,都无法拥有任何特别的权威地位。[11]爱迪生对机器的意图很大程度上是令人疑惑的,与此同时,作曲家和音乐出版物对留声机采取不闻不问的态度,直到它的广泛流行迫使他们将其定位为一种"自我播放"的乐器。后来,大量有影响力的录音生产商——最终成为我们所知道的"厂牌"(labor)的跨国公司——在预测哪些录音会畅销、哪些录音不会的问题上往往会失败。相反,声音录制媒介是被其使用条件所创造的,留声机和录音随着它们在人们的手耳之间,以及在其他媒介和商品之中广为流传而获得文化影响力。[12]

尽管通常被强调大众文化广度(extensive)特质的文化理论家以及文化史学家所忽略,但是留声机和留声机录音,就像音乐本身一样,富有启发性地展示出与广度特质相伴的强度(intensive)特质。这种广度/强度的二分法,是一种富有价值的启发式方法(heuristic),它在阅读实践的历史中出现,以区分现代和前现代文学。[13]简单来说,要么读者消耗大量的材料,迅速地阅读一个又一个文本;要么以很高的强度反复阅读一小部分材料。这是新闻报纸和低俗小说对比圣经的区别。按此理解,现代大众文化是具有广度性质的。许多不同的媒介对消费者进行轰炸,各种商品争夺着他们的注意力。电视观众快速地在数以百计的频道中换台浏览。文字和其他商品在无穷无尽的流通之中被消费,不管是广播媒介的源源不断,还是许多大规模生产的消费品的激增和易朽。大众社会是用过即弃的(disposable),是肆意挥霍的(profligate)。

与其他大众媒介一样,留声机和录音拥有广泛的大众吸引力,并且显而易见地依赖种种的公众品味消费。它们部分地依赖市场上吸引力的适销程度——一个存在于时尚、热门和明星背后的消费逻辑。但是,留声机和录音同样依据强度性的使用而获得意义,最初是公共留声机会客厅的顾客,后来是家里的听众。这一章将首先通过留声机录音与当时另一种媒介——广为畅销的月刊——的对比来介绍这种强度性质,后者被不少学者看作至少在投币点唱机(nickelodeon)之前美国大众文化的基本形式。然后,这一章将留声机定义为机械复制的形式和依托女性作为能动者和主体的乐器,其中,主体性的形成依据一系列文化范畴的体验或者协商,例如专业和业余,居家和公共。最后,这一章的结尾,将探讨在其他商品的需求和销售之中参与定义家用留声机的购物规范和习惯。

通过强调动词"定义"(define)而非生产或者销售,我打算将家用留声机的出现描述为一个多面向的历史文化过程,其中涉及广泛的因素,部分牵涉美国社会中产阶层的增长和女性角色的变化。这样一个多面向的"设计和驯化"过程的证据,自然也是多维度的。[14]它包含了不同类型的再现形式,例如用于描述留声机的语言和隐喻、用于销售它们的广告以及留声机设计的特征。它也包含各种相关的社会实践,如作为家庭追求的音乐制作,作为表演种类的模仿和作为娱乐活动的购物。

声音录制的高强度使用有很多。其中强度最大的,至今仍然具有高度特殊性(idiosyncratic),仅仅被特定的亚文化和亚群体所践行。举例而言,最为狂热的收藏者,除去听录音,还着了魔一般地搜索和购买录音。所谓的高保真音响爱好者(audiophiles)疯狂追求录音播放的声音质量;调音师播放、选录和混制录音;与特定录音艺人和音乐风格相关的狂热粉丝和粉丝俱乐部以不同方式保持高强度使用。事实上,"粉丝"(fan)这个术语就来自狂热(fanatic)。这些用户和用途都是特殊的,因为他们没有人只是播放录音,如果说"仅仅"(merely)这个词可以用来对应对大众媒介高广度使用的预期的话。但是,无论是过去还是现在,声音录制同样也被"仅仅"播放录音的日常用户以不那么独特的方式高强度地使用。重复代表另一种强度的显著形式。其中部分使用声音录制的习惯性强度就是重复播放,尽管特定用户(小朋友和教授,按照罗兰·巴特的说法)相较其他人而言对此尤为热衷。[15]有一些"仅仅"播放录音的实践,就是一遍一遍地播放它。

就如同高广度的工业印刷物和在纸面上"说话"能为理解原始而短暂的早期留声机录音提供重要语境,另一种更为具体的印刷商品历史可以为理解声音录制的出现提供一个富有帮助的语境。投币留声机和展演留声机在19世纪90年代前中期的几年间广为流行,但并没有真正成为一个大众现象。一张最为畅销的录音也要大概两年时间才能实现五千张的销量;第一张"百万销量"录音则通常要追溯到1903—1905年了。[16]相比之下,印刷媒介早已经习惯了长期存在的大规模受众。早在19世纪20年代[对于美国圣经及宗教文献协会(the American Bible and Tract Societies)]以及19世纪30年代(对于城市便士报),美国的阅读受众已经数以百万,而不是区区几千人。然而,除去数字之外,在19世纪90年代中期还有性质上的变化,标示着一个新型市场的出现。在《售卖文化》(Selling Culture)中,理查德·奥曼(Richard Ohmann,1996)①认为美国大众文化最早出现在例如《芒西杂志》(Munsey's)、《麦克卢尔杂志》(McClures)、《时尚杂志》(Cosmopolitan)这类杂志的版面上。他把类似这样大量发行的月刊看作美国大众文化的基本形式,因为,大概从 1893 年起,越来越多这样的出版物在专题页上整合插图广告,使得广告的销售额开始超过发行订购的销售额。这样一个具有决定性意义的再定位——从销售杂志到吸引消费者的注意力从而"贩卖他们的眼球"——在声音录制的历史上找不到对应的部分,至少一直到 20 世纪 20 年代广播的商业化,但是尽管如此,它仍然有助于对新媒介的语境化。

现代月刊的周期、规模和视野,都变成富有意义的衡量标准。简单就数字来说,月刊的总发行量从 1890 年的 1800 万跃升到 1905 年的 6400 万。就内容来说,学者普遍赞同,这些杂志帮助绘制了美国生活的社会空间,其中,"女性常常被选出来作为参与充斥商品的现代世界的练习生"(Bogardus,1998,518)。广告商在女性杂志和大众杂志上瞄准女性进行推销,"顾客"这个并不明确的范畴也逐渐被明确地性别化。[17]事实上,国家留声机公司早在 1900 年就开始在《芒西杂志》投放广告,而维克托留声机公司从 1902 年开始在《时尚杂志》和《星期六晚邮报》(the Saturday Evening Post)上大量投放广告。在 1906 年,维克托公司吹嘘它的"广告活动每个月能够涉及大概 4900 万人",超过了美国人口的一半,然而爱迪生旗下那个据说不那么激进的国家留声机公司,每个月也在超过 12 本的全国性杂志上投放整版广告,其中就包括《时尚杂志》、《芒西杂志》、《家政杂志》(Good Housekeeping)、《大众杂志》(Everybody's)和《视线杂志》(Outlook)。[18]

现代月刊除去作为家庭留声机的广告平台,还参与构建了某些社会、经济与文化条件,正是这些条件使得家庭留声机得以如此成功。诚然"三巨头"留声机公司——维克托留声机公司、国家留声机公司和哥伦比亚留声机公司——是在新的《芒西杂志》《麦克卢尔杂志》和《时尚杂志》出现三年之后才开始其短暂的崛起,但是尽管如此,用奥曼(1996,29)的话来说,它们和这些现代月刊共同构成"美国人民重复性文化体验的主要形式"。到了 1909 年,留声机行业每年生产 2720 万张录音,仍然只是杂志总发行量的一小部分。[19]然而,月份出版物的保质期只是一个月,留声机录音则以重复性的逻辑得以幸存下来。与当时的印刷媒介相比,录音是一种重复性(repeated)的文化体验,一遍又一遍地被播放。这个区分对于家庭留声机作为大众文化元素具有非常关键的意义,并且同样与非印刷类商品有关联。当一位女性拿下一盒尤尼塔饼干(Uneeda biscuit),品牌的名字耳熟能详,饼干则与前一个盒子或者包装里面的别无二致。所有的尤尼塔饼干看起来、吃起来都是一样的;所有 57 个品类的亨氏腌制品

---

① 理查德·奥曼,美国文学评论家,著有《售卖文化:世纪之交的杂志、市场与课堂》等。——译者注

(Heinz pikles)都始终连贯地与其他款式有所区别。它之所以"神奇",部分原因在于各种饼干、每个品类的腌制品看起来、吃起来完全相同,但是它们事实上是完全不同的东西。[20]与之形成对照的是,留声机和留声机录音则将真正的重复性强度引入大众市场之中。撇开相同声音的两个录音是否确实相同的问题,声音录制的个人用户持续使用相同的录音,却从来不会——几乎不会——将它们用完。

哪怕是F. W. 盖伊斯伯格(F. W. Gaisberg 1942, 18),这个在哥伦比亚公司早期唱片里承担演出工作、之后转型成为(后来所说的)星探和录音工程师的人,都发现自己难以自制地不断重复相同的录音:"人们对音乐的渴望必然是十分惊人的,以至于可以忍受那个时期所生产的粗糙而嘈杂的录音。我仍然记得我自己对于那些粗糙曲子的喜爱。我似乎从来不会对重复《特里比》里的那首《本·博尔特》(*Ben Bolt*)的录音感到厌烦。"盖伊斯伯格的惊叹与他的假设背道而驰,即"人们"对声音录制有永远无法被满足并且非理性的共同渴望,为了录音里的旋律而难以自持地聚焦在粗糙滥造的录音之上。理性的消费者或许只是勉强地"忍受"噪音,然而当时的市场甚至引诱了盖伊斯伯格这样的内行人陷入一个充满活力的循环:"我似乎永远不会感到疲倦。"盖伊斯伯格重复欣赏《本·博尔特》,不过是一个"特里比狂热"(Trilbymania)的例子,那本被《哈珀杂志》连载的乔治·杜穆里埃(George Du Maurier)的流行小说《特里比》所引发的狂热在1894年席卷全美。(在小说里,名为特里比的角色在她被邪恶的犹太人斯文加利催眠之前唱了《本·博尔特》,那时,她尚且可以唱一个更加复杂的曲目)。当盖伊斯伯格不断重放录音的时候,全美舞台上一共有24个剧场版的《特里比》正在上映,其中也包括滑稽模仿剧,消费者们可以选择不同的特里比帽、特里比娃娃、特里比鞋和其他引起他们注意的特里比周边商品。《纽约时报》感叹道,每个人"都应该知道'特里比',谈论'特里比',吃'特里比',(以及)畅想'特里比'"[21]。

这种所谓的特里比狂热令文化史学家感到疑惑。如同虚构的特里比角色本身,消费者也变得魔怔了。按照苏珊·A. 格伦(Susan A. Glenn 2000, 91)①的解释,这种狂热是对当时"自我问题在文化上中心地位的证明",不仅仅关乎"女性自身的脆弱和易变,也关乎两性都要面对的一个更大的问题,即如何面对一个新兴工业社会,其中,通过物质商品的诱惑、广告的操纵,或者正如一些社会理论家所担忧的,通过人群或者乌合之众的心理支配,催眠式的暗示性(suggestibility)可能被引发"。《特里比》和特里比狂热共同提供了一种大众消费的寓言,伴随着(现在我们很熟悉的)喧闹的互文性(intertextuality)——一系列意义在杂志、书籍、散页乐谱、喜剧和商品中被关联起来——被心不在焉却十分恶毒的反犹主义(anti-Semitism)所扭曲,因为德雷福斯事件

---

① 苏珊·A. 格伦,华盛顿大学历史系教授,研究领域为20世纪美国社会文化史,代表作包括《女性奇观:现代女性主义的戏剧根源》等。——译者注

(Dreyfus affair)①同时被新闻界爆出，并且分享了杜穆里埃小说的巴黎设定。当美国人阅读、收听和购物的时候，广为流行的《本·博尔特》被不同的虚拟角色、舞台演员、录音以及（毫无疑问的）消费者本身以不同方式所传唱。盖伊斯伯格或许不会跟着唱歌，却会折腾着他自己的《本·博尔特》录音，就像购买其他特里比周边商品一样，根据体验的模式、频率以及可复制性而形成它自身的意义。盖伊斯伯格的《本·博尔特》在其自身重复性的语境下，以及在盖伊斯伯格的人生、他本人以及周围狂热的综合语境下，不断创造着意义。

盖伊斯伯格和其他的留声机用户沉湎其中的重复性强度，在以往更多的是音乐教育的特征（"练习，练习，练习"），而非音乐收听。举例而言，这会让人想起这是对围绕着虔诚文本的文学怀旧实践，或者在特定稀缺环境下的文字材料，一份报纸或者邮购目录被许多读者一遍又一遍地阅读。今天的消费者已经习惯了小朋友一遍又一遍（然后又是一遍一遍又一遍）地看同一个录像带，或者引起独特重复性的独特文化形式［例如《生活多美好》(*It's a Wonderful Life*)、《绿野仙踪》(*The Wizard of Oz*)］，但是美国成年人文化更典型的现象是消费和丢弃、阅读和回收、到处购买然后继续加购。留声机录音以及后来的磁带、录影带、CD、DVD 和 MP3，与这种趋势背道而驰；它们作为物质财产所拥有的复杂逻辑，是重复以及持续地再消费、再倒带和再播放。

我将短暂地回到重复性的问题，包括在现代市场的魔力与欲望之中，几乎是仪式性的重复在家庭留声机的社会建构过程中所扮演的角色。然而，首先，必须更加直接思考机械复制的驯化问题。如果用户高强度地再使用或者再播放录音，那么，他们所播放的录音也被精心建构为重复性的表演、所渴求声音的机械复制。在这个案例里，机械复制的语言并不过时（anachronistic）。可以有把握地将留声机称为一种复制性技术，因为每一台留声机最重要的部分，就是它的"复制器"（reproducer），附带包含一个"膜片"（diaphragm）——这个部分因应录音上的凹槽形成共振，因此实现声音的重放。"复制器"这个词在 19、20 世纪之交进入许多留声机用户的词典之中。哪怕声音录制的新媒介对于美国人的语义生活影响不大，它同样会在与广泛定义的现存话语的遭遇之中获得其意义。声音复制在一个隐喻、态度、假设和实践的领域之中被定义。模仿及音乐的各种结构建立起新媒介使用及其用户的重要语境。

留声机被引入的词典及其所占据的象征领域，都是媒介定义的组成部分，它成为人们关注的焦点，最早是作为美国家庭里的新奇之物，最终则归于平常，并且把留声机置放在后来的广播和电视所处位置的边上。就如同后来这些媒介的话语生命一样，赋予声音录制意义的话语形成了一个异质的不断变化的甚至是相互矛盾的讯息矩阵

---

① 德福雷斯事件，是发生在 19 世纪末法国的一起政治及社会运动事件。1894 年，一位犹太裔法国军官阿尔弗雷德·德福雷斯被误判叛国罪，在当时反犹气氛浓厚的法国爆发了强烈冲突与争论，由此形成持续十余年的法国社会大改造运动。——译者注

(matrix)。这些讯息部分在促销性质的内容中被表达——广告、贸易手册、公开账户以及零售店处理商品的惯例之中。同样地,和广播和电视一样,留声机的话语生命,也部分产生于机器自身的设计以及它在家中的位置。[22] 早期台式机器的涂漆表面,或者红木饰面的封闭喇叭(enclosed-horn)的维克托牌手摇留声机(Victrola,1906),都显现出机器融入家庭布置的方式。额外的讯息则被编码到录音本身之中,它不仅复制音乐,也提供音乐的有效呈现,不管是隐含的还是明确的。录音提供了一种2—3分钟的版本——或者说转喻——一种从材料和声学上进行包装以供私人消费的体裁、创作和表演。"乐团"录音事实上由代表乐团的小型乐队(ensembles)录制;所录制的音乐片段由代表整首乐曲的片段或者混曲组成;喜剧小品通过两分钟长的录音来代表十五分钟长的综艺秀;最早的录音被加入播报,甚至有时被加入喝彩,以此代表现场演出。

　　留声机和录音的外形呈现经历了一个特别重要的变化,这是将声音录制再定义为居家娱乐形式的一个环节。在美国生活围绕音乐和家庭的现有话语中,最初参与定义媒介的铭文和人格化隐喻逐渐被取代,然后被关于留声机更为丰富的隐喻标识所代替。当爱迪生在《科学美国人》的纽约办公室第一次展示他的留声机的时候,他和目击者们都将这一台向他们致敬、问候他们健康状况的设备人性化(anthropomorphized)。十年之后,一个发布在纽约沃斯宫博物馆(Worth's Palace Musesm)的项目告诉猎奇者:"离开博物馆之前,请不要忘记采访一下神奇的爱迪生留声机。"美国人准备好了将这一新技术人格化。然而不知何故,这些隐喻并没有和留声机一起走进美国家庭。回放并不能够引出录制加回放所引发的人格化特征。尽管最早的留声机和那些供给办公室使用的留声机通常是根据书写和具身的隐喻而理解和再现的,家庭留声机却并非如此。书写隐喻在关于录音的知识产权争议的特定语境下依然很重要(因为美国宪法明确保护"书写"),然而人格化只有在听写留声机的商业文献之中才存在。听写留声机最早被看作商人们"理想的文书助理",是一个男性。几年之后,当女性数量在全美的办公室工作群体中逐渐增加,在一本名为《国家留声机》(*National Phonograph*)的小册子封面之上,将留声机图片附上一行字"你的速记员",同时,企业宣传还告诉妻子们,她们的丈夫正在对着留声机口述,"而不是对着一个年轻貌美、轻浮不可靠的女性速记员"。家庭留声机根本没有形成相同的人格化。这使得它们非同寻常。汽车与船舶一直都是"她",而许多早期的居家应用,包括家庭电气化,都是以家庭仆人甚至是奴隶的形式出现的。[23]

　　留声机和录音作为模仿功能商品,其持续不稳定性促使家庭留声机再现行为的人格化被遮蔽或者扭曲。呈现它们再现行为的问题,被证明是令人烦恼的,这至少通过娱乐性留声机和相关日用品的目录和广告可以判断,这些产品对于逼真度提出了竞争性和混淆性的声明。一种精确性广为不同并且不精确的语言,主导了这个媒介作为一种音乐再现方式的商业呈现。维克托公司的广告很快向读者们保证:"现在,只要你想要,就可以在你家听到世界上最伟大的艺术家的逼真声音。"与之比较,爱迪生的录音则是"现实主义的极致"。维克托的录音暗示着完全的透明化,能够感知到表演艺术家的真实和自然的声音。爱迪生的口号则吹嘘至高无上的技艺,及最终实现的现实效果。这种类似的混淆在文献中持续存在。[24]

随着人格化隐喻被各种代表留声机及其录音模拟性的口号所取代,性别差异在使声音录制成为充分并且有吸引力的再现方式的问题上变得更加重要。女性的声音形成一个录音的标准,因为事实证明,她们的声音很难被录制。尽管早期哥伦比亚公司在乐团音乐上取得成功,但是这个公司一直到1895年都没有能够录制女性的声音,那时,莉拉·科尔曼(Lilla Coleman)的录音在其目录中被认为"只适合用听筒——无法适用于喇叭进行播放"。在1898年,芝加哥博斯韦尔公司(The Boswell Company of Chicago)提供了一款"高档原装"录音,并且声称"我们最终成功实现女士声音的真实录制。不再有尖叫声,也不再有爆炸声;有的只是自然的、清晰的、人类的声音"。类似地,纽约的贝蒂尼留声机实验室(Bettini Phonograph Laboratory)声称自己"拥有唯一能够成功录制和重放女性声音的膜片"。维克托公司提供了一些女高音录音,然而女低音才是早期录音中为数不多的女声的常态。到了1904年,一本留声机手册警告用户,"唱高音"可能是麻烦的,特别是"女士的声音",它可能导致"一个刺耳的尖叫声,从技术上说这叫做'爆炸'"。盖伊斯伯格这种录音工程师的手艺之所在,就是面对声音录制技术的局限,能够成功录制不同声音、音质和乐器的能力(有时候也通过一些"诡计"来实现)。[25]

电影理论家理查德·代尔(Richard Dyer,1997,chapter 3)①解释了电影灯光将白人肤色塑造为标准的历史过程,这使得非白人肤色的电影呈现变成特别的或者"反常"的案例。录制的声音,某种程度上和电话一样,在19、20世纪之交提供了一个相关联(或者是倒置)的案例:媒介的声音依照女性的声音被标准化。就如同一位德国官员在1898年所解释的,电话公司必须依靠女性接线员,因为她们的音域频率"尤其适合"传输,使得她们"相比男性更容易被理解"[26]。与之类似,很清楚的是,早期录音技术作为一种录音技术取得成功,取决于其对女性声音特别是女高音的处理。录制女性的声音,让她们听起来"自然、清晰、人性化",证明录音是有效的,录音的本质与女性达成了一致。换句话说,现代媒介在视觉和听觉上模仿性的符码,部分是由种族与社会性别差异所建构的——往往出现在用户而非公众身上的差异。有色人种和女性的声音,变成"真实"或者成功再现的一个极具说服力的指标,尽管这种成功(如现实性)当然会因每种媒介的社会及感知条件以及当代审美规范而有所不同。作为一种视觉信息的形式或者来源,电影这种再现形式在种族的文化建构之中取得了成功。电话这种再现

---

① 理查德·代尔,英国伦敦国王学院电影研究系教授,研究领域为电影、酷儿理论、娱乐与种族等。——译者注

形式在性别化的、隐藏性的"接线员"的建构中取得了成功,所谓隐藏性就是,它可以促进传输,本身却几乎不进行传输。作为再现形式的留声机,则是因为使得女高音成为令人喜爱的商品的建构而取得成功。不过,这并不是说这种视觉和听觉上的模仿性符码是每个媒介排外、静态,或者完全成熟的条件:贝蒂尼留声机实验室采纳的口号是"声音的真实镜像",将其隐喻相互混合,如同听觉的模仿性符码可以从视觉的符码中有效地建构或者转移过来。(与之类似,在 20 世纪 20 年代,一个钢琴纸卷①的制造商通过将其所生产的纸卷称为富有吸引力的"音乐相机的胶片"来进行推销。)[27]

就如同博斯韦尔公司的录音被赞誉为"原真性的"(original),贝蒂尼实验室的录音被称为"真迹(autograph)录音",是独有的人类声音的生动铭刻。两个措辞都想要暗示,这些录音是对人类声音的录制,而非对既存录音的复制,后者在 19 世纪 90 年代是一个颇为普遍的实践。原真性和非原真性录音的区分可能让消费者感到困惑,他们可能更多关注的是音乐现场表演和音乐录制的更为宽泛的区别。诸如原真性的、真实的、自然的、生动的和现实的这些措辞在推广家庭留声机的文献中的滑移(slippage),强调而非反驳了机械复制显而易见的力量:到处都是维克托公司商标上的狗,尼佩尔(该公司在 1900 年的商标),坐着听"它主人的声音"。这种滑移的乐趣,这种模仿和现实的临近性及其相应的论争,显著体现在尼佩尔的图像以及录音本身的广泛流行上。许多最早期的录音在销售的时候,往往不鉴别录制它们的录音艺术家。哥伦比亚公司最早期的一些艺术家甚至以许多不同的名字出售专辑,如同有许多人在做这一行一样。贝蒂尼公司对于当时知名的美声歌唱家标出了姓名,但也提供来自"X 女士"的录音,在它 1898—1899 年的目录上含蓄地展现她的背影,以隐瞒她的身份;她录制了《美国流行音乐和黑人音乐》(*Popular American Songs and Negro Melodies*)。由于录音取代了演出的视觉规范(听众不可能看到舞台),它们以新的方式暗示了模仿或者口技(ventriloquism),就如同模仿秀在美国的杂技与音乐剧院广为流行一样。

模仿是诸如塞西莉亚·洛夫图斯(Cissie Loftus)、埃尔希·珍妮斯(Elsie Janis)、格特鲁德·霍夫曼(Gertrude Hoffmann)和朱丽叶·代夫(Juliet Delf)这些滑稽戏演员的专长。观众甚至对"塞西莉亚·洛夫图斯的说话机器"和"格特鲁德·霍夫曼留声机"的竞争感到高兴,当时两个人出现在同一个节目单之中,相互竞争,看谁对自己模仿对象的模仿最好。人格化发生了剧烈的颠倒,女性被诙谐地赞美为机器。这样一种模仿及其狂热的收效开启了有煽动性和时兴性的"关于自我与他者、个体性和复制性的关系问题"[28]。如同苏珊·格伦(Susan Glenn)、迈尔斯·奥维尔(Miles Orvell)以及其他人所描述的,19、20 世纪之交的美国文化深深关切真实性与人工性、现实性和幻觉性的问题。有些模仿被认为是有力的"真实",然而在文学及其他艺术领域,"真实

---

① 钢琴纸卷是用来操纵自动演奏钢琴的音乐存储介质,纸卷上有连续打孔,以此控制自动演奏钢琴。——译者注

图 2.1　贝蒂尼留声机公司所发行的"X 女士",1898—1899 年。(来源:美国国会图书馆)

的东西"被证明是一个难以捉摸的范畴,体现为各种飘忽不定。"塞西莉亚·洛夫图斯不是一台留声机",在 1899 年,另一位评论家评价道,然而洛夫图斯本人有时候也借助录音创作她的模仿秀,在她的一次巡回演出中,她表演了一段对歌剧明星卡鲁索(Caruso)的录音的模仿,而在这之前,她并未模仿过明星本人。[29]

台下的模仿也逐渐兴起。制造商们建议消费者"不要接受模仿",尽管这样的警告从未被注意。在音乐市场上,三家最大的留声机公司饱受盗版商家的侵扰,同时,竞争者们不断涌现,它们尝试"抄"(复制)录音,重新录制成功的录音,或者压低价格。与此同时,根据报道,在美国卖出的钢琴中,超过一半是"模版"(stencil)乐器,贴牌和销售的公司并不是它们的制造商[施坦威(Steinway)、查克林(Chickering)、鲍德温(Baldwin)和其他著名的制造商尤为烦恼]。当然,留声机推广商和听众看到的逼真性度的豪迈口号,是令人惊讶的声音保真度的弹性观念。这些录音听起来确实很像被他们录制的声音,尽管听起来"确实很像"的声音质量标准随着时间不断变化,并且与所能使用的技术紧密相关,这些技术大多数都从模拟标准转变成数字录制标准。任何听起来"确实很像"的机制形式,其定义都必须针对那些流行的滑稽模仿秀,以及那些在家里或者社交圈子里仿效著名滑稽演员的业余模仿爱好者。录音"跟唱"在不知不觉中被等同于"唱得像"录音艺人。

除去利用美国现实性和模仿的各种话语,家庭留声机持续针对当时的音乐实践而形成意义,并且最终成为其中的一部分。尽管想要给出任何盖棺定论的总结是不可能的,但是在 19、20 世纪之交的美国音乐生活之中自然有一些"给定的事实"(givens),其中包括家庭、女性和钢琴的关联,以及或许不那么出人意料却具有互补性的户外公共空间、男性和乐团音乐的关联。这两者都在供家庭播放的乐团音乐录音的大量流行之中备受考验。

拥有音乐素养的人群比例是很高的。在中上阶层中,所有的女性都被期待拥有一定程度的音乐素养,这些才能承载着家庭的神圣性。数以百计的公司通过生产钢琴来满足这种期待;仅仅是 1899 年,这一行业就卖出了 170000 台钢琴,而且这个数字还逐年攀升。同时,在 1900 年已经有数以万计的乐团成员,其中许多人是职业的,但大多数人是业余的,他们搜集、练习和演奏着那些由公民、种族或者制度身份所维系起来的社群的证据。所有类型的音乐都承担着社会功能、性别关系以及道德价值。特别是歌剧,同时是(无论高低的)文化等级的主题与工具。钢琴同时是(中产)阶层渴望的主题与工具。雷格泰姆音乐(Ragtime)①同时是加速市场以及(种族化)演奏的主题与工具。模仿则是(女性化的)自我探索的主题与工具。[30]

显然,家庭音乐活动的引领者是女性,然而,整个音乐活动最直接的引领者通常都

---

① 一种原始音乐风格,在 20 世纪初由北美黑人乐师发展成流行乐,用散拍节奏演奏。——译者注

是活页乐谱出版商、都市表演组织和男女都有的(到了 1910 年,共有 81% 的女性)8 千人左右的音乐老师军团的联合。许多种类的职业化过程都在公民和国家的层面得到称赞,女性的职业化则通常被谴责。音乐期刊刊登了关于流行女歌手及其悲惨生活的报道,与此同时,《家政杂志》这样发行量巨大的月刊感叹那些年轻的女孩,由于深受其过度的才能或者野心的困扰,从音乐学校回来,然后"向她们的爸妈否定他们所喜欢并且能理解的简单音乐"。["她们刚刚了解到,贝多芬和肖邦以及舒曼非常伟大,但是她们还没意识到简单的音乐并未丢失其魅力……或许她们得了瓦格纳综合征(Wagneritis)。"]对于一些观察者来说,女性只被看作业余的。詹姆斯·亨内克(James Huneker),一位喜欢把欧洲作曲家分为男性派和女性派的作家(巴赫和贝多芬对比海顿、肖邦和门德尔松)总结道,"最终,数年的课程看起来确证了,女性可以弹奏任何为钢琴写的谱子,并且弹得很好,但是就是达不到顶尖。"[31]

那个时代"好"音乐最为成功的推广者,乐团指挥约翰·菲利浦·苏萨(John Philip Sousa)①,不仅有点明显地具有"女性化"的一丝不苟(fastidiousness),而且将他的推广流行曲目解释为一种拯救堕落者的行为,但这也无济于事。苏萨及其团队所演奏的"普遍的街头旋律"变成一个体面的女性:"我已经洗过它的脸,为它穿上干净的衣裳,脖子挂上褶边,穿上好看的袜子,你可以看到街头少女转动的脚踝。现在它是迷人的东西,完全不同于贫民窟里满头邋遢的东西。"[32]因此,苏萨推广好的音乐,并且使得流行音乐变好。在他好几次面对"机械音乐的威胁"的演讲之中,苏萨采用了相似的隐喻来达到同等的效力。他确信,自动钢琴(pianola)和留声机将把音乐降格为"一个喇叭筒、传动轮、齿轮、唱盘、滚筒等的精确系统之中……它作为一种真实艺术,就如同把夏娃的大理石雕像做得像她栩栩如生的美丽女儿们那样"。使用这些设备,就是要在一个自然性(naturalness)和女性气质(womanliness)天然交融的世界颠覆自然:"夜莺的歌声之所以令人愉悦,是因为声音是夜莺自己发出来的。"苏萨警告,这些机器类似于近期对于溜冰鞋和自行车的"狂热",然而它们还要更甚于此,就如同英格兰麻雀一样,它们"天真烂漫地被引入和受欢迎,很快大量繁殖,使得害虫获得生机,无数本土歌声悦耳的鸟儿则遭遇灭顶之灾"。在对鸟类的援引和对音乐文化的描述之中,苏萨的隐喻在性别和国家的范畴上混淆不清。他赞许女性业余爱好者在音乐上"已经取得长足进步",但又认为机械音乐将会使她们失去兴趣,"国家的歌嗓会怎么样?它能够不变差吗?"苏萨笔下的美国业余爱好者在下一个反问中更是失去了她的部分性别定义:"国家的胸会怎么样?它可以不瘪下去吗?"但是,无论苏萨还设想了什么其他的东西,他都极具洞察力地预见到了即将出现的业余音乐创作的锐减。

美国音乐所有形态——表演、乐器、作曲和教育——之中的声音、主题和空间,始

---

① 约翰·菲利浦·苏萨,美国作曲家及指挥家,主要作品为美国军旅及爱国进行曲,被称为"进行曲之王"。——译者注

终贯穿着与诸如传统、阶级、种族、性别、家庭生活和职业化这些范畴无法分离的道德与审美价值假设。在这里，让我感兴趣的是在 1900 年前后各种范畴之间的相互转换，这提醒我们关注存在于音乐与家庭共同话语之中的争论（contestation）或者变化，新媒介则可从中生根发芽。其中，自然有表演层面的公共转换，就如同贯穿在流行音乐与"好"音乐范畴之中的苏萨表演，或者如同黑人扮演的收编传统，它贯穿于种族、阶级和性别范畴之中。然而，还有一些贯穿其他范畴之中的转换，其中许多转换参与家庭留声机的建构。举例而言，尤其突出的是业余与专业的范畴与家庭和公共的范畴的关联运作。维克托公司的广告问道，"为什么不买一台维克托，把戏院与剧场搬回自己家里？维克托多么容易上手"（1902），全国留声机公司则保证它的产品"对任何人来说都不需要音乐训练，却能够给你这个国家最伟大的艺术家们共同训练出来的东西"（1906）。这两个诉求都与当时自动钢琴（pianolas and player piano）的广告类似，后者强调了参与有益音乐生产的简易性——对心灵有益，对家庭有益。[33] 业余性和专业性之间的转换凸显了家庭听众的业余特征，由此不仅仅如苏萨敏锐发现的那样，导致了家庭即兴音乐的凋敝，也体现为，在家庭里播放专业音乐令人振奋地变得可行。录音和钢琴卷纸都是"专业的"，不仅因为它们播放职业音乐家的作品，也因为它们是为服务听众消费者精细考量而形成的标准化规模生产。

歌剧录音尤其能够体现品位的高低、音乐的职业与业余，以及表演的现场与录制等范畴的各种可行转换。两分钟的歌剧录音往往取材于实际的歌剧，如同维塔影像公司（Vitagraph Company）从同时期莎士比亚剧实际表演中取材制作十五分钟的莎士比亚影片。[34] 在这个所有小城镇都有歌剧院的时代，"歌剧"的意涵已经超过一种特定的音乐形式。歌剧的典故作为一种文化货币而运作，在不同语境下作为"共识构建者"和"差异制造者"而流传。[35] 出于类似的理由，正如威廉·肯尼（William Kenney，1999，45）所解释的那样，歌剧录音通常包含着各种唱腔的片段，但它们也常常"用歌剧的声音诠释传统民歌"。经过在音乐学院受过训练的音乐家的演唱，哪怕是流行音乐也可以在歌剧录音中出现。其结果是形成一个更加具有渗透性的品位范畴，区分出提供给"上层"家庭听众的业余和专业音乐。歌剧是一种新近的物品形式，而非仅仅是一种音乐，歌剧录音显然为提升公众所认知的录音格调做出了很大贡献，尽管流行音乐和其他的"科尼岛"（Coney Island）之类的东西构成了初期录音工业真实的基本生计。尤其是维克托公司，成功地标榜自己是"为阶层（classes）而服务"，使得爱迪生的国家公司也承认它在"服务大众"方面做得更好。[36]

因此，对录制声音的使用也涉及对许多不同范畴及其反面内容的使用与改编。如果说歌剧录音提供了一种真实、专业、高级的体验方式，那它们同样也提供了这些范畴在多样化、持续流变、相互指示面向上的体验。这种现象在所有主流录音公司所提供的"种族"或者"旧式"录音上体现得淋漓尽致。[37] 留声机录音是最早普及市场的基于

图 2.2 国家留声机公司的广告,1906 年[来源:托马斯·A. 爱迪生文献微缩胶卷数据库(Thomas A.Edison Papers Microflim Edition)]

种族和民族起源范畴的批量生产商品。邮购目录以及新的百货商店已经将从内衣到折叠式小刀的所有商品按照年龄和性别的范畴进行分类,亨氏调味食品公司发行了57种商品,高价的进口商品则长期以来一直与起源地信息联系在一起:埃及的棉花、土耳其的烟草、法国的香水和锡兰的茶叶。但是,仅仅是国家留声机公司、哥伦比亚公司和维克托留声机公司,就发行了数以千计按照民族和种族分类的商品。从某种意义上来说,折叠式小刀和留声机录音都提供了一种由制造商和零售商来生产、消费者来阅读和复制的美国差异地图。但是从另一个意义上来说,根本没有办法画出一张按照多样化、持续流变、相互指示的范畴来区分的差异地图。[38]需要再一次强调的是,使用录音是最为重要的事情,尽管按照迈克尔·华纳(2002)的话说,在民族录音的案例里,许多用户是潜在的"反公众",而不是无组织、非意识形态的"用户",对此我在本章的其他地方已经提及。就是说,种族录音的用户"归属于"某种族裔、某个小众市场,尽管这样的归属感在若干层面上仍然受到那些多样化、持续流变、相互指示的范畴所带来的麻烦与乐趣的影响。

在那些月度或者年度清单的重复性计划之中,唱片公司的出版物再现着文化认同,不仅对这些认同做许多详尽的区分,而且推出每个群体的代表性音乐选集。选集可以代表某些据说真实的民族或者种族本质,或者表现一种模仿类别或者滑稽剧(典型地依赖于方言的幽默),它们被广泛认为可以唤醒那些自发形成的我们/他们的区分。如果仔细观察这些早期录音目录,就可以看出,音乐被分为许多种类,其中的很多种类彼此是互斥的,并且建立在民族或者种族元素的基础上。其中有匈牙利音乐、波西米亚音乐、夏威夷音乐以及希伯来音乐,对应匈牙利人、波西米亚人、夏威夷人和犹太人。还有意大利音乐和意大利地区其他类型的音乐,由于意大利人和歌剧爱好者(aficionado)的存在而复杂地被加以利用。还有种植园音乐,所谓的黑人音乐(Coon song),以及黑人情歌(Negro lyrics),存在于一个文化矩阵之中,其复杂性就如同关联着《那不勒斯的空气》(*Neapolitan Airs*)和卡鲁索的唱腔(Caruso arias)的文化矩阵。

留声机录音的文化数据是重要的再现形式。录音既如其所称代表真实的文化认同、属于某一个范畴,同时它们也是消费者日常的商品和物品。在许多方面,它们作为批量生产的标准化商品的物理性质,强化了它们作为特定文化数据的性质,即使它们所代表的文化被证明是极端多样并且没有特指的。不同的音乐、录音和被选取的身份认同,充斥着不同的文化差异。最终,市场上出现了马扎儿语歌词的匈牙利歌曲录音,以及很多个弗朗兹·李斯特(Franz Liszt)那首被广为录制的《匈牙利狂想曲》(*Hungarian Rhapsody*)的录音版本。哪怕是理查德·K.斯帕茨伍德(Richard K. Spottswood,1990,1:xvii)这位美国种族唱片出色的制作人(discographer),都觉得不可能使得所有相关联的范畴彼此分开。[39]维克托公司为中国消费者提供了数十种普通话和广东话的歌曲,同一时期的夏威夷音乐的批发商则专研于"夏威夷"和"夏威夷文化",在不是在夏威夷的市场销售。移民小众市场音乐、天主教格调音乐以及跨界音乐(crossover hits)共同存在。

我所想要说的是,留声机录音往往被证明与它们通过呈现进行区分或者鉴别的文化范畴相违背。除了不同分量的文化体验,对这一新媒介的使用还带来了不同强度的跨文化体验。尽管这或许更像是对流行音乐社会功能的评议,而非对留声机录音的评议,但是播放录音应该将用户置放在与文化差异相关的一些体验之中。当然,播放录音是出了名的难以被记录,但是丽莎贝斯·科恩(Lizbeth Cohen,1990,105)①、维克多·格林(Victor Greene,1992)以及其他人的研究已经展现了,"种族"录音以及类似商品的消费者借助对它们的使用,来协商将它们纳入更为广阔的公众范围——全国受众或者美国人的身份认同这种范围——同时维持或激发公众与他们所属的移民"反公众"之间的区分。在这里,我还想要强调的是,物质商品能够在动态社会群体及个体之间作为潜在行动者发挥作用,标记出差异的范畴,并且介入范畴问题本身,不管那些范畴是类似于"匈牙利的""上等阶层的"以及"夏威夷的",还是类似于"家庭的"。

"没有什么地方可以和家相比"(There's no place like home)。"家,甜蜜的家"(Home,sweet home)。这种情感如同陈词滥调,似乎永远都不会过时。尽管如此,不令人意外的是,与上文粗略提到的文化变革的混乱不同,美国家庭的文化建构本身经历着一个与新媒介驯化相关的剧变过程。爱迪生商标的"家庭"留声机,作为国家留声机公司的基本款,体现了家庭和留声机不断变化和互补的概念。拥有钢琴的中上阶层会客厅变成一个"起居室",因为美国家庭越来越彰显他们居住的个性化。相应地,公共空间同样在不断发展,作为规模渐大、越发流动的城市人口以及职场女性数量激增的后果。还有更为明显的公共空间的变化,体现为公园的修建、公共娱乐活动的迅速普及、户外广告的增加,以及零售模式和户外休闲习惯的改变。[40]

举个例子,让我们思考一下人们购物的社会空间。1906年,维克托留声机公司在纽约37大街的百老汇顶上搭建了一个巨型的电光标志牌。从0.75英里之外的麦迪逊广场也可以看到,一到晚上,它的一千个灯泡被点亮,这个标志牌中,有其惯用的尼佩尔狗的图案,在此之上则写着一个"维克托"的字样。在这个品牌名底下写着一句话,并且错误地使用了复数——它的主人们的声音(His Masters' Voice)——这后面,再跟着约7英尺大的一行字"家里的歌剧"。这家公司吹嘘,每天有800,000人看到这个标志。(在后来也继续保持着这样的数字。)它矗立于34号大街新梅西百货(Macy's)往北两个街区,与位于36号大街、第七大道的老大都会歌剧院(Metropolitan Opera House)相距两个街区。这个标志牌和它的地理位置都富有意涵。以巨大的字母"家里"加以衬托的"歌剧",与几步开外"大都会"和"院"之间那个更为含蓄的"歌剧"相互

---

① 丽莎贝思·科恩,哈佛大学历史系美国研究教授,哈佛大学杰出教授。研究领域为城市化、建筑环境与公共史学。——译者注

呼应。大都会歌剧院里的明星都在灌制唱片，却无法实现从歌剧院（Opera House）向家庭歌剧（Home Opera）的简单转换，究其原因，这样一种转化的想法并不见容于其公共及商业本质。那个被来来往往的800,000人所看到的巨型电光词语"歌剧"，已经触犯了歌剧作为少数人格调范畴或者身份定义表演的核心规则。这一"歌剧"和梅西百货紧密关联，后者激进地贩卖维克托公司的产品，如同它为大都会歌剧院所做的那样。它也与所有录音公司主营的流行音乐关系紧密，全然不顾歌剧与古典音乐的商业前景。同样地，如果不涉及那些被职场、街道和商店所包围的涉及铭文（如果不是损坏的话）的公共场所，那么那个巨大的"家里"也无法象征一个家庭住所，一个混乱城市的避难所。

图2.3 先驱广场上的"它的主人们的声音"，1906年（来源：纽约公共图书馆）

而后，尼佩尔狗的图像由于引人注目地出现在复数的"主人们"和单数的"声音"这些令人困惑的内容之中，显得难以分析。尼佩尔是在"家里"吗？谁是它的"主人们"？从旁边留声机播出来的他们单一的"声音"听起来怎么样？这些没有被问也没有被回答的问题,同时带来了例如"真实的"和"生动的"等描述性术语应用于声音录制时候出现的滑移,并且证明了,从公众到私人的转换在很大程度上充满权力关系,充满对品位等级、社会优越感、掌控力和诱惑力的不确定的传唤,所有这些都与模仿和机械复制之间相互作用的强大力量复杂地联系在一起。[41]

在梅西百货这样的商店里,同样的转换也必然在发生,在那里,大众消费的"梦想世界"被缔造出来。[42]然而,并不是只有百货商店售卖留声机和录音。留声机和录音也被放在音乐商店里售卖,从芝加哥巨头莱恩希利(Lyon and Healy)公司到专营活页乐谱、课程和乐器维修的小镇商店。那些主营五金制品、运动商品、纺织品的商店也同样有卖。在上述每一个场所里,留声机和录音都使得这些销售点进一步戏剧化(theatricalize)。没有录音机让观众熟悉新的歌曲和录音,因此留声机的演示对于每个购物者的好奇心与渴望来说都是不可或缺的。"歌曲推销员"(pluggers)①[和付费播放歌曲(payola)②]尝试影响音乐商店和大型百货商店的音乐柜台里活页乐谱的销售。演示则是用于售卖从富勒刷到化妆品等商品的新近(尽管令人熟悉)组成部分。留声机和录音将两者放到了一起,确保家庭播放能够被重放,在重复公共和商业的欲求的同时,完成它对相关的私密个体的再造。莱恩希利每天都进行"演出",不仅免费,而且向公众开放;一个钢琴家现场表演,但是大多数的音乐来自维克托牌留声机,为芝加哥大环疲倦的购物者以及午饭时间闲逛的人们播放。较小的商店有时候会组织"独奏会",但是他们几乎随时准备好根据要求播放录音样本。[43]

日常化的零售实践及其语境或许难以记录,但是对于国家留声机公司来说,有一些数据颇具启发性。1906年,在处理纽约州销售权的司法纠纷中,这家爱迪生的公司对他们在州北部的经销商做了一个调查。那是一个筒式留声机大卖的年份,这个调查对于本地的销售运作提供了一个稀有的视角。该调查访谈了超过133个经销商(其中有部分还是批发商),值得注意的是,类似尤蒂卡的威廉·哈里森(William Harrison)这样的人,专门致力于贩卖留声机和录音。在沃特敦(Watertown, pop. 27,787),有7个经销商,有一个主营"厨灶和家居用品",还有一个则主营"墙纸、装潢以及其他"。许多音乐商店捎带售卖留声机,尽管部分人显然因为"它影响了钢琴和音乐方面商品的生意"而沮丧不已。在布法罗,有一家药店在自己家后门卖起了留声机;在埃尔迈拉,埃尔迈拉军火公司(Elmira Arms Company)生意红火;在锡拉丘兹,一个家具商店则在此业务上苦苦挣扎;在奥尼昂塔,一家小型经销商"保持售卖爱迪生牌留声机,以迎合它那些大多数是农民的顾客们","他说,当他们来他店里买录音,他们也习惯购买所

---

① 歌曲推销员指的是20世纪初受雇于百货公司、音乐商店和出版商以推广销售新乐谱的歌手或钢琴演奏家。这是一种当时流行的销售方式。——译者注
② Payola是一种非法行为,指的是唱片公司暗中输送礼物或现金,以让乐团、电台等机构演奏或播放他们的歌曲。——译者注

需要的其他商品。"大多数商家捎卖库存不多的机器和录音,但是除一个科布尔斯基尔(Cobelskill,pop.2800)的经销商之外,所有人都在同一个镇里相互竞争,这还没有加上那些售卖哥伦比亚公司和维克托公司商品的商人。[44] 毕竟,还有一些人会经营对手品牌。有一个普遍的现象,是卖自行车和运动商品的商店在冬天主营留声机。除去尤蒂卡自行车公司、罗马自行车公司,还有那位"每年5月1日将窗边的留声机装到自行车上,每年10月1日将窗边的自行车装进留声机录音里"的罗彻斯特的乔治·W. 约翰逊(George W. Johnson of Rochester)。哪怕是商业期刊《留声机世界》(Talking Machine World)(1905)的写手们,也很快认可了这种策略。这个期刊在1908年创立了一个"副业"专栏,建议经销商们涉足插图明信片以及其他商品业务,并且指出"在所有商品之中,自行车或许最不需要介绍",暗示许多留声机经销商曾经主营自行车。自行车"热潮"在1894—1896年抵达巅峰,但是由于过度生产以及投资者们毫无理性的投机行为,在1897年前后全面崩溃,这两者都发生在具有淡季旺季的商业语境之中。[45]

留声机和其他零售商品的关联,不可避免地暗示了一个声音录制的语境。特别是,自行车与留声机所达到的季节性均衡提醒我们,这样的商品是在被关于"新女性"和中产家庭生活对话所决定的文化经济体系里流通。艾伦·格鲁伯·加维(Ellen Gruber Garvey, 1996, chapter 4)①已经有力地证明了自行车变成一种性别定义的物件和工具的过程,这个过程依靠广告商和月刊杂志上的小说编辑呈现女性身体并且将她们建构成消费者的方式。如同加维所解释的,"安全"自行车被围绕着女性着装、出行和性生活的时事辩论所界定。这种关于穿灯笼裤、骑自行车的新女性的争议热度并未持续太久,意味着留声机录音后来参与激发的文化恐慌在某种意义上是与之类似的。如同狐步舞"热潮"之中的舞蹈搭档和后来的爵士乐器,家庭留声机及其录音推动了美国公共生活中的异质社会性和交际舞以及青年文化和跨种族交际等相关问题。

在这一章里,我已经阐述了,"发明"或者"制作"录音不能够仅仅被局限在爱迪生或者贝利纳的活动里,或者19、20世纪之交投资留声机及其录音的制造、广告或者销售的各种商业实体之中。在我的观念里,声音录制媒介提供了一个从特定生产者手中夺取文化生产主动权的典型案例。尽管它主要还是受到商业利益的控制(最终是诸如美国无线电公司RCA/维克托的多媒体跨国企业),以及尽管它推动了对作为一种音乐参与形式的"仅仅"收听进行再定义,这都是被用户以及使用的不断变化的条件所深刻定义的媒介。[46] 理解其社会建构,使得作为商业策略的目的性产出这样一种对新媒体的公认观念变得复杂,同时提供了一个对大众文化复杂的互文文本(intertexts)进行更为广泛思考的机会;从19世纪末到今天都影响着消费的服装杂志、零售商店以及

---

① 艾伦·格鲁伯·加维,美国历史学家,新泽西城大学英文教授。——译者注

全国品牌。从这个角度说，将大众文化的涌现看作从一个触觉的、工艺导向的世界朝向一个视觉的、批量生产的世界的转化，似乎将其简单化了。文化史同时需要包含变化的杂音与噪音。历史学家和批评家必须准备好解释大众文化现代体验的强度及其宽广的范围与吸引力。

有点类似于报纸或者摄影以及其他印刷媒介，或者后来出现的广播媒介，留声机依赖着透明的逻辑，纯粹中介化（mediation）的逻辑，这既是一种幻想，又是一种自我与社群想象的附属品，一种关于社会空间及其力量位置感的附属品。尽管它们的一些推广者看似唤起了这种可能性，但是录音永远都不可能是在音乐厅与家庭之间体验音乐的透明窗口。在声音质量上当然存在着差别：表演原真性的灵晕（aura）的缺失；身体、情感和商业投资的不同；编排、乐器以及其他要素的差异。在所有将声音录制作为媒介的新兴惯例之中，除去一定数量明确的商业参与（也就是伴随着付费），播放留声机录音还牵涉额外的、默会的参与——牵涉录音的音质、市场、质料、功能和主题这样的东西。哪怕是许多不喜欢或者不玩录音的人也参与对这个媒介的了解，例如苏萨所做的事情。这样一种准仪式化的默会参与，建立了将用户填塞到公众以及更为狭隘的反公众中去的媒介与中介化，在无形之中将"我们所有人"作为潜在消费者联结在一起。

在早期声音录制的案例里，中介化似乎清晰地包含了女性及其社会角色的假设。这不仅仅是说，女性在录音中被呈现和被复制，不仅仅是她们参与售卖录音或者出现在广告之中，而是说它还是一种被差异的规范性建构所**定义**的中介化的现代形式，不管是性别、种族还是其他类型的差异。女性的声音在早期为录制声音的欲望和成就提供了一种标准。性别粉饰了（colored）工作和娱乐、录音和回放、商业和消遣之间的区分，性别注入了现实与模仿、表演和模仿、注意力与干扰的时代体验，性别也丰富了对中产阶级的自我改善、自我控制和自我沉溺（self-indulgence）的追求。留声机只有在它们成功播放女性声音的时候才算是"工作"，就如同家庭留声机"工作"的依据是它们与围绕着音乐与家庭的既有张力的关联，女性购物活动的持续建构，以及所有类型的用户想要、听到和播放录制声音的方式。

我知道，这既是近距离的观察（寻求新媒介的"深度"定义），也是一种保持距离的视角（寻求克利福德·格尔兹所说的语境的"深"描）。我论述的范围，已经从留声机录音的硬核本质延伸到音乐及模仿秀在新兴消费文化中被体验的最宽泛的社会语境。两种层面都是贴切的。通过对照，有人或许会认为，珍妮特·阿巴特（1999）的阿帕网络用户以及早期互联网，应该被定位在数字网络的技术规格和物质条件，以及这些规格与条件出现的最宽泛的社会语境之中。因而，当那个案例里的用户主要指的是——如同马克·波斯特（Mark Poster, 2001, 37）所说的——那些"刚好成为毕业生的"男性们的时候，这并不是什么偶然或者巧合。这些用户对新兴数字媒介定义的参与，正是刚好在那些发生越南战争、性解放运动、第二十六条修正案和后人造卫星时期的大科学(post-Sputnik Big Science)的年份里毕业的男性的特定历史文化体验。他们对分布式网络及其早期的赛博空间性的体验,广受研究院流行条件的影响,例如,包括联邦研究基金的模式、研究性"综合性大学"(multivesity)的新型治外法权(extraterritoriality),以及在静坐抗议(sit-ins)、师生座谈(teach-ins)以及其他抗议年代美国校园的抗争空间。[47]同样地,19、20世纪之交录制声音的体验深受既有的模仿秀、商品化娱乐以及音乐的性别语境的影响。

必须承认,在这一章里使用用户这个术语来阐述和批判让人熟悉的生产者/消费者的区分的想法,是基于新近出现的对计算机用户更为浪漫化的建构。不仅仅是个体的电脑用户——例如奈普斯特(Napster)的作者以及开源的Linux操作系统的零散作者们——被广为颂扬,并且某些案例因为他们的编程参与而声名鹊起,而且对"用户友好性"的普遍标准的诉求已经将本来被晾在一边的用户带入公共视野之中。我并不想进行进一步的浪漫化,而是要回到后面第二部分中的阿帕网络以及互联网用户之中。然而,当前"用户"这个术语的流通确实提供了一个从最宽泛的比较层面进行推理的机会。就如录制声音的"便利性"一样,"用户友好"这个术语是一种神秘化的方式,指涉特定媒介在用户与公众之间的持续变动过程。我已经在很多地方提出过,媒介及其公众是共同进化的,一个至关重要的进化动力最好被描述成用户与公众之间的社会张力,其中,公众由用户所组成,但是用户并不完全是公共领域的组成部分。因此,人们或许可以推断,就如同录制声音和其他当时的媒介在19世纪末20世纪初在女性及美国社会其他"他者"角色的张力之中被界定,19世纪60年代晚期到70年代的分布式数字网络和相关的计算实践同样也是如此,如果要说有什么不同的话,那就是围绕着年轻人以及美国公共生活中其他"他者"角色的张力。

下一章我将把分析的背景从19、20世纪之交媒介的社会意义转向二战之后以及冷战时期媒介的社会意义。就如同1878年对录制声音的引入依靠书写、印刷媒介和公共演说的体验与参与,美国的分布式数字网络的发展和引介依靠的是既有的、动态的、表面上看和数字传播没有什么关系的语境。和留声机录音以及互联网迥然不同,这些媒介产生于、存在于一些关于什么可以或者应该被铭刻的公认问题,以及针对——持续针对——处于美国公共生活和公共记忆核心的关于可铭刻性(inscribability)和铭文性(inscriptiveness)的默认问题之中。不同于录制声音的早期历史,数字网络的早期历史直接涉及国家。并且,不同于有一个捕捉声音、物质化声音,且以不同方式商品化声音的超级力量,数字化以及分布式网络所令人惊艳的东西,是它们对信息去物质化以及以不同方式商品化信息的假定力量。但是类似不可见性,去物质化只能与其反面共同存在。所有既有的去物质化,只能够在与一个先行存在的物质及物质化感知的关联之中被体验,这也就是下面这一章要从令人熟悉的卡片纸和国家官僚制开始说起的原因。

注释

[1]这一章的初稿,是很早以前在麻省理工学院转型中的媒介会议上的会议论文(1999年10月)。那个版本发表在 Thorburn and Jenkins(2003)。

[2]关于这一术语意义的明显转变(我当然是以时间不当的方式加以应用),参见 Nissenbaum(2004)。

[3]这是哈贝马斯所说的"自由主体"被塑造为(按照今天的说法)"消费者"的"结构转型"的表现。通过指出用户/公众的区分,我对时下流行的"用户"和"用户友好"的术语做出回应,也是对 Siegert(1998,79)所宣称的"媒介史被放在'公共领域'术语内探讨的日子几乎要到头了"的思考。

[4]尤其可以参见 Warner(2002)的第二章。我同样参考了 Oudshoorn and Pinch(2003)的导语。

[5]这是来自 Purcell(1995)的一个强有力的批评。也可参见 Cockburn(1992);Rosalind Williams(1994)。

[6]参见 Fischer(1991)。在这里,如同在他的著作《美国电话》(*America Calling*)里,费舍尔展示了女性对电话的使用如何将电话再定义为社会性的工具。肯尼(Kenney)的第五章《性别化的留声机:妇女与声音录制,1890—1930》,将家用留声机看作"表现美国女性角色进化过程的媒介",其中,女性表现了"男性未曾预见到的各种视角、感知和野心"(1999,89);肯尼后面对特殊女性的研究涉及受聘于维克托公司的女性(1917年的案例),或者在20世纪10—20年代供职于百货商店营销柜台的女性(1919年和1925年的案例)。

[7]这是我对如此多的设计史和营销史感到不适的地方,尽管他们的研究强而有力。举例而言,"尽管建筑环境主要是依靠男性进行设计的,但是其中有很大一部分也依靠女性消费者的意识而建构;设计因此推动了现代女性的'构建'"(Lupton 1993,12)。这一章中我致力于通过声音录制的案例超越这些研究使用的术语。

[8]关于这一叙事的不同版本,可参见 Read and Welch(1976);De Graaf(1997—1998)。"几乎是偶然地"的说法来自 Starr(2004,299)。

[9]这些速记员没有指定是什么性别;*Proceedings of the First Annual Convention of Local Phonograph Companies*, 57.

[10]关于女性主义技术史,我很感谢"20世纪的科学、医学和技术:女性贡献了什么"工作坊的专题研讨,普林斯顿大学,1998年10月2—3日。也可参见(按照时间顺序)McGaw(1982,1989);Wajcman(1991);special issue on gender and technology, *Technology and Culture* 38 (January 1997). Nina E. Lerman, Arwen Palmer

Mohum, and Ruth Oldenziel, eds. 关于家庭技术,也可参见 R. Kline(2000,109. passim)。

[11]留声机被"双重表述"为媒介与技术;参见 Silverstone and Haddon(1996)。"阐释灵活性"是一个来自"技术的社会建构"项目的术语,由 Bijker(1995)所提出。

[12]根据人类学家玛丽·道格拉斯(Mary Douglas)的说法,"所有的物品都承载着意义,但是它本身没有意义……意义存在于物品的关系之中。"她还认为"物品被用来在阐明范畴的意义上进行标记"(Douglas and Isherwood,1979,72,74)。

[13]我从美国书籍史学家的著作中采纳了强度和广度的二分法,从罗尔夫·恩格斯(Rolf Englesing)的书和人类学家西德尼·W.明茨(Sidney W. Mintz,1985,152)的著作中进行了挪用。

[14]参见 Silverstone and Haddon(1996)。

[15]关于高度特殊性的强度以及粉丝的议题,我依据的是 H.Jenkins(1992,especially 10-45)。巴特的内容引自 H.Jenkins(67)。

[16]对投币留声机时代取得成功的判断来自 Brooks(1978);百万销量的唱片以传闻的形式出现在这一文献之中,还包括黑人扮相的喜剧以及恩里科·卡鲁索唱腔的最初案例。百万美元的利润在 1906—1907 年实现,这一判断来自爱迪生的国家留声机公司的财务报表,这是爱迪生国家历史文库的档案材料(hereafter ENHS)。

[17]Garvey(1996);Damon-Moore(1994).

[18]关于维克托公司广告,参见 Barnum(1991,29);*Music Trades* 31(April 7,1906);引自 Theberge(1997,102)。关于爱迪生,参见国家留声机公司记录,"广告"分类,1906 年及其他年份,ENHS。

[19] U.S. Bureau of the Census, *Census of Manufactures 1914*(Washington,DC: Government Printing Office, 1919),2:825. 很明显的是,月刊杂志的印刷热潮远超过录音的热潮,而后者的数量从 19 世纪 90 年代晚期的数百张,涨到 20 世纪 20 年代的数十万张。在大衰退期间的暴跌之前,每年唱片销量可以达到 6000 万张。

[20]Strasser(1989).

[21]*New York Times*,April 21,1895,2:12:1. 关于特里比作为一个典型狂热现象,参见 Abelson(1989,34),也可参见 E. Purcell(1977);Jenkins(1998);Glenn(2000,90-91)。

[22]参见 Spigel(1992)对于电视的权威阐述。类似地,关于广播,参见 Douglas(1987,chapter 9)。

[23]*Scientific American* 37(December 1877):384. 沃斯宫博物馆项目来自纽约公共图书馆的剧院展览。关于商用留声机,参见 ENHS 的信头和广告。关于轻浮的速记员,参见 National Phonograph Company,*The Phonograph and How to Use It*

(1900),140.关于铭文和人格化作为现代媒介特点的比喻,参见 Lastra(2000,chapter 1)。

[24]Sterne(2003,chapter 5;especially 215-225,274-286)关于"声音保真度的社会起源",对于思考这些复杂性问题尤其有帮助。维克托公司和爱迪生公司的口号来自各种广告复印件。

[25]哥伦比亚公司、博斯韦尔公司和贝蒂尼公司的目录,均来自国会图书馆。也可参见 Bottone(1904,66);Gaisberg(1942,84)。

[26]引自 Siegert(1998,87)。关于非裔美国艺术家作为有声电影典范的相关案例,参见 Maurice(2002)。

[27]Auto Pneumatic Action Company,pictured in Roehl(1973).

[28]舞台模仿秀,参见 Glenn(1998,48-49):"美国喜剧的模仿,契合于美国社会思潮的模仿。"这是艾伦·戴尔(Alan Dale)在1908年发表的评论;参见 Glenn(2000,84)。

[29]Gleen(2000,84);Orvell(1898);Lears(1989).

[30]Roell(1989);*Census of Manufactures 1914*,2:807-825;Hazen and Hazen(1987);Kreitner(1990).

[31]U.S. Bureau of the Census,*Population:Occpational Statistics*,(vol.4 of *Thirteenth Census of the United States* (Washington,DC:Government Printing Office,1910);"Music in the American Home",*Good Housekeeping* 39(1904):292;James Huneker,"Women and Music," *Harper's Bazar* 33(1900):1306-1308,reported in *Current Literature* 39(1905):437-437.

[32]"Sousa and His Mission," *Music* 16(1899):272-276.苏萨的后续观察来自"The Menace of Mechanical Music", *Appleton's* 8(1906):278-284.苏萨的乐团有时候会安排一位女性竖琴师,但是整体都是男性主导。

[33]Roell(1989,37-45).

[34]Uricchio and Pearson(1993,chapter 3).

[35]Uricchio and Pearson(1993,67).他们认为莎士比亚在美国文化之中扮演了一个共识构建者的角色,但丁则是差异的制造者。

[36]除去高/低品位、业余/专业音乐和录制/现场表演的转换,歌剧录音还主要涉及盘式唱片和筒式唱片的区分,因为维克托公司成功地孵化出歌剧盘式唱片,作为其对"留声机的社会重构"的组成部分;参见 Kenney(1999,44-45)。大众与阶层的说法来自国家留声机公司在1910年的一份报告,"Digest of Conditions of Phonograph Business in New York City and Brooklyn," ENHS.

[37]找不到一个非常满意的词来形容这些录音,这很大程度上是因为我这里所说

的多样性所致。参见 Greene(1992);Kenney(1999,chapter 4)。

[38]在思考希尔斯的折叠式小刀(131 种)时,福蒂(Forty,1986,63,93)认为,"观察 19 世纪制造商、百货商店和邮购商店目录里罗列的产品范围,就是观察一个社会的再现形式……当制造商观察它、顾客们学会打量它的时候,他们就可以了解社会的形态。"

[39]斯帕茨伍德在美国提供所有类型的外语录音,除去:

— 面向所有观众的歌剧和其他经典录音

— 语言教学录音

— 面向大众市场、使用种族刻板印象的幽默内容(例如"科恩"系列)

— 夏威夷音乐(尽管存在语言差异,但是它主要起到丰富美国流行音乐使之多样化的作用)

— 通过美国厂牌将非美国的母版再度贴牌发行

— 唱片公司"家庭"乐团与乐队录制的工具性录音,许多是在外语系列中发行的

— 私人或者机构出品的原住民录音

尽管斯帕茨伍德致力于录制外语录音,但是他确实也囊括了爱尔兰和西印度的英语唱片,后者"常常因为目录制作和分发的意图,被公司当作一种外语项目"。

[40]Halttunen(1989);Peiss(1986,6);Kasson(1978,42-50)。

[41]关于标志的描述和解释,参见内部资料《维克托之声》(*Voice of Vitor*),1906 年 7 月。关于维克托商标的一个很好的阅读材料,参见 Taussig(1993)。

[42]目前有大量关于百货大楼的研究。《梦幻世界》(*Dream Worlds*)是罗莎琳德·威廉姆斯(Rosalind Williams,1982)著作的题目。也可以参见 Abelson(1989);Leach(1993)。

[43]*Everything Known in Music: A Souvenir of the New Home of the World's Foremost Music House* (Chicage:Lyon and Healy,1916);available at the New York Public Library. 关于填充音乐和付费播放音乐,参见 Segrave(1994)。

[44]参见 Joseph McCoy,"Report as to Conditions in the Sale of Edison Phonographs in the State of New York," June 4,1906,20;ENHS. 有少数女性经销商,少数夫妻合开的经销商店,还有一户"现代的犹太教徒"。科布尔斯基尔的经销商手头只有 6 台留声机、四百张唱片,最大的经销商,例如两家在尤蒂卡的经销商,则大约有 75 台留声机,3000—5000 张唱片。不管是经销商店的规模还是经销商的数量,都没有和人口比例形成严格对应。截至报告完成之际,国家留声机公司在美国和加拿大共计有 8143 名零售经销商;参见 C. H. Wilson,"Report of Jobbers and Retail Dealers Agreements", June 18,1906;National Phonograph Company Records,ENHS. 有一些爱迪生公司的经销商也售卖哥伦比亚公司的产品。

[45]参见 *Talking Machine World* 4，no.2(Febrary 1908):62，最早的专栏出现在 *Talking Machine World* 4，no.1(January 1908)；后面的案例，参见 Kenney(1999，27)。按照 Houndshell(1984，201)的预估，美国自行车生产在巅峰时期可以达到每年 120 万辆；参见 Houndshell(1984，chapter 5)，也可参见 Bijker(1995，chapter 2)。

[46]史蒂夫·伍尔茨勒(Steve Wurtzler)即将出版的著作对这一部分的构思颇有帮助。

[47]关于研究性大学治外法权，参见 Leach(1999，123-149)。

第二部分
网络的问题

第三章 新媒介形体

卡片纸

在1968年美国政府诉奥布莱恩案(United States v. O'brien)的判决中,美国最高法院陷入作为文献学(bibliography)问题的言论自由纠纷之中。这个案子涉及一位波士顿青年大卫·奥布莱恩公然焚烧自己的征兵证,法院被要求裁定他的行为是否受到宪法第一修正案的保护。厄尔·沃伦(Earl Warren)所领导的最高法院以7∶1的结果裁定大卫·奥布莱恩败诉,在裁决过程中,首席大法官斥责这位青年对征兵证的描述"不切实际",后者将征兵证描述为"用于通知应征者进行登记,随后依据登记人喜好及便利而被保留或者丢进垃圾桶的一堆纸片"。然而,这些并不是短期通知,不是讯息,它们是通过国会法案确立的长期且不可损坏的证件。法院推定,兵役登记卡的意义不仅仅是卡片上所告知的内容,更具体地说,它认为:这张白色小卡片的物理完整性意义重大,因为只有作为一个物理上(也即文献学意义上)的形体,它才能够可靠地推进它所属"系统的平稳运行"。这个系统,即兵役登记系统(Selective Service System, SSS),以一个高度合理化的方式将文献的形体与一位18岁男性公民的身体一对一地匹配起来。

最高法院的推论在几个方面备受争议。从第一修正案的角度讲,最高法院在言论和非言论之间所画的界线,被证明无法在后来相关案件的判决中被保持。[1]从文献学的角度讲,最高法院指出大量由于破坏或损毁卡片而"可能遭到挫败"的不同假定功能。沃伦坚持认为,如果征兵证被损坏,他们就无法作为对应征者"简单且无痛"、对兵役登记系统"正义且有效"的方式来"提供证明"。同样地,这些卡片的运作方式,如同一份用保存必要信息的方式"快速而不复杂地"鉴定一名应征者身份的"收据"。

因此,如果这些卡片被损坏,它们就无法如常规那样提供"持续提醒",警示登记人必须与征兵局保持联系,及时更新身份或地址的变动。以及最后,如果卡片被损坏,"显然"会使对诸如篡改或者伪造等明显违法行为的鉴别变得更加困难。

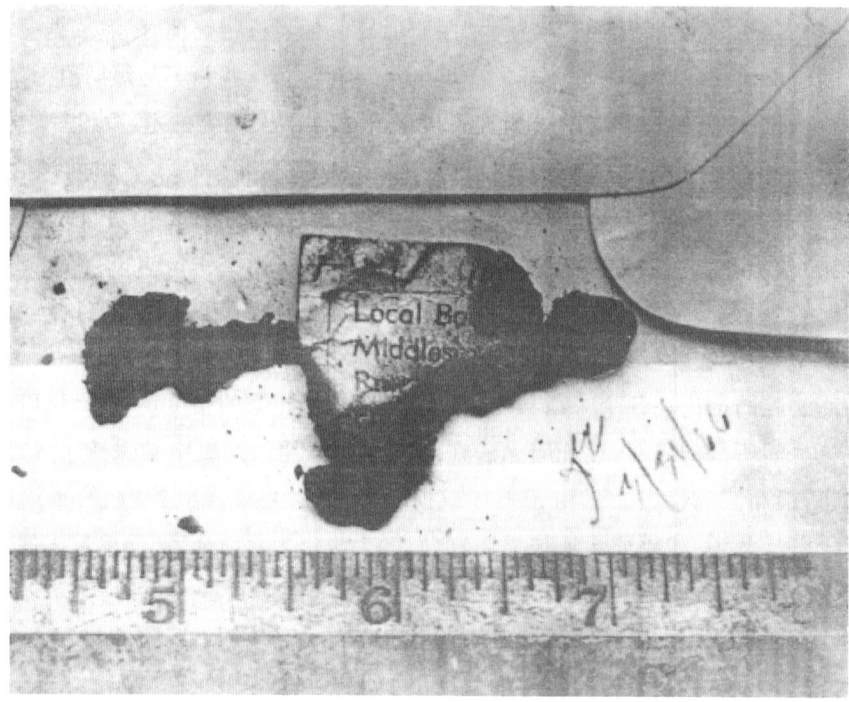

图 3.1a 和 3.1b　美国政府诉奥布莱恩案证据：a.征兵证焚烧；b."灰烬残留"，联邦调查局拍摄，1966 年 3 月 31 日。（来源：美国国会图书馆）

之所以将最高法院的关注点称为"文献学的"(bibliographic),是因为我想要强调其在将卡片视为有意义的纸质文本形式的复杂性。作为文本,征兵证看起来处于两极之间巨大而阴暗的中间地带:所谓的两极,一极是纯粹的文本,另一极是某种非文本(nontext)。按照沃伦大法官的看法,当奥布莱恩申辩这些卡片的意义仅仅在于——仅仅是——它们所包含的信息时,他选择的是纯文本的极端。另一个极端则是一些非文本,如同书签,它本身没有包含信息,但它通过它的形体而成为一种有意义的工具。[2]在一个极端,只存在着意义——纯粹的(unadulterated)信息、内容、消息、数据——另一个极端则只存在质料(matter)——一张白纸,一片空白,履行着它的功能。所有介于两个极端之间的东西都是符号和补给物的结合,都是意义和质料/作为质料。(这个难看的"和/作为"是必要的,因为意义和物质性是共同构成的,而非相互分立的。)两个极端之间中间地带的阴暗性被最高法院奇怪的阐述所提及,例如暗示毁坏卡片会教唆出更多的伪造者。然而,在这一中间地带之上存在的诸多栖息者则预示了这里的广阔:铭文媒介都栖息在这片草地上,包括大量比传统文献学的四开本和对开本更让人陌生的"媒介"形式。一张十美元的钞票既不是纯文本,也不是非文本,因为其作为十美元的意义(价值)是在相关交易的共识性流通之中形成的:一张钞票"不仅仅是"它的价值,也"不仅仅是"一张纸。[3]

当银行家和计算机工程师思考支票的意义和质料(或作为质料的意义)的时候,计算机穿孔卡片广泛地带来了和20世纪60年代中后期征兵证相同的问题。[4]两种类型的卡片都包含着大量不同的信息,两者也都对它们所属系统的运作发挥作用。如果穿孔卡片对比征兵证看起来——特别是在靠近书签这一端的事物上——更具有工具效用的话,那么具有讽刺意味的是,穿孔卡片同样看起来包含着更加纯粹,或者更加具有自明性(self-identical)的信息。这个矛盾的形成,是因为使用它们的系统是大型机器,并且它们所包含的大量信息都只能够依靠这些机器来"读取"。这些卡片上或许印着人类读者可以看懂的行列、数字、字母或者图标,但它们最主要的工具性体现在它们不可思议的(也即难以辨认的)打孔模式上。[5]尽管不大可能有人会问穿孔卡片如何像文本一样运作,然而对它们的使用间接地带来了这个问题。[6]用户们需要知道卡片需要哪些符码,以及如何打孔,或者如何通过打孔使得它们能够包含程序和数据。他们需要知道囊括从下到上、从后到前、从未使用到使用、从错误到正确——所有牵涉到这些卡片作为意义工具以及作为符号性或类符号性存在形式的打孔模式问题。

两种卡片都带有禁止损毁的禁令,在征兵证的案例中通过国会法案来阐明,在许多穿孔卡片的案例中则通过印刷体的警告来表明。"不要折叠、卷曲或撕破":这些明确的文字或许并不总是出现,但是它们作为标语广为流行,成为计算机技术及其应用的社会意义组成部分。[7]奥布莱恩在波士顿烧毁其征兵证的几个月之前,伯克利的学生报纸开玩笑说,每一个加州大学新生的"第一课"是"不要折叠、卷曲或撕破他们的

IBM(学生注册)卡片"。这是另一个旨在关联文献学上的形体和十八岁的人类身体的系统,但是那个学期,言论自由运动成功将大学的穿孔卡片转变成权威的符号,成为被反抗、改变和颠覆的对象:打孔机器被用于打出"言论自由运动"(FSM)和"罢课"(STRIKE)字样。[8]如同奥布莱恩焚烧他的征兵证,这些激进分子颠覆了文献学上的规范以及期待,以此作为言论自由的尝试。他们使得本意为某种用途的卡片被当作另一种用途来使用。

许多人——至少是左翼人士——干脆不再区分不同读卡系统。无论这些卡片是登记应征者还是学生,它们都是在帮助"系统"运作。刘易斯·芒福德(Lewis Mumford, 1970, 183)称之为"权力的五边形"(the Pentagon of Power),并且认为"今天日益增多的大众抗议、静坐和暴乱——通过肢体行动而非言语的——可以被解释为想要突破巨机器(megamachine)的自动化隔绝(automatic insulation)的尝试,其已经展现出了覆盖自身错误、拒绝反对信息,或者阻隔破坏系统自身信息传送的趋势"。芒福德关于巨系统(metasystem)的隐喻,呼应了在20世纪60年代晚期"赛博焦虑"(cybernetic anxiety)这一广为流行的文化现象。[9]焦虑,如同异化,都是对非人性化机器的非人性化管理制度的反应。数字系统似乎尤为成竹在胸(poised),不仅因为它取代人类——如同工业自动化所做的——而且因为它最终抹除了人类与机器的差异。这是朝向N. 凯瑟琳·海勒所指出的"后人类"境况的灾难性滑坡。

来自20世纪60年代的案例预示着,一些文献学上的问题持续存在于一些不太可能的地方,并且可能带来异常广泛的影响。针对征兵证和计算机卡片的争论,揭示了通过纸面撰写和传递意义的那些悬而未决却广为存在的假设。这些假设构成卡片常规(也即系统性)使用的基础,并且由此将对它们的改造使用或者解构划定为颠覆行为。然而,由于它们并非确定,同样的假设可能带来社会秩序上的波动,在界定美国公共福利范围的争论之中,在关于言论自由的争论,以及辨析言论与非言论、芒福德"肢体行动"和"言语"之间差异的尝试之中,这些假设就会浮出水面。

前面章节的核心命题之一,是这种易变的命题会因为新媒介而更加易变,或者至少表现得更加易变。换句话说,新媒介可能是易变性(unsettlement)的一个强大而具体化的版本。可以确信的是,在20世纪60年代,征兵证,或者严格来说的穿孔卡片,并不是什么新鲜事。这个十年之间,最为有名的新媒介是彩色电视,它早已是商品中的商品(the commodity's commodity)。彩色电视广播系统早在20世纪40年代到50年代之间就被开发出来了,然而美国无线电公司(Radio Corporation of America, RCA)是在1964—1965年纽约世博会的时候才大张旗鼓地推出它的系统。

乍一看,黑白电视或者彩色电视与文献学没有任何关系,因为电视是非铭文性的:电视广播没有任何形体——除非直到它被录制下来。然而,正如菲利普·罗森(Philip Rosen, 1994, 225-234)对约翰·F. 肯尼迪遇刺报道的分析,电视中的关键凶兆部分(portentousness)是从其对各种铭文的使用之中形成的。电视节目主持人对这一历史事件充满自明性的独家呈现,体现了主持人动态的叙事和他们展现给镜头的静止照片、他们所朗读的通讯稿、他们所播放的录音带之间的张力——事件发生的两个小时以后——第一组来自达拉斯的曝光镜头,还是1963年11月的那个午后早些时候拍摄的。实时的广播电视之中充斥着各种铭文。罗森将此称为"媒介努力描绘自身的潜台词表演(subtextual drama)",体现在新闻播报员和网络"由于这场蓄意行动中关键场景图像的结构性缺失"而展现出来的明显不适。哪怕是紧急播报这样突出的非铭刻性(noninscribed)媒介事件,也必须涉及和依托它对铭文的操作,以及它与铭文之间微妙而反复的区分。

我想要说的是,20世纪60年代的媒介,无论新的还是旧的,在这一面向上,都与我已经详尽描述过的声音录制新媒介有诸多共同之处。我在第一章之中以最为直接的方式强调,当声音录制还是新事物的时候,它在某种程度上被体验为书写、印刷媒介和公共言说的既有动态逻辑的组成部分,看作许多开放问题的联结,我在这里把这些问题称为文献学问题,因为我是从通过纸质文本创作并传递的意义切入的。只有当新媒介的面世和早期观众随之而来的使用构建出一个关于录音的矛盾统一的逻辑,新媒介才显现出它的意义——这种逻辑在后来变成具有自明性质的看似留声机及其录音所内在的逻辑。此外,我认为,新兴的声音录制逻辑的影响,远远超过这一媒介最终的正式常规。如同20世纪60年代这些与第一修正案纠缠不清的文献学问题,声音录制新奇的铭文特征问题也同样纠缠不清。与其说带来言说的自由,不如说声音录制带来了关于言说本身的问题,即它选择性保存的方法与意义,这些反过来会引出关于美国公共生活与公共记忆的范围与特征的问题。

相比1878—1910年的新媒介或者彩色电视,这一章所关注的新媒介对于我们来说更为熟悉。我想要阐述作为新媒介的数字网络,这既是因为它们持续主导着当今对于一般媒介特别是媒介新颖性(newness)的思考,也是因为它们提供了一个——极为宽泛的——文献学问题及其纠缠的案例。应该确信的是,数字网络同样可以被看作许多其他事物,这一章并不打算提供另一个完全解释或者完整的历史。相反,我想要做的,是要从苹果和橙子——从声音录制和互联网文本——的比照之中获取一些启示,因为我认为,至少可以推测,这些启示能够帮助我们更好地理解媒介积攒力量的方式。

早期留声机录音和互联网之间的差异如此明显,不可否认:模拟的与数字的,机械的与电子的,消费品和传播媒介。尽管如此,作为新的铭文,两个新媒介有其相似之处。如果说声音录制使得印刷和公共言说的共同意义变成问题,那么数字文件同样也带来了相关的问题。分布式数字网络及其所实现的文本产生于一个既有的文本流通体系之中,一个按照当代媒介逻辑有力地进行自我构建的世界和车间(world and workplace):印刷出版物、广播、好莱坞和唱片厂牌,然而还有穿孔卡片、印刷资料和文书报告。数字网络的体验参与建构了一个数字媒介的矛盾统一的逻辑,部分地是对新媒介的物质特征的回应,同时部分地是对其持续接受和发展的广泛多元语境的回应。数字媒介不断变化,电子文本的逻辑则维持最初的模样,尽管这一逻辑的某些部分早已变成常规,进而变得不言自明或者完全透明,并且难以发觉。

和电视一样,第一眼看数字媒介,也与铭文毫不相关。铭文既是物质性的,又是符号性的,然而数字媒介可以被视为完全非物质的或者不具有形体的。和网络之中的许多事物一样,它们往往被看作"虚拟的",因为把它们看作物理事物会令人难以理解。没有一个网页能够脱离真实事物的庞杂堆栈而存在——它所显现的显示屏,以及服务器计算机,用户计算机,互联网"主干网"(backbone),光纤,路由器和中转站(switch hotels)——然而它本身无论如何都是无形的。它是什么?它在哪里?通过这种方式,电子文本似乎指向了沃伦大法官在奥布莱恩征兵证案例里斥为不切实际的纯文本极端:按照这种思维逻辑,一个数字文本,只有作为其包含的信息才是有意义的,所以数字媒介看似没有形体,既不成问题,也不让人惊讶。

许多学者最近指出推理、论证和探索数字文本多元物质性方面的缺失。其中最好的批评,呼吁从一种文献学/文本(bibliographic/textual)的路径将其组分考察为"平台、界面、数据标准、文件格式、操作系统、代码版本及其分发、补丁程序、端口等",因为"这些就是组成电子文本的东西"[10]。然而,这些东西是什么?哪怕是对于赛博文化最为机敏和精确的批评,都很容易体现出电子文本形体所有的特定矛盾,这至少从"物质"(material)这个词出现在吓人的引号之间的频率可以判断出来。列夫·马诺维奇(Lev Manovich, 2001, 45, 48)写道,"新媒介基础的'物质'原理(是)数字编码和模块组织",硬件和软件都拥有"物质"以及"逻辑原理"。相似地,马克·波斯特(Mark Poster, 2001, 77)斥责道:"技术的影响从来都不是其内在的、'物质'性能的线性结果。"[11]通过将物质用引号包围起来,拐弯抹角地对所说的观点提出质疑。这两个批评提醒我们,如果逻辑就是逻辑,而物质得是"物质",就没有办法真正地触碰到手头之物。

这是一个本体论问题,也是一个语义学问题,一个关于数字文本本质上是什么的争论。事实证明,通过对比,推动了对非数字文本本质上是什么的一些富有成效的争论。"到底什么是文本?"在《高等教育计算机学报》(*Journal of Computing in Higher Education*)(1990)中,斯蒂芬·J. 德罗萨(Steven J. DeRose)①、大卫·G. 杜兰德(David G. Durand)②、埃利·米诺纳斯(Elli Mylonas)③和阿伦·H. 雷尼亚

---

① 斯蒂芬·J. 德罗萨,美国著名计算机科学家,布朗大学教授,因对计算语言学与文件处理标准的贡献而闻名。——译者注
② 大卫·G. 杜兰德,波士顿大学计算机科学系教授。——译者注
③ 埃利·米诺纳斯,布朗大学学术技术项目组首席分析师,专长领域为超文本、XML、结构化文本与数字修辞。——译者注

(Allen H. Renear)①都希望探究这个问题。"文本是什么?"艾斯班·艾瑟特(Espen J. Aarseth)②在《赛博文本:针对循路文学的看法》(*Cybertext*：*Perspectives on Ergodic Literature*)(1997,15)和约翰纳·杜拉克(Johanna Drucker)③在一篇题为《作为时间的理论:电子文本性的诗学》的评论文章中都提出了这个问题。"什么是文本?"马修·基森鲍姆(Matthew Kirschenbaum)④在《原初:理解万维网的关键概念》(*Unspun*：*Key Concepts for Understanding the World Wide Web*)(2000,127)之中不断探问。[12]批评家们寻求切入这些问题的各种措辞,以求解答这些问题,尽管在这些语境中,它们作为问题的重现与持存,展现出针对人文计算主题的持续协商。在更为广阔的计算世界之中,还充斥着大量类似的协商。任何新的编辑、出版或者扫描软件,每一种新的标记语法、插件或者支程序,都带来关于电子文本事实上是什么的新观念。问题也许并不是那么明确,但是答案都已经在那里了,许多甚至已经可以摆上台面。任何电子文本"都具体展现了一种关于在文本之中什么是可称为重要的特定观念",也因此具体展现了一种电子文本可以是什么的特定观念(Sperberg-McQueen,1991,34)。按照罗森的说法,高风险的"媒介努力描述自身的表演",同时在屏幕内外生效,在知识运作的政治经济体系之中产生,并且成为后者的组成部分。[13]

借鉴德罗萨等(DeRose et al.,1990)的做法,这一章和下一章将在与非数字文本的关联之中探索数字文本。如同1878年的锡箔纸录音和1889—1893年的蜡筒录音主要基于新闻报纸记录而为人所知,并且通过与后者的比照加以界定,电子文本在一定程度上也是通过与"纸的社会生命"相对照,以及与光学的(filmic)、磁力的(magnetic)和其他非纸质铭文的关联而为人所知。[14]就如同在第一章中从留声机还没成为日常生活实用设备的时刻切入来考察留声机,这一章考察数字文本的时间节点,是数字网络还未被普遍熟悉的时刻,作为因特网先驱的阿帕网[由高等研究计划局(Advanced Research Projects Agency,ARPA)所构建]所出现的1968—1972年。以这个方式来建构我的研究,让我得以回避什么是电子文本这种本体论问题,转而理解什么是电子文本这样的问题是如何出现在数字网络的语境之中的。什么样的体验向数字网络早期用户暗示着网络与文献学问题的关联?在新兴的网络之中,使用和可使用性(usability)的语境是什么?只有先处理这些问题,才有可能梳理出一些相关文

---

① 阿伦·H.雷尼亚,伊利诺伊州大学厄巴纳香槟分校信息科学学院教授,曾任布朗大学学术技术项目组主任。研究重点为科学文化对象的形式本体开发和数据管理。——译者注
② 艾斯班·艾瑟特,丹麦哥本哈根大学计算机游戏研究中心主任,曾任卑尔根大学人文信息系创始主任,《游戏研究》主编,研究领域为视频游戏研究与数字文学。——译者注
③ 约翰纳·杜拉克,美国作家,视觉理论与文化评论家,加州大学洛杉矶分校信息研究系教授,研究领域为视觉语言、数字美学等。——译者注
④ 马修·基森鲍姆,美国马里兰大学英语与数字研究教授,研究领域为电影及文化研究、文学理论、文学与科学、文本与数字文化研究。——译者注

献学问题带来的延伸启示。接下来的一章将通过聚焦今天的万维网来尝试后面这一方向。

众所周知的是,我要做的这项工作的资料来源很匮乏。阿帕网络时代的电子记录极少有幸存下来的,要么就是被"转移"到更为新近的技术之中,以至于它们身上高等研究计划局的印记,它们的档案特征或者起源,无论它曾是什么,都已经模糊不清。[15] 阿帕网络时代的出版资源也很稀少,特别是和爱迪生第一台留声机所受到的公众关注相对比的话。举例而言,在流行报纸上,《纽约时报》只在 1988 年之前仅有一次提及互联网。同样地,也极少有相关的贸易资料提及,而早期计算机科学领域的学术出版物在那时才刚刚兴起。[16] 作为美国国防部下辖机构,高等研究计划局和它的信息处理技术办公室(Information Processing Techniques Office,IPTO)并未公开它们的活动。哪怕是信息处理技术办公室合同的投标过程也是——以一种矛盾性修辞来说——有选择性地公开的。[17] 数字资源的匮乏特别体现出一个问题,尽管它同样阐述了我关于新媒介和媒介史的核心论点。电子文本作为证据的潜在地位,是一种数字媒介与书写、印刷以及其他媒介特定关联所形成的逻辑结果,而非其前提条件。

关键词:文件

1962 年秋天,J. C. R. 利克莱德(J.C.R.Licklider)①来到五角大楼,领导高等研究计划局新成立的信息处理技术办公室,他向 BBN 公司(Bolt, Beranek, and Newman, BBN),一家位于麻省剑桥的声学工程专家顾问公司专门请了假。在后来的数年里,利克莱德参与设计和创建阿帕网络,再后来,BBN 公司受他在五角大楼的继任者们委托,建立网络核心的接口信息处理机(Interface Message Processors,IMP)。与此同时,利克莱德还挂在 BBN 公司的名头之一,就是由福特基金会赞助的图书馆资源委员会有限公司(the Council on Library Resources, Inc.)的顾问。尽管利克莱德不再领导日常研究、交棒给了 BNN 的同事,但是他仍然关注这项工作,并且最终在它的报告中署名。正如图书馆资源委员会所注明的那样,"'关于未来图书馆概念与问题的研究'在利克莱德走后仍然在其指明的大方向上继续前进",在此期间,他肩负"国防部的一项特殊任务"。委员会在 1964 年 1 月提交最终报告,到了 1965 年,麻省理工学院出版社将这本《未来的图书馆》公开出版。[18]

图书馆项目的动力,来自卡洛琳·马文(1987,59)所说的信息的"数字"视角,尽管"数字"这一术语当时用得并不多。这个数字视角假设"信息是一种持续增长的定量",这与马文所说的"模拟"(analog)视角相反,后者的特征是假设信息是"古往今来

---

① J.C.R. 利克莱德,美国心理学家与计算机科学家,被认为是计算机科学历史上最为重要的人物之一,他是最早预见到现代交互计算及其各种应用的先驱,主持推动了图形用户界面、阿帕网络等的开发。——译者注

的每个环境持续变化和再模式化的特征,是一种认知者与被认知事物之间的交易"[19]。信息的数字视角有启蒙运动的根源,但它产生于二战和曼哈顿计划(Manhattan Project)时期之后,构成一种关于美国日常生活中对持续的科学效力的广泛焦虑——一种因为1957年苏联人造卫星升空而被加强的焦虑。特别是,专家担心,科学面临着文献计量上的紧迫危机:出版物数量太多了。日益增长的专业化和前所未有的数量规模研究,意味着科学家——以及相关文明的所有人——都被活生生地淹没在庞杂的纸堆之中。芒福德(1970,182)总结道,如果任其发展,"书籍的过度生产将会导致一个知识衰弱(enervation)和耗竭(depletion)的状态,这与无知大众几乎无异。"[20]根据图书馆资源委员会的看法(Licklider, v),大学图书馆和其他的科研图书馆早已"被这种增殖繁衍所堵塞"。因此,委员会聘请利克莱德和BBN公司来解决这一问题。

针对这一文献计量学上的紧迫危机最为有名的发言,来自范内瓦·布什(Vannevar Bush)①于1945年刊发在《大西洋月刊》的文章《诚如我们所思》(As We May Think)。[21]这篇文章思考了未来对大量积累的人类知识进行汇编和查询的方式,布什以不同的方式称之为人类的"伟大记录""总体性记录"和"共同记录"。布什的构想颇为著名,因为他描述了未来这一问题的解决方案:一种以人类意识而非官僚制文件系统为模型的信息存储与分类方法。这是一种想象的超文本,在"超文本"这个术语被创造出来以及相关数字技术存在之前。他建议,文件最好的组织形式,不是通过具有严格"路径"和繁琐规则的"人造"检索系统来实现,而是借助一种更为自然的"关联索引"的形式,其运作的方式是与脑中相关想法连接的"错综复杂的路径网络"。在这里,布什假想了一种设备,"一种机制化的私人文件和图书馆",以作为用户记忆的"私密补充"。布什将其称为memex,②他设想了一个"(能够)远程操作的工作台",它顶部有一个屏幕,内部有一个微缩胶卷,胶卷上的内容以某种方式被选取、查询和注释,然后根据意愿被添加或绑定成多样化的联想性"路径",以备未来参考。

布什这个假定的"我们"——《诚如我们所思》——就如同他对"共同记录"的关注一样,预示着一种我在第一章所探索的媒介公众。如同锡箔留声机的展演者,布什的memex机器假设了一种公共记录的共同所有权,基于共享公共品生产、储存和可能检索的基本常识(commonsensicality)而被假设为"我们"所"拥有"。利克莱德基于相应假设来处理这个未来图书馆项目。他补充的是他自己的未来主义,是针对"人机共生"的明确兴趣和针对图书馆及其在知识生产中角色的敏锐分析。[22]尽管利克莱德声称自己直到完成工作之前都没有读过布什的"先驱者文章",但是他认可这篇文章"通过

---

① 范内瓦·布什,美国著名发明家、工程师,曾在二战期间担任美国科学研究与开发办公室负责人,几乎所有战时军事研发均出自该办公室,他推动并主导了曼哈顿计划以及后来的国家科学基金会。——译者注
② memex这个名字是memory和expansion的合成词。——译者注

社群"带来的间接影响,并且把《图书馆的未来》一书献给布什(xiii)。利克莱德的书比起布什的文章更加鲜为人知,但是它提供了一个机会,在数字网络尚未变成一个成熟事实和新媒介的时候,摸索将计算机和文本放在一起思考的方式。

利克莱德所指向的未来是 2000 年;他所设想的图书馆,就是他所说的"预认知系统"(procognitive systems)。为了设想这样一个未来的预认知系统,利克莱德必须拒绝许多传统图书馆被理解的"认知图式"(schemata)和许多 20 世纪 60 年代中期人们用以理解计算机的认知图式。举例而言,他喜欢页面作为一种呈现信息的图式("作为一种媒介……印刷页面是极好的"),但是对其作为一种长期信息储存方式的"被动性"感到失望。书籍则更不为他所推荐,图书馆藏书则还要更少。同样地,利克莱德也喜欢计算机的某些特征,例如随机存取存储器(random-access memory,RAM),但是不喜欢既存技术局限,或者将计算机视同写个程序、"早上给计算机中心送一沓穿孔卡片,下午取回一堆'打印资料'"的观念模式。利克莱德小心地重新思考这些图式术语中的图书馆和计算机,从而形成了这样一种未来,到那时,学者们坐在控制台或者终端,敲击键盘、目视屏幕,和数字系统联结、互动,实现信息的查找、搜寻和检索。

利克莱德的预认知系统有惊人的先见之明。在 1965 年,当用户与计算机通过键盘和屏幕进行互动的时候,"实时"的计算还是一件不切实际的事情,主要为少数从事前沿军事系统研究工作的人所知。利克莱德利用他在麻省理工学院的计算机实验——在那里,实时的和分时的(多终端的)计算机正在被持续研发之中——使用相同的工作台(man-at-his-desk)图式,这个图式塑造了布什的 memex 机器,并且在十年后对于个体计算机的图形化用户界面影响巨大——通过其隐喻性的桌面。[23] 利克莱德设想在 2000 年"普罗大众"都拥有或者租赁一台自己的终端,并且用它来连接网络。"在商业、政府和教育方面",他推断,"'工作台'的概念可能会从被动转向主动:工作台可能主要是一个远程通信和计算系统之中呈现与控制的站点——它最为重要的部分,则可能是通过壁式插座将其连接到预认知效用网络的电缆('脐带')"。

人和人的脐带的图景引人注目,然而,如果利克莱德的预认知系统变成图书馆未来的话,"被记录的知识的形体"实际上或者说在文献学层面上是什么样的?利克莱德和他的研究团队承认了一些限定:"几乎在最开始我们就把研究视野限定为功能、信息分类和知识领域,其中,根本兴趣的对象不是印刷物或者纸张,也不是文字和词句本身——而是存在于文件可见可感的面向背后的事实、概念、原理和想法。"由于聚焦存在于可见可感之物"背后"的信息,利克莱德和他的团队把所有的艺术、图像和文字工作都放到了一边。相反,在他们聚焦的案例之中,他们假设信息可以从它原始形体之中"无明显损失"地被分离出来;或许包含着艺术和文学批评,"历史学、医学、法学所有的东西,以及科学、技术几乎所有的东西,还有商业和政府的记录"。和页面、书籍、书架如此毫不相关的信息"语料库",将被引入一个全新的形体之中,一个前沿却没有被发展的"可加工"储存器系统或者二进制储存系统。这种储存器,按照利克莱德的估计,将至少达到 5×10^{15} 比特的容量,其中,语料库里的每个字符(保守估计)代表 5 个比特,在二进制储存空间中占据 5 个单元格。

由于没有特定核心储存器,利克莱德的预认知系统倾向奥布莱恩案判决背后的纯粹文本理念,并增加了一项值得注意的内容。利克莱德将他的预认知系统比作一个"文件(能够)读取它自身打印出来的东西"的世界。这个系统可以回答问题,检索文件,因为它们"可以'读取'和'理解'文件本身"以及与它们相关的标签或者目录信息。因此,利克莱德的电子文件是自我识别(self-identical)和自我读取(self-reading)的。它们就是它们所包含的信息。然而,它们同样也递归性地包含了再现形式、它们本身的"智能"版本和它们简化为事实、概念、原理和想法的纸质文件。

利克莱德解释道,所谓"文件"指的是一个文件"类型",而不是他所区别出的单个文件"符记"(tokens)。文件符记是文件的单一物理拷贝,而文件类型指的是相似标记的合集,其中,任何一份都可以作为代表被选出来、将其文字数字符(alphanumeric character)加以拼写录入系统。任何围绕着文件符记的变量,例如排版,被假设是琐碎的、可有可无的,或者被文献学工作者称为"偶然的"或者非物质性的东西。然而,尽管符记的文本变量是不重要的,利克莱德仍然想要在他的预认知系统中维持大量与文件类型变量相关的概念或者图式,例如体裁:专著和文章不同,也和评论不同。并且,他想要保持关联到文件类型所有层级部分的认知图式,例如词句、段落、章节和卷册,以及作者、题目、摘要、主体和脚注。

《图书馆的未来》包含了一个针对信息储存、组织和检索相关研究的简要调查,其中一部分是"终极机器'理解'自然语言文本"所需要的语言分析。利克莱德自己设想了一个序列(sequence),其中,科学的"自然"技术语言将会通过"机器协助编译"被转化为明晰而"规则的"英文,后者反过来通过"纯机器转化"(也就是扫描)也可变成"计算机或者数据库本身的语言"。就目前而言,这意味着所设想的信息从诞生到自我读取的形体的轮回(transmigration),取决于文件向可通过预认知系统检索和读取的大量文字数字符串的转换(以及某种针对图片和其他非字符内容的未指定"调整")。文字数字符是必不可少的,实际的字体则无关紧要,尽管讽刺的是,手头这份文件,《图书馆的未来》,就是依靠字体的转换来显现利克莱德针对本地计算机系统和预认知系统假设互动的分析案例。每一个系统由一种字体所代表,两者都与这本书的流行字体不同。"你是 J. C. R. 利克莱德吗?"(Are you J. C. R. Licklider?)本地计算机程序以打印体的形式询问利克莱德。"我输入'y'以表达'是'(yes)。"利克莱德在书中使用主流字体叙述。当他输入"预认知"(Procog)进行登录的时候,系统以无衬线字体回复"你现在已经登录预认知系统"(You are now in the Procognitive System)。

利克莱德举例说明了预认知系统,这个系统在其未来主义之中具有一种奇怪的矛盾性。他使用未来的预认知系统，来追求一个他现在的问题，就好像"他在1964年就已经拥有了1994年的预认知系统"。他询问系统关于"对数字计算机进行编程以'理解'自然语言段落的前景"。预认知系统检索了一万份文件来寻找相关材料，然后向利克莱德展示了引用与摘要，并且在"次级记忆"之中包含了全文，以供他取用。他的在线会话日期是1964年11月13日14点23分，文章参考文献显示，他所检索的文献引用涉及1961—1963年的文章。从这个角度上来看，尽管纸质书籍《图书馆的未来》并不是一个数字的或者自我读取的文件，但是它通过利克莱德的案例呈现为一个自我书写（self-writing）的文件。《图书馆的未来》所假设的未来研究之中的自我书写的幻想，使得《图书馆的未来》体现了任何自我读取的文件系统应该拥有的递归逻辑，也体现了两年后作为构建阿帕网络主要原因之一的自反性（reflexivity）或者自研性（self-study）。[24]

利克莱德所描绘未来的许多方面，确实在随后几十年计算机领域的实际发展之中得到呼应。如果说桌面模式、查询、搜索和网络交互对于今天的计算机用户来说都有意义，那么根据后来的发展，利克莱德关于数字文本的许多更为具体的想法也可以说是富有意义的。利克莱德所设想的5比特文字数字符代码，在阿帕网络于1969年采用的8比特ASCII标准中得到认可。他对体裁的保证，在今天的文件类型定义或者标记语法中得到认可，其中，文本编码器构建了文件的不同层级。而且，他对文档具有的层级结构的保证，在将文本定义为内容对象的有序层级结构原则中得到认可，这是标记策略的前提。[25]然而，通过对《图书馆的未来》中大约1965个术语的考察，能够帮助检索到更多关于数字铭文的东西，而不仅仅是它们最近采用的形式，或者它们最近可能引发的理论化问题。

特别是，利克莱德的著作展示了"文件"这个词的相关性和复杂性。与1878年作为相关术语的"记录"一样，"文件"这个术语在20世纪60年代并不是什么新鲜事物。作为一个名词，它在18世纪就呈现为现在的形式，当时，根据《牛津英语词典》，它指的是"某种东西，它被书写、铭刻等，以提供关于任何主题的证据或信息，例如手稿、地契、墓碑、硬币、图片等"[26]。正如利克莱德对这个术语的使用，文件具有某种提喻（synecdochic）功能：文件不是单一的人工制品（它们的"符记"），它们是具有代表性的东西。除了提供有关主题或内容的证据或者信息之外，它们还提供并且界定有关其代表的整个版本的证据。（它们很重要地界定了证据，因为它们建立在关于哪些细节很重要、哪些细节不重要的假设基础之上。）此外，由于它们搁在书架上的时候被称为"文件"，一旦它们被输入预认知系统之中，它们的在线状态就是双重提喻的：电子文件是已成型代表性—实质性形式的代表性—实质性拷贝，一种拟像（simulacra）。它们提供并且界定有关类型的证据，这种类型又提供并且界定有关符记的证据。

《图书馆的未来》所提及的文件可能被数字化，但是它们不可能被重新通过数字创造。利克莱德依照文件与马修·基森鲍姆(2002)所说的"第一代电子物件"之间未被阐明的区分而继续深入。利克莱德的电子文件是第三代了,将自然语言编辑为"规则"语言,然后加工成机器代码。在利克莱德的书中,第一代电子物件仅仅呈现为在预认知系统屏幕上或者——作为1965年的计算机最强大的图式之———纸质打印材料上的提示、标题、查询、结果和其他在线交互形式。换句话说,在利克莱德的系统里的文件总是有内面和外面。文件被区别于程序以及"原始数据(raw data)、摘录数据(digested data),以及关于数据位置的数据"(Licklider 1990,29)。

今天,"文件"的意义已经比这更加广泛,至少从任何装在Windows系统的个人计算机上的"我的文档"文件夹、微软Word软件所创建和堆积的后缀名为".doc"的文件,或者复杂的软件包、硬件选择和文件管理的咨询业务就可以判断出来。[27]今天的文件,可以通过数字化的形式被建立,而不仅仅是将之数字化。然而,利克莱德的用法仍然存在。

这有助于解释为什么施乐公司将其口号"我们化世界为文件"和"文件公司"注册为商标,并且后一个商标还沿用至今。事实上,利克莱德的电子文件从某种意义上很像"智能"或者自我读取的影印件(photocopy)。如同影印件一样,他那些被数字化的文件提供并且界定了它所代表的既有纸质文件的证据。又如同在利克莱德的图式之中并没有什么根本上的(de novo)数字化文件,同样也没有根本上的施乐复印件,也就是没有完全不对应既有文件而造出来的影印件。施乐公司的口号当然与其从影印件走向构建现代办公环境协同效应的长期野心紧密相关。早在1966年,公司就需要工程师及其他专家来帮助开发"文件管理及计算机关联系统",那个时期的求助广告开始包含"文件管理"这种具体的研发对象。[28]微缩胶卷穿孔卡片系统(microfilm aperture card system)是关于文件管理最有创造力的系统之一(不是施乐的产品),一个可以通过计算机穿孔卡片进行控制、通过memex机器模样的工作台进行读取的原始图片数据库。[29]

在这一具有启示性的语义学层面上,文件(document)这个词的当前意义,是作为数字媒介的独特结果,就如同1878年记录(record)这个词的延伸意义是爱迪生发明的独特结果。留声机录音(records)为这个已经在重新定义过程中的词语增加了一个特定的意思,它们从一个已经备受压力的概念领域中产生,并成为其中的组成部分。1878年前后,"记录"这个词被应用于锡箔纸片和不同人群(政治家的记录、球员的记录等),暗示着对于记录(record)和记录行为(recording)来说重要的东西,然而重要性的这两种形式都在后重建时期(post-Reconstruction era)的多元文化政治之中显示出尖锐的问题。携带这些意思的术语,被抽象公众的奇特感知(portentous sense)或者布什后来在对memex的设想中所呼求的"共同记录(record)"反思性地界定,尽管1878年的公众相比1945年或者今天的公众,在范围上更加难以确定。同样地,数字

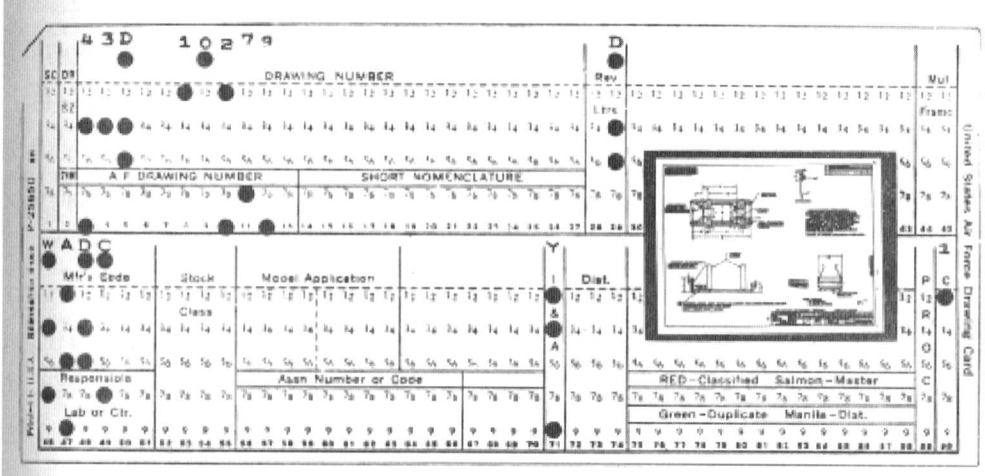

Figure 1. Remington Rand Format

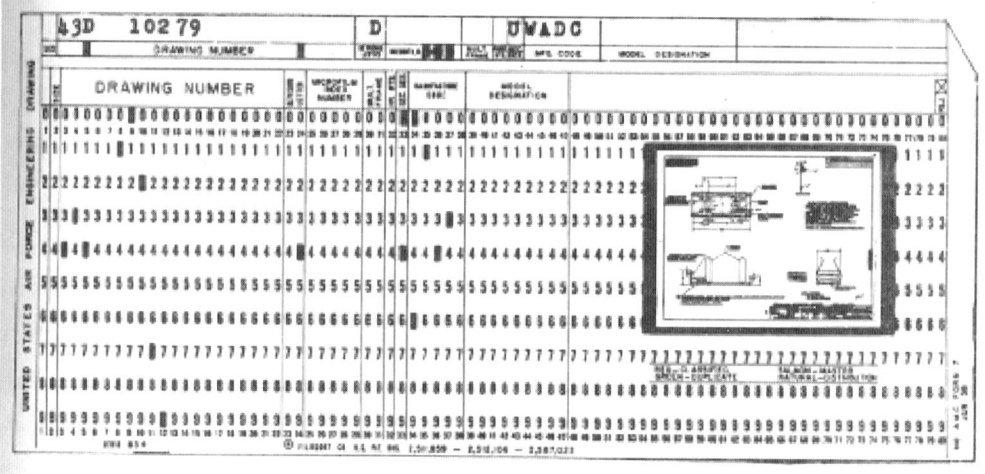

Figure 1A. IBM Format

媒介为"文件"这个术语增加了特定的——尽管颇为松散——意义,作为一个持续发生的再定义过程的组成部分,这个再定义过程则被对抽象公众和共同记录、记载(document)和文件(documents)而言重要的东西的感知所复杂化。

这里所说的"重要"指的是出现在重叠而变动的媒介公众之中并为之所灵活界定的文化价值关系。这些价值从关于"文件"这一术语的其他用法中可窥见一斑,例如在"纪录性"(documentary)书籍与影像的各种出版物中。纪录性书籍历史学家和文本研究者的工作,是定位、鉴别、选取、注释、抄录和出版文献,以供未来学者、学生使用,例如《爱迪生文集》(*The Papers of Thomas A. Edison*),《玛格丽特·桑格文集》

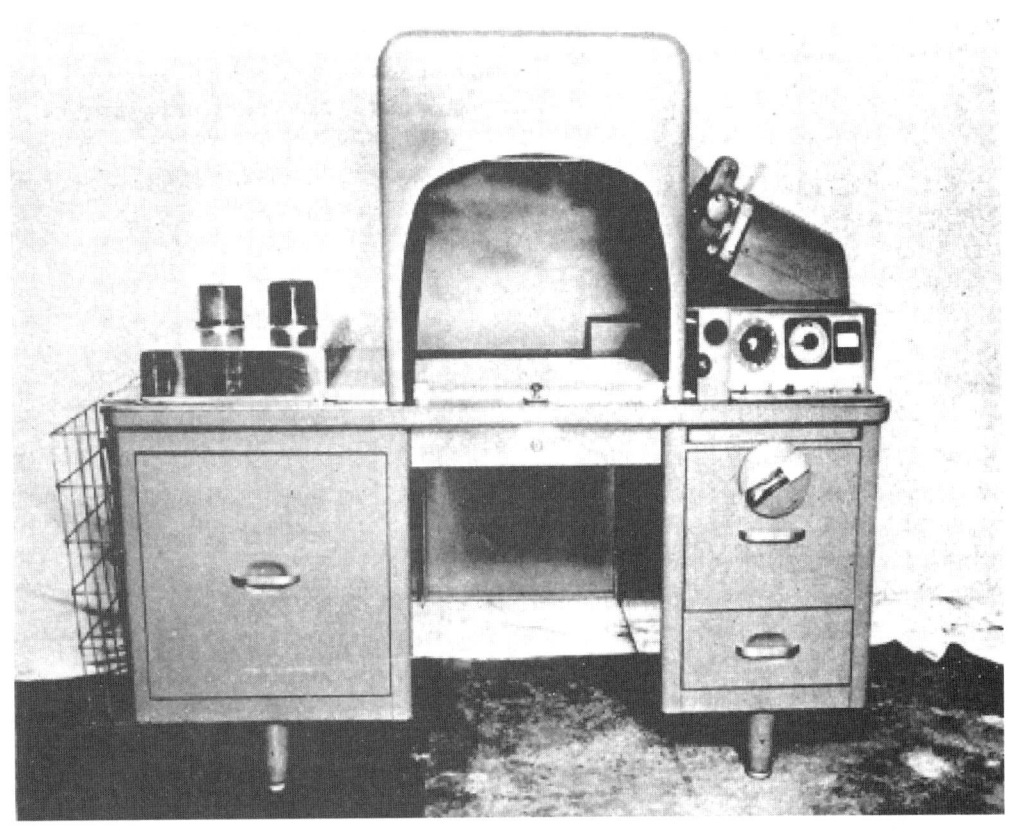

图 3.2a 和 3.2b 微缩胶卷穿孔卡片及其读取器,1960 年。(来源:查尔斯·巴贝奇研究所,明尼苏达大学)

(*The Margaret Sanger Papers*)或者《马克·吐温文集》(*The Mark Twain Papers*)。它们都是纪录性的,因为它们预设了某种功效,这种功效来自作为职业实践的史料和文本编辑,或者人文主义者通过阅读、评估和引用主要来源资料以支撑关于过去的叙事的工作。列夫·马诺维奇(2001,218-232)可能会说,纪录性书籍增补了档案的"数据库逻辑",依照历史学和文学批评领域的规范,以及通过对爱迪生、桑格、马克·吐温这类人的各种关注而支持那些规范的广阔文化流通体系(cultural economy),可以提升文件的解释力(马诺维奇的"叙事逻辑")。相比之下,纪录性影像的纪录性,来自他们假设影像媒介对再现现实或者呈现非虚构事物的功效。两种对"纪录性"的使用,就如同许多将记录(document)作为动词和名词的使用,以不同的方式标示出了文本与事实之间的关联,其中,文本的事实性,内在于富有意义的形态的各种自明性(self-evidence)之中,这些形态,同样潜在地是原真的、最初的、独一无二的、完整的、未受污染的、持久的、永恒的、可引用的,或者别样"真实的"。

这里所说的记录(record)和文件(document)的相关谱系学共同指向一个现代文本事实性的历史。现在这些多样化的文本自明性来自哪里?文本形态本身的意义如何演化?依据什么样的文化及特定媒介的条件?最为宽泛的术语之中,文献学的历史体现为什么样子?这样一个项目紧密关联玛丽·波维(Mary Poovey,1998)从文艺复兴簿记制度对数字的确信性(certitude)的构建之中首先辨别出来的"现代事实的历史",以及阿芒·马特拉(Armand Mattelart,1996)从17世纪地形学家作品之中首先辨别出来的"传播的发明"[30]。它必须包含——哪怕更具有自反性——后现代或者"反学科"意义上的文本谱系学,约翰·莫维特(John Mowitt,1994)①将其追溯到20世纪60年代晚期的后结构主义运动。并且,它必须充分囊括现在所说的"物质文化研究",即文化事物和事物性(thingness)的谱系学。

现代文本的历史,可以从版本乃至现代文献学的概念形成切入,不管是从文艺复兴时期作家(scribes)(作为一种抄写员的劳动分工)的手稿(pecia)系统,还是从古登堡及其同时代人的印刷商店。或者,可以从出版作为一个固定的、授权性的(authorizing)和创作性的(authored)的媒介概念的形成作为历史切入点,也就是从英国出版同业公会(the British Stationers' Company)和英国皇家协会(the Royal Society)切入。[31]还有许多其他选择。不管从什么地方、什么时期开始,印刷版的书籍,例如后来建构的"文学",仅仅是其中一个主题。这样一种历史,必须包括脚注和图片的历史、memex机器的想象、征兵证的焚烧和数字化的诞生。[32]多样化的铭刻方法与主题都提供了话题(themes),使得铭文公开化、应用铭文的各种政治和文化流通体系也是如此。现代文本的整体历史并非本文的目标,然而,它确实提醒我们,声音录制历史和电子文件历史是一体的,而不仅仅是两个不同的东西。

1968—1972年:联网

早期数字网络架构师需要在许多不同层面上处理文献学的问题。最初级、最显然的层面是行政系统的直观状况。阿帕网络从设立于四所与高等研究计划局有合约的大学的四个节点开始。四个节点的代表在1968年左右会面,开始计划构建网络,这些早期会议的纪要被复制,并且在高等研究计划局传阅。主要研究人员携带、后来干脆直接派遣他们的研究生参与这个网络工作群组(Network Working Group,NWG)的会议,BBN公司的代表作为1969年被选出来负责为每个节点提供交互计算机的合约商,在2月份参与了进来。显然,直到1969年3月,由此产生的临时群组的成员们才

---

① 约翰·莫维特,英国利兹大学美术学院、艺术史与文化研究学院教授,研究领域涉及比较文学与文化研究。——译者注

意识到应该开始把东西写下来。这并不是说文书工作还没有在急剧累积,特别是在华盛顿特区,而只是说,作为主要由研究生组成的新兴线上社群,这个群组本身不太在意也不太费力去探究生成一个自身的集体性存储器,使得它的成员——或者国防部,或者其他任何人——可以从文献管理上(bibliopgraphic)进行控制。

在选择 BBN 公司开始构建 IMP 的同时,高等研究计划局通过合约将斯坦福研究院(Stanford Research Institute,SRI)的节点转为"网络信息中心"(Network Information Center,NIC),作为所构建网络的文件编制场所。网络工作群组成员和早期网络信息中心对构建中的阿帕网络进行相应记录的努力,共同展示了对适合新媒介的体裁和对文本或文献学形体的兴趣,这是一种可以塑造新兴"递归性公众"(recursive public)之基础的兴趣,按照克里斯朵夫·科尔蒂(Christopher Kelty,2005,186)的说法,"一种社会想象的特定形式,通过它,(一个)群体可以想象(它)本身联结的方法。"

1969 年 4 月,网络工作群组发布了一个新媒介的新体裁(genre):意见征求(the request for comment,RFC)。这个名字挪用了国防部惯常使用的提案征求(the request for proposal,RFP),后者是合约投标过程的组成部分。总的来说,RFC 是使得网络工作群组讨论网络要求、建立原始协议的"一套注释"。要建立协议,本身需要一套协议,因此,一位名为史蒂夫·克罗克(Steve Crocker)的研究生在 RFC 3(1969 年 9 月 4 日)中尝试定义了 RFC 的体裁:"基础性的根本规则,就是任何人可以说任何话,所有内容都不是正式的。"在那份备忘录里,他特别鼓励"没有案例或其他详情的哲学观点,没有背景介绍性阐述的特定意见或实施技术,以及明确的问题"。正如同克罗克所解释的,"这些标准(或者说标准的缺乏)之所以要被清晰声明,原因有二。第一,人们倾向于将书面陈述视为依据事实本身(ipso facto)的权威,但是我们希望能够增加意见的交换,增加意见讨论的数量,而不是权威性。第二,要发布未经打磨过的东西,自然是会犹豫的,我们希望能够消除这种拘谨。"RFC 是寻求缩略书写的文字,是寻求减少发布的出版物,是寻求不再具有永久性的记录。克罗克显然相信,RFC 是"临时性的,只要网络运作起来,整个系列将在一年之内消失"。他认为,线上社区(他所说的"我们")最终会通过 RFC 建立起网络协议,但是如果脱离了它们的实施,它就不会形成自身的集体存储器。[33] 为了清楚起见,克罗克提议,"每一个网络工作群组的注释必须在标题里包含以下信息":

"网络工作群组"
"意见征求":x
x 是一系列数字
这一系列数字由斯坦福研究院的比尔·杜瓦尔(Bill Duvall)所指定
作者及所属机构

日期

题目。题目并不要求是唯一的

如果说克罗克在设想一种新的文件形式,那么他仍然被既有的技术所约束。初期的 RFC 是通过纸张传递的备忘录。起初,六份拷贝分别通过邮政传递到华盛顿、四个节点和 BBN 公司,在这些地方,更多的拷贝件继续传递。在几个月内,RFC 10(1969年7月29日)更新了分配名单,从六处变成九处,并且给出了邮递地址。后来,RFC 将邮递名单不断扩大,并且制定了编列和发布它们的程序。RFC 传播这些参数以及有争议性的可流通性协议,这种流通性包括它们本身作为文本的可流通性和未来数据包的可流通性,数据包也即通过诸如阿帕网络及其后代所谓封包交换网络(packet-switched network)进行数据传输的单位。正如科尔蒂所说的,标准和协议"自行启动(bootstrapped),最初通过一个书写 RFC 的程序,然后是一个与 RFC 之中的程序松散关联着的执行操作的创建程序,接着是观察执行操作的过程(它们在什么地方与 RFC 区分开来,有多少人在使用这个执行操作,以及其他不那么明显的标准),然后重新书写 RFC,使得程序再次启动"(2005,198)。当早期的 RFC 在线上被编写和储存,例如 RFC 2,它们仍然需要被打印成纸张加以分发,因为这时数字网络还没有存在。[34] 哪怕第一批节点被连接之后,网络信息中心为在线的网络化文件(documentation)书写第一个重要插件,它也如此表达了纸张的重要性:"这些线上的(on-line)文件将特别有用。建议每一个站点设置一台相同的适合复印文件的硬件拷贝设备(例如行式打印机)。"[35] 线上文件要生效,就要保证每个站点都能够下载制作纸质材料。就如同征兵证一样,文件是供保存使用的,在1970年,保存仍然意味着"硬件"纸质拷贝件——网络信息中心印的"复印件"——被存放在当地的文件之中。

RFC 以网络文件的形式运作,并且因此以网络信息的形式对它们本身进行述行性自我迭代(performative self-iteration)。(这一系列沿袭至今。)有一些 RFC 作为协议、作为建造和使用网络的规则而出现——它们建立远程登录程序(Telnet)、文件传输协议(FTP)等;其他的可能仅仅是一些对标准和协议进行限制、创建和积累的记录。在1971年2月,RFC 100 作为整个系列的"导览"被发布。它的作者,佩吉·卡普(Peggy Karp),通过主题对 RFC 进行分类,"不管这些注释是现行的、废弃的还是替代性的","基于历史的原因",给予每一个 RFC"一个关联特定范畴的简要描述"。随之而来的是为控制所累计信息的进一步努力。[36] 最终,RFC 以美国信息交换标准码(ASCII)的形式作为一种开源文件被发布和存储,随后通过发送电子信息的方式让网络订阅者们知道它们可供下载。十多年以后,RFC 825(1982年11月)清晰制定了 RFC 的"规则"格式,这些"规则"是由于网络上"各种打印和展示设备的限制"而出现的。如果 RFC 的权限向所有人开放,那么他们都必须使用美国信息交换标准码;它们必须包含 58 行，每行 72 字符，并且"不允许加粗（或者下划线）"。

尽管其格式特征的严苛程度不亚于十四行诗或者维拉内拉诗（villanelle），RFC 还是被赞颂为一种内在民主的形式。如同 1972 年的电子邮件和 1979 年的世界性新闻组网络（Usenet）①，RFC 作为互联网广为人知的历史的一个组成部分，它强调网络的草根特征，即它本身关于传播协议的、立基于社群的自我定义，其中包含了多层级的技术特性，同时延伸到线上话语的常规和大众访问权限。[37] 在某种意义上，用"民主的"来描述一个孤立的、"封闭世界的"、国防部赞助的研发项目的任何组成部分，显然存在着某种偏向性，但是换个角度看，在这个案例中又显出某种老套的东西，因为所有的体裁，作为体裁，都是脱胎于社会的。[38] 不过，仍然值得关注的是，阿帕网络的标准和协议形成环环相扣的层级。将 RFC 界定为一个特定种类 ASCII 文件的层级，某种程度上是一种网络物质性和技术性条件的结果——被连接的打印展示输出设备的宽度范围。这就如同十四行诗的行数和行句长度被文艺复兴时期造纸术的各种实践所塑造一样。

如果用于打印和展示的输出设备的异质性对于线上的网络文件具有某种影响，那么，对于输入设备的异质性来说也是这样。1970 年 11 月，阿帕网络的节点超过十个，网络工作群组在休斯敦的联合计算机会议（Joint Computer Conference）上碰头，商讨它的使用和未来发展。参与者们担心阿帕网络还没有"显著的操作实用性"，因此一致认为文件的访问权限将极大地鼓励潜在的用户。根据 RFC 77（1970 年 11 月 20 日），他们决定暂且聚焦于键盘输入设备和打印材料，而非同时发展键盘和诸如光笔、鼠标和屏幕显示输出的图形设备。不过，他们同样也担心键盘的影响力：

> 道格·恩格尔巴特：或许我们应该推迟几个月研究图形设备，以便不耽误打字机。打字机才是重要的。
>
> 埃德温·梅耶：但是这足够给国防部的人留下深刻印象吗？

尽管将讨论限制在键盘之上也意味着有一些棘手的问题有待解决。斯坦福研究院的恩格尔巴特报告，互联网信息中心正在建立一个"对话系统"，其中包含线上文件服务，并且可能在每个节点"设置一个交流专员和技术联络官"。想要使得他的文件服务运作起来，他需要知道的一件事情是，每个站点拥有什么种类的"控制台交互方式"[39]。

依托键盘的控制台交互方式有四个基础的类型。它可能是全双工的，也可能是半

---

① Usenet 是一种分布式网络交流系统，是新闻组及其消息的网络集合，该名称来自词语"用户网络"（user network）。Usenet 于 1979 年被提出，并于 1980 年由北卡罗来纳大学教堂山分校和杜克大学公开发布。
——译者注

双工的；可能是面向字符的、也可能是面向行的。全双工系统可以同时传递和接受（例如电话）；半双工系统只能一次允许一个方向的传递（如同无线对讲机）。面向字符的系统在字符被输入的时候做出反应；面向行的系统在输入完整行并且发出终止指令之后做出反应，如同回车键。针对问题的系统反应，被称为回显（echoing），或者如同乔恩·波斯特尔（Jon Postel）从恩格尔巴特的讨论中所理解的，"在这种处境中，控制台、外围处理机（peripheral processor），或者一些极低层级的软件，对键入的字符（或者行）进行回应。"网络中的不同节点，以不同方式处理输出；有一些从本地层面进行回显，另一些则直接针对远程输入本身进行回显。这种区别，与其说关乎与节点交流的内容，不如说更关乎它对如何交流的界定。在什么样的层级上，字符或者行才真的进入运作系统之中？准确来说，电子文本在哪里、以什么方式变成文献学的或者形体化的？关于系统差异的启示，占据了休斯敦会议第二天交流的大部分时间，会上"发现"，许多参与者对于"他们自己的系统如何适配"这种事的图式一无所知。网络工作群组成员"对于与一个不同于自身的系统进行互动意味着什么非常含糊"，有些人"发现文件匮乏而感受到危机"[40]。不同的节点在文件本身不可或缺的技术参数规范文件方面有所滞后。

就如同输出设备的多样性对于阿帕网络的文本标准和实践产生深远影响，波斯特尔及其同行对关于输入设备多样性的发觉，有助于解释标准和协议仍然维持不确定性的地方。文本作为文本，作为键入的字符和行的默会经验，需要被修改，扩展它们直至能够区分出某人以"自身"方法键入它们，与其他人通过不同方式键入相同内容，是两件不同的事情。有一些区别是明显的，例如所使用键盘的种类和型号（ASR-33 电传打字机是当时最普遍的款式）。[41] 许多不那么明显的区别层面则需要记录，这些层面相应地侵蚀了一些作为文本的线上文本先前具有的、朴素的自明性品质。当利克莱德对界面（interface）这个词的影响恼怒不已时，他已经在更为宽泛的意义上认识到了相同的问题："'界面'，是一个单纯的表面的含义，一个将人和机器分开的平面，它将关注点聚焦在了键盘的键帽之上……而不是在人类操作者训练技能的储备上，也不在计算机的输入—输出程序上。最主要的研发领域看起来是在字面意义上的界面的两边。"利克莱德喜欢"中介物"（intermedium）这个术语，来指涉发生在硬件、软件以及用户的"器官和技能"的层面上的人机交互的整体深度和密度。"一旦我们假设这一领域的定义，"利克莱德（1990，92）意识到，"就不可能在（它的）非语言部分和语言部分之间进行严格的区分。"鉴于恩格尔巴特关于控制台交互的问题，网络工作群组将文本与技术之间边界的明晰性放入了问题之中。

两年之后，界面的模糊变成正常化，成为阿帕网络的网络化实践的组成部分，在这个时期，阿帕网络已经发展到差不多 30 个节点了。[42] 由于仍然担心网络的潜能还没有被充分使用，高等研究计划局在 1972 年 10 月于华盛顿举行的国际计算机通讯会议

(the International Conference on Computer Communication)上策划了一次公共展示。网络工作群组的成员们进行了策划安排。有演示环节、影片放映,来介绍网络以及一整个屋子的终端——一个接口信息处理机式的计算机(被叫做 TIP)连接着超过 40 台输入/输出设备——其中,会议听众可以亲自尝试阿帕网络。[43]为了让外行人可以使用,网络工作群组为每个控制台提供了"参数表",因此,用户可以依据一本名为《阿帕网络使用场景》的小册子来恰当使用他们的终端。[44]19 个场景中,每一个都从用户需要输入、以配置终端使之"适应运作主机(HOST)"的一系列命令开始——也就是说,在每个场景之中与远程大型计算机有效沟通。这些用法说明解释了主机是"倾向于自身进行回显,一次一个字符",还是通过华盛顿的终端"假设当地回显","一次交互一行"。用户们同样需要知道,主机是否能够"区分大小写字母",主机可以使用什么样的特殊字符作为系统提示和命令键。随着终端设置的变量变得常规化,如今的网络实践牵涉到更多的中介物,更少的界面。

这些场景通过一种类似于早期 RFC 所塑造的语气被提供。在其开场白中,鲍勃·梅特卡夫(Bob Metcalfe)承认,已经尽一切努力"使它们变得精确",但是他"确信它们仍然包含着错误"。他假设,会议听众将会参与展示活动,并且建议他们"大胆地亲自尝试阿帕网络",在需要时寻求帮助,"而不是自己单打独斗"。这样做的目标,是希望在计算机通讯发展初期,就将"计算机通讯的各种可能性"介绍给参与者们。他们被提示"浏览"网络,搜集它的多样性。这些场景"按照(大概的)种类"被罗列,所牵涉的范围从游戏和"对话程序"到数据库查询,以及通过不同计算机语言及应用进行远程编程和加工。

"浏览"——一个至今流行的措辞——网络的非正式性,与许多 1972 年流行的关于阿帕网络建设目标的传言背道而驰。[45]早期的新手用户可能通过玩生命游戏(LIFE)①或者国际象棋(CHESS)来娱乐,但是主要目标在于连接和分享那些已经在网络上各个站点进行的资本和劳动力投资。在华盛顿的会议酒店里,用户们可以登录哈佛大学、麻省理工学院、BBN 公司、加州大学洛杉矶分校和圣巴巴拉分校、犹他大学、斯坦福研究院和斯坦福人工智能实验室(the Stanford Artificial Intelligence Laboratory,SAIL)的主体计算机。这些机器价值成百上千美元,由工程师和其他专家所组成的团队经过数年研发而成。这些场景展示了这类资源——硬件、系统架构和编程——可以被远程实时共享。有一些线上应用程序以案例的形式证明了在计算机圈子内已经熟知的命题,例如哈佛大学约瑟夫·魏泽鲍姆(Joseph Weizenbaum)的 ELIZA,一个通过计算机模仿罗杰斯疗法心理治疗师的对话程序。其他的则是新的。温特·瑟夫(Vint Cerf)回忆道,"你可以进入(斯坦福研究院的)数据库中,获取文件、

---

① 生命游戏全称 Game of Life,由英国数学家约翰·何顿·康威在 1970 年发明,后来,许多早期计算机爱好者为此在计算机上编写生命游戏的程序。——译者注

RFC 和类似的东西。"[46]有一些发送"邮件"的初步路径,同样也有通过公式翻译器(FORTRAN)进行书写、组装、下载和运作程序的方式,有一些符号代数操作的案例,以及斯坦福人工智能实验室的电脑可以实时连接美联社有线服务,并且将其收到的报道加工为一个可被检索的档案库。按照描述,示例性检索关键词是"尼克松",这距离尼克松对战麦戈文的大选仅仅两周之遥。

通过事后回想,很容易就会注意到,阿帕网络社群显然误解了数字网络的目标。如同1878年爱迪生的锡箔留声机展示所引发的喧嚣,许多1972年的场景看起来似乎都不合时宜,但前提得是人们已经知道接下来会发生什么。在国际计算机通讯会议上被提倡的诸如此类的密集资源共享从未按照人们所期望的那样发生。只有在电子邮件的延伸改造中,网络才展现出它最终作为一种通讯媒介的定位,并且甚至在那之后,它仍然为长期挥之不去的联想所深深困扰。使用阿帕网络"就如同开着坦克去兜风",按照珍妮特·阿巴特(1999,2)的回忆,或者按照凯蒂·哈夫纳(Katie Hafner)和马修·莱昂(Matthew Lyon,1996,188)的说法,"有点像隐匿在航空母舰上的偷渡者"。电子邮件和浏览网络的非正式性变成了常态,但是显然还经过了几年,它们身上的军工色彩才被遗忘或者改造,互联网扩大了原始网络的范围和视野,越来越多的新用户持续上线,按照上文的说法,新的媒介公众开始涌现。[47]

《场景》小册子本身就是一个新奇的文件。它最终作为 RFC 254(1972 年 10 月 29 日)被发布,并且被认定为 NIC♯11863,尽管它从来没有被电子化,或者被再次出版。[48]这本小册子包含了双重意义上的场景,既是对用户与计算机之间想象性互动的描述,也是电影剧本过去所说的那种具体的场景。如同一个拍摄脚本,这些场景包含了互动的详尽说明,它们同样部分地字面上和印刷上代表这些互动。在今天计算机文本—编码的语言中,这意味着,场景本身是有意识地"被标记出来的"(mark up)。它们充满了各种区别不同内容种类的排版提示:任何用户想要键入的字符——包括标点符号,但是不包括空格和命令键——"都被赋予下划线,以从斜体的计算机打印输出(type-out)普通指令"和评论中被区分出来。用户想要输入的空格和回车,呈现为封闭盒子内的[SP]和[CR],使得它们每个看起来如同单个打字机按键顶端。不是用户希望输入的空格同样呈现在页面之中,但是只是为增加"可读性",这如同承认线上和线下对文本呈现的兴趣必然不同。页面场景(狭义上)描述了被执行的场景(广义上),后者在被执行的同时被记录在纸质打印材料上。打印材料本身可以包含有限范围的印刷提示,通常是字母、数字、空格和少量其他字符,例如符号"@"和"*"。如同《图书馆的未来》,《场景》小册子依托于印刷信息——下划线、斜体和特殊字符——它所代表的数字系统对此则无法实现。

《场景》小册子清晰提及文件,但是它事实上没有包含、引用和复制任何文件。第五个场景部分包含了一个"网络信息中心文件定位器和浏览系统的场景",允许用户检索"在线选定的文件",其中包括 RFC。这是一种通常提供给拥有斯坦福研究院"在线系统"(NLS)使用知识和经验的用户的应用,但是同样提供给出席一个关于 NLS 及其效能的正式演示环节的与会人士。定位器和浏览场景罗列了登录 NLS、获取定位器应用程序、罗列文件、在选定文件中检索其目录,并且"装载和打印一个'包含'了所需文件部分的特定文件"的步骤。用户通过按键进入每一个步骤,但是——在场景之中——没有任何惩戒性系统响应。到了文件应当出现在所制定场景之中的时候,它们一个字符一个字符地出现在纸面或者屏幕上,并且嵌套在同样被终端打印出来的提示、菜单、指令和文件名之中。如果说《场景》小册子就像一个拍摄脚本的话,这个场景就是一场独角戏的线索。然而,打印材料或者形成的展示将会是对话体的和混杂的——一个清单、一个目录、部分文件内容和它的文件名(例如,"<nic>LOC7440.nls;8"),通过提示符进行隔断(在这个案例里是" * ")以及类似"pb.2[CR]xbm[CR]"的指令。下文是对讨论场景的部分再现。左边一栏来自被印刷出来的场景(如同拍摄脚本),右边一栏代表着连续出现在纸张或者屏幕上的用户、主机和终端被制定的互动(如同由此产生的电影)。通过华盛顿的 TIP,线上文件能够呈现在一台加州的计算机上,但是阅读它所呈现的内容,需要从其复制的排版语境中解析其所排版复制的内容。[49]

@nls[CR]

* load file<nic>locator[CR]

* print branch.2[CR]

* print branch.STATEMENTNUMBER[CR]

xeb[CR]

* print branch. STATEMENTNUMBER[SR]↑

[CR]

@nls

* lf<nic>locator

* pb.2

xbm

* pb.STATEMENTNUMBER

xeb

* pb.STATEMENTNUMBER↑

[The document requested would print out here]

<nic>LOC7440.nls;8

*

1972 年的电子文件,如同利克莱德在 1965 年所预言的,通过指令、提示、标题、菜单和信息被呈现和凸显出来。它们由被键入的行与字符所组成,可以作为数据包传输,并且被包含在文件里面。更为重要的是,它们作为文件最显著的特点,既不是一个本体论上的本质属性,也不是一个文献学意义上的物质区分,而是它们的社会或者文化地位。用利克莱德的话来说,它们是"基本利益的单位",无论它们是 RFC,还是被转为电子形式的印刷出版物。也就是说,由于它们流通(或者潜在流通)的有限社交网络赋予它们的相对重要性——意义——使得它们可以被识别为文件。它们的重要性既"关乎"它们与其他线上文本的区分——指令、提示、标题、菜单和信息——也关乎它们与其他电子文件的比较、它们在文件系列中的定位,以及它们与必要的电子目录标签或者描述符号的关联。然而,它们所关联的重要性,同样来自系统之外,体现为它们赖以流通的特定社会网络反映和修改主导 20 世纪 60 年代晚期美国文化经济的价值观的方式。[50]文件在指令和提示符的堆砌排版之中被用户发现,因为它们作为文件的地位先验地取决于它们的使用或者使用性(usefulness),其"使用性"和"重要性"一样,必然涉及冷战时期研发领域和计算机科学新兴领域的规范利益,以及因此带来的各种具有对冲性质的赛博焦虑和校园骚乱。

关于电子文本根本上是什么的问题已经引起大量关注,并且,随着用户将这一新媒介界定为一种文本传播的方法和文本构建及展示的工具,它将以大量未被认识到的方式不断出现。作为一种电子文本的特定种类,文件仍然比较稀少,并且"功能单纯"(plain vanilla),而此时,ASCII 文档在互联网行话之中已经广为人知。除去 RFC 和其他的网络文件,在 1971 年,一个少年老成的本科生使用大写字母,将独立宣言输入伊利诺伊大学的计算机之中,从而使得阿帕网络上的每个人都能阅读到它。这是迈克尔·哈特的"古登堡计划"(Project Gutenberg)的开端(至今仍然在出版)。因此,在 1972 年的场景出现之前,哈特的网络场景就预示了,它可以按照网络用户们的需要传送许多文件。文件就是哈特认为应该被输入的数据。回头来看,很难说它的场景在什么程度上或者在什么关联上是颠覆性的——例如,是反对规则,还是仅仅反对对于主机的规范使用,或者是对国防部充满矛盾的冷战逻辑在香槟分校的影响进行切割、自行宣告独立。[51]同样很难说的是,它的托马斯·杰斐逊场景是否或者在什么程度上本能地来自同样的刺激——一种新媒介和文化权威性的相似联合——这种刺激驱使爱迪生提出"我们的华盛顿"和"我们的林肯"作为多年前第一台留声机的主题。

图形的铁丝网

在这一章中,我已经提及 20 世纪 60 年代晚期到 70 年代初期发生在美国的一连串不同事件,可以合起来看作文献学事实(bibliographic fact)的经验。这些事件可能因为偶然被堆砌在了一起,但是由于文献学在每一个事件里都很重要,因此这些经验共享着共同的元素与含义。的确,文献学是一个宏大的术语,看起来如同一条细线,能够串联起一场波士顿的抓捕行动、一场伯克利的学生抗议、一个纽约的电视台、一份图书馆的报告和一系列关于封包交换网络源起的备忘录。"文献学"这个词更为普遍地被用于指涉一个对于学术和古文物的看似老套的追求,一种专家们在描述书本和罗列印记(imprint)的时候做的事情。但是,我想要在结论中说明的一点是,传统观念的文献学——就其古老的含义来说——确实在那些年美国文化的自我想象之中,更为宽泛地说，在中介化的语境之中起到了作用。书本作为物质形体的特征，形成了一个公共辩论甚至是争议的主题，依托于此，他们建立起一个文化场所，其中，数字文件和网络将孕育并且部分地包含不断变化的新媒介公众。

争议的开始，是芒福德（1968）在《纽约书评》（*The New York Review of Books*）上对六卷本的《拉尔夫·沃尔多·爱默生的日记及杂项笔记》（*The Journals and Miscellaneous Notebooks of Ralph Waldo Emerson*）的评论。在评论中，芒福德严厉斥责编辑对读者进而对爱默生的无视，同时，他也勉强认可了他们在描述性文献学工作上的技能。这篇评论的题目叫做《铁丝网后面的爱默生》，其中的铁丝是一个"二十个不同的变音符号"的组合，编辑们使用这些符号来帮助印刷物的呈现，使得爱默生"现存所有文件中的"语言学和文献学信息更加精确。爱默生的手写稿被转录，其中有许多的记号标志着手稿中的擦除、作废和插入，以及页面的残损和版本的差异。其结果形成一个以"无情的排版损毁"为特征的详尽版本。芒福德引用了一个爱默生的例句："The best vision of the Christian＜are＞↑correspond↓ cold↑ly↓ & imperfect↑ly↓ to the promise of infinite reward＜s＞ which the scripture | contains | reveals |."（基督徒最美好的幻想，以冷冰冰的并不完美的方式，呼应着与圣经所揭示的无尽回报的应许。）按照芒福德的说法，这样一种学术化的编辑实践，使得读者失去接触这位伟大美国作家的机会：

> 噢！然而爱默生在这里！人们通过用修辞符缠绕形成的铁丝网，远远地看到他的身影；控制台的探照灯，本意是防止爱默生逃跑，甚至防止在守卫没有注意到的情况下做任何动作，但不断地扫射读者的眼睛，使他变瞎；爱默生微弱的呼救声，被头顶上呼啸而过的直升机螺旋桨的声音盖过……是的，爱默生就在这里。但是，在一两个小时尝试在学术围墙之内找到一个没有守卫的地方、以接近他进行一段不被打断的谈话未遂之后，人们绝望地放弃，并且离开了，如同人们徒劳地去集中营探访一样。

芒福德的散文或许有点浮夸，但是他的观点是清晰的。没有办法接触到文献学铁丝网之后的爱默生，面对所谓的"文学价值"和"人文目标"，却是一个"由学者编撰、仅服务学术"的版本大行其道。

芒福德的批评中有一个有意思的事情，就是他对于精确文献学描述的欣赏。他或许讨厌结果，但是他确实认为——基于所有的"排版损毁"——这一版本"如同原始"手稿的"照片拷贝件"。既说它是损毁，又说它是照片拷贝件，这如何可能？这种显然的矛盾出现在芒福德关于作品与文本没有说明的区分之中，他所假设的物质文本——不管是出版的抄本还是原始的手稿页——都仅仅是爱默生那个无形的心理作品的一个贫乏再现。再现仅仅是一种技术上的必要性，作家的作品，他的想法，才是读者要抓住的东西。按照芒福德的看法，读者引用隐喻性的口语术语——"一段不被打断的谈话"——不亚于九年前摩西·科特·泰勒（Moses Coit Tyler）的《美国文学史》，后者建立在印刷演讲和文学呷呀的隐喻基础之上。与天才的交谈仍然是重点，并且没有任何"技术浪费"（extravagance）或者最终的排版方案，能够对书籍的生产有所帮助。

在《纽约书评》的来信专栏里，芒福德的评论激起热烈讨论。这之后，爱德蒙·威尔逊（Edmund Wilson）在同时期的一篇长达两页、题为《现代语言协会的成果》的文章中加入了讨论。威尔逊比芒福德走得更远。他对现代语言协会的美国作家出版中心（Center for Editions of American Authors，CEAA）的编辑实践展开攻击，后者依循激怒芒福德的六卷本爱默生文集的线索，持续致力于重要纪录性书籍的出版。威尔逊谴责美国作家出版中心的工作"琐碎无意义"（boondoggle），浪费新建立的美国国家人文基金会给的纳税人的钱。[52]［威尔逊本人长期支持以法国普雷艾德图书馆（Pléiade）出版物为基础的学术性较低的出版工作。］[53] 更为难听的话相继出现，带来了广泛的回应和辱骂性质的反驳，因此，随后的矛盾被《纽约时报》（1971）调侃为"大规模的文学群架"，并最终在《美国文献学会报告》（*Papers of the Bibliographic Society of America*）（1974）中被作为一个令人遗憾的"残杀"案例。[54]

许多吵闹的细节与这里没有关联，但是矛盾所带来的一些更大的问题，确实和上文所属的阿帕网络的微观史形成有力的呼应。其中一点是学术与美国公共生活的关系。大学研究者的劳动如何与他们所处的更广大的社会语境相互影响？另一个相关的议题，是联邦政府对于学术研究的支持。其中有什么样的意识形态成分？它们是必须的吗？以及从短期和长期看，学术产出如何被衡量？然而，更特别的是，《现代语言协会的成果》引来的争议，正如它被声称的，带来了文献学事实性的问题。事实上，不管是1968年爱默生六卷本典籍中的日记，还是1972年线上阅读RFC，人们所看见的都是一个新兴的物质文本，一个新兴的文献学形体，声称它对文件的复制是再现性的。箭头、括号和书籍的铁丝网，以及提示符、指令和打印出来的（或者屏幕上的）RFC的铁丝网，都是特殊化的符码或者行话（jargon），尽管"行话"有点用词不当，因为这些铁丝网几乎从来没有显现出来。[55] 按照定义，它们以图形的方式存在于页面之上（或者屏幕上），用来再现——以及标记——爱默生手稿或者RFC的文献学性质。

编辑的铁丝网代表着撕裂、擦除和修订，各种渗透于爱默生原始手稿的物质痕迹，并因此提供或者妨碍对爱默生思想的接触。与此同时，网络用户的铁丝网代表着文件名、应用获取点和主机与终端的互动，各种真正地（"操作性地"）使数字文献如期展现在打印材料或者屏幕上的文本标记。这并不是想要在阿帕网络的发明和国家人文基金会或者现代语言学会的赞助之间画上明确的等号，只是想要指出一些它们各自开花结果所依赖的共同土壤，并且同时强调，文献学的传统问题与书写阿帕网络及其后继者互联网历史的任务,有着尤为密切的关系。[56]

今天,通过 RFC 编辑器(www.rfc-editor.org),互联网文件可以在网上获取,这是一个被互联网学会(www.isoc.org)资助的出版物。然而,"在(它们的)历史的某些节点上",最早的六百个 RFC"丢失"了。许多之前以电子化形式存在的,不管是第一代还是第二代的电子物件,随着硬件和软件的变化,也不再可以转接。在波斯特尔 1998 年去世之前,他成立了"线上 RFC 项目",通过输入或者扫描最初的硬件拷贝重新发布遗失的 RFC。最初,线上 RFC 项目的成员和志愿者只是试图让他们重新出版的版本"尽可能地和原版相似",除去使用 ASCII 图表代替手绘的数字符号,用单倍行距代替双倍行距。然而,最早一批 RFC 的作者们很早就意识到,"相似"在网络上并不是一件简单的事情。不同的输出规格——不同的显示器——会产生影响,不同的网络协议、软件选择、软件版本,现在还包括网络浏览器和浏览器更新,都会产生影响。后来,线上 RFC 项目改变了他们的目标。项目不再追求一个古老的外观,取而代之的是依循现行的 RFC 格式规则,"只是尽可能严格地将内容保存下来。"扫描和键入的 RFC 都按照新的版本进行处理:通过 RFC 编辑器的编辑团队进行加工和编辑。特别是,文档进行"nroff"①处理,也就是通过在许多早期 RFC 出现之后才有的 UNIX 的"nroff"程序的改编版本进行处理。[57]有一些 RFC 包含着注明部分出处的括号注释——例如,RFC 4"(这个 RFC 转化为机器可读解的形式,以放入)(线上 RFC 档案库,该步骤由大卫·凯普肖在 1997 年 11 月完成)"——有一些 RFC 则没有,例如 RFC 3。

我们是否可以按照这一章的处理方式,把这些现在被数字化或者再数字化的早期 RFC,看作和原始的 RFC 相同的东西?当我通过我的网络浏览器,在今天显著不同且远为丰富的互联网上,找到一个被 nroff 处理过的后缀名是.txt 的 RFC 3 文档的时候,在什么意义上可以说,我今天所阅读到的 RFC 3 等同于 1969 年的 RFC 3?或与其完全一样?就这点,我现在是在一台联网的个人电脑上阅读的——一个被今天"所见即所得"(what you see is what you get,WYSIWYG)范式深刻影响的阅读过程和语境。[58]读者、软件和硬件处理电子文本的惯常方式已经与 1969 年大相径庭。铁丝网通常是看不见的,除非我选择以某种方式"读取来源"或者"揭示符码"。我的屏幕是一个位图;我的字体——不仅仅是文字——通常是以符码的形式被描述的。并且,没有任何旧的阿帕网络的物质残余仍然存在,以储存电子文档或者路径数据包(route packet);今天,老式的 IMP 的作品只在我个人电脑的某些地方运作。任何这些差异,以及类似的更多差异,将会需要通过解释才能展开一个关于我今天通过万维网所阅读到的 RFC 3 的完整文献学或者出处的叙事。通过把旧的和新的 RFC 3 当作一个东西、一个形体,我快速地推卸了这个责任。实际上,我的尾注引用已经从 1969 年收缩

---

① nroff 是 Unix 和类 Unix 操作系统上的文本格式程序。——译者注

到今天。后面一章将要探索这个内容,以及相似类型的时间上的崩溃、虫洞(wormholes)和错位(dislocations),考虑今天的万维网作为一种新的历史媒介、一种潜在的新历史性(historicity)工具如何发挥作用。

注释

[1]United States v. O'brien,391 U.S. 367(1968).国会在1965年以压倒性多数通过了一项针对兵役法的修正案,希望停止以焚烧征兵证作为抗议形式的做法——这是当年奥布莱恩向法院表达但最终未果的观点。焚烧国旗是这个言论自由问题在今天的版本。

[2]有些读者可能会将事物的纯文本一极看作文学批评,非文本一极看作博物馆学或者物质文化研究。文献学则建立在两者之间。书签的说法被彼得·斯塔利布拉斯(Peter Stallybrass)详细探讨过,我很感谢他在我好几次不同场合的公开演讲中分享了他的想法。

[3]文献学家可能会不喜欢我对"文献学"一词的广泛使用,但是我之所以如此大胆,是因为文献学构成了"目前已经发展起来的媒介研究中最为复杂的分支领域之一"(Kischenbaum 2002,16)。诚然,钞票扩展了我对媒介的定义,因为它可能给文献学提供了一个最为艰涩的案例。

[4]关于自动化银行业务的早期试验,参见 Fischer and McKenny(1993),金钱的物质性的日常体验很难被追溯,尽管它本身是一个重要的议题。我认为,举例而言,包括内战期间标准联邦货币的引入、19世纪晚期关于金银双本位制度的论辩,以及20世纪70年代开始信用卡和自动存取款机的逐渐普及。

[5]Douglas W. Jones, "Punch Cards: A Brief, Illustrated, Technical History," part of "The Punch Card Collection," updated July 25, 2003, <http://www.cs.uiowa.edu/~jones/cards/>(accessed August 2003).穿孔卡片在计算机之前就已经被使用,我已经在钢琴卷帘的案例中探讨过相关的议题;参见 Gitelman(2004)。

[6]根据 Mowitt(1994,10)的说法,当前符号学意义上的"文本"正是这一时期出现的概念。在传统文献学意义上,文本是作者作品的物理实体。在这里,我想要同时唤起二者,尽管它们存在某些矛盾。

[7]Steve Lubar, "'Do Not Fold, Spindle, or Mutilate': A Cultural History of the Punch Card," May 1991, <http://ccat.sas.upennn.edu/slubar/fsm.html>(accessed August 2003); also in *Journal of American Culture* (Winter 1992).

[8]Lubar cites the *Daily Californian*, September 15, 1965, 8, from William Rorabough's study of Berkley at War; see also Draper(1965, 113).

[9]Hayles(1999, chapter 4)在讨论鲁伯特·维纳(Norbert Wiener)的自由人文

主义的时候发明了这个词语。

[10]Matt Kirschenbaum,"Materiality and Matter and Stuff: What Electronic Texts Are Made Of," October 2001, modified May 2003,＜www.electronicbookreview.com＞,(accessed June 2003);同样的观点详尽地出现在 Kischenbaum(2000),也可参见 Drucker(2002a)。Hayles(1999)提供了"信息如何失去它的形体"的解释,而 Drucker、Jerome McGann(2001)以及其他人探索了信息仍然具有的形体。

[11]不同的学者对于物质性这个词的使用是不同的。参见 Drucker(1994,43-46)。

[12]基森鲍姆即将出版的 *Mechanisms*(MIT Press)将会阐述备受质疑的本体论问题,我很感激马特慷慨和我讨论相关的话题。

[13]Sperberg-McQueen(1991)实际上提出了一个有益的问题,"什么是文本的再现形式?"而不是"什么是文本"。McGann(2001,especially 91-97)在描述罗塞蒂档案编写、改写和再改写文档类型定义的时候,针对相同问题有所推进。"知识工作"来自 Liu(2004a)。

[14]这句话是 Gladwell(2002)的标题,但我也考虑到了 Brown and Duguid(2000,especially chapter 7)。

[15]关于"转移",参见 Kirschenbaum(2002,40-41)。

[16]口述历史、访谈和回忆录仍然是许多研究和档案的核心来源。手稿来源众多并且分散;有关相关记录的介绍,参见 Cortada(1990);关于信息处理技术办公室的记录,参见 Norberg and O'Neil(1996,viii-ix)。科塔达(Cortada)甚至没有开始考虑电子记录或者档案。关于《纽约时报》和计算机科学作为学术领域的发展,参见 Rosenzweig(1998);本书第四章。有关贸易资料的注释,参见 Campbell-Kelley(2003,25-26)。

[17]这更像是一个资助申请过程,其中,评审官员和申请人共同组成一个"老男孩网络"(old-boy network),并且以非正式的方式讨论后来被成功资助的提案。参见 Waldrop(2001)的通俗介绍;详情参见 Norberg and O'Neil(1996,54-62),另外参见 Abbate(1999,54)。甚至在正式征求有关接口信息处理器的提案之前,IPTO 和一些投标人之间也进行了非正式对话。ARPA 实际上并没有编写自己的合同,而是让其他政府部门来拿下这个项目,通常是国防部。

[18]弗纳·W.克拉普(Verner W. Clapp)给 Licklider(1990,v-ix)作序。对于此书的进一步参考将在正文中用页码标明。

[19]马文(Marvin)引用德里克·德索拉·普莱斯(Derek de Solla Price)的话,视其为这一观点最有名的支持者。

[20]芒福德赞成"重申人类的选择性和道德自律,从而使得生产力更加有节制"。和马文一样,芒福德也引用了德里克·德索拉·普莱斯的话。

［21］Available unpaignated at ＜www.theatlantic.com＞。关于语境，参见 Zachary(1997，262-269)。

［22］"人机共生"是利克莱德重要文章的标题，出版于：*IRE Transactions on Human Factors in Engineering* HFE-1(March 1960)：4-11；available at＜http://gatekeeper. dec. com/pub/DEC/SRC/research-report/abstract/src-rr-061. html ＞(accessed August 2003)。

［23］与我在这里的叙述相呼应的是 Xerox PARC 的发展，电子文本、网络和实时计算都在阿帕网络启动的同一年进行开发和审查。参见 Levy(2001，chapter 8)。

［24］除去其他原因，"网络本身应该成为研究和实验的主题"，Elmer Shapiro, minutes for November 16，1967 ARAPA Computer Network Working Group meeting at the University of California, Los Angeles, National Archives, Archives II, RG330(Department of Defense)，73-A-1647 Box1.

［25］关于这一原则，参见 De Rose et al.(1990)。

［26］利克莱德并没有将记录(document)作为一个动词，这也是 18 世纪的用法："通过纪录性(documentary)证据证明或支持某事，提供文件(documents)支持。"

［27］参见 Levy(2001，21-23)。

［28］*New York Times*，(March 27，1966)，171；*Washington Post*，(July 7，1966)，H10.

［29］参见 Korte，Myers，and Beery(1960)。

［30］波维研究簿记制度，因为她对于作为认识论功能的事实性感兴趣，"数字如何获得透明性和公正性的内涵，从而使得它们非常适合现代事实所推动的认识论工作"。马特拉提供了一种"关于传播的知识考古学"，它"果断地打破了系统和传播理论单一面向的历史，(以追溯)这一术语使用的起源，以及它意指指定、揭示和遮蔽多种形式的现实"。

［31］这是对阿德里安·约翰斯(Adrian Johns)的《书的本质》(*Nature of the Book*，1998)的间接引用，也是约翰斯对他的作品与伊丽莎白·爱森斯坦(Elizabeth Eisenstein)的作品之间所做出的区分。

［32］在这里，我正思考两种完全不同但都充满说服力的史学史：Grafton(1997)对于脚注的研究，以及 Batchen(1997)对于相片的研究。

［33］克罗克对于 RFC 诞生的反思出现在 RFC 1000 和 RFC 2555；也可参见"An Interview with Stephen Crocker," Oral History 233，(October 24，1991), Charles Babbage Insitute, Center for the History of Information Processing. See also Kelty (2005). 这些 RFCs 可以在＜http://rfc-editor.org＞获取，但要看下面的出处注释。

［34］Recollection of Jake Feinler in RFC 2555，"Thirty Years of RFCs," April

7，1999.

[35]道格·恩格尔巴特在1970年11月的NWG会议上引用了埃德温·W.梅耶(Edwin W. Meyer Jr.)的话，作为RFC 77的组成部分。关于NIC，参见Norberg and O'Neil(1996，170)。对于我来说，关于NIC的历史中最令人感兴趣的，是它在域名系统(Domain Name System)中所扮演的角色，后者在20世纪80年代中期被改造以建构互联网。一开始，NIC保留了它发送给主机的名称和计算机地址表，但是最终，这些表格的增长如此之迅猛，以至于它们似乎要阻塞它们试图迭代的网络。域名系统被采用以解决这个问题：关于一个系统的信息淹没它所涉及的系统，参见Abbate(1989，189，passim)。

[36]有一些颇有意思的尝试在定期控制累积的信息，例如RFC 84(1970年12月23日)，它被卡普(Karp)的RFC 100(1971年2月26日)废弃，后者本身被后续RFC中的描述性索引废弃，如RFC 1000(1987年8月)。据我所知，这些都是本地化的尝试，没有得到专业图书馆学或者文献学的任何推动。

[37]关于RFC和Usenet的告别性记述，参见Hauben和Hauben(1997)；另见Abbate(1999，104，106-110，200-201)。

[38]"封闭世界"出自Edwards(1996)，他认为，阿帕网络及其各种项目是研发世界的一部分，而研发世界因其内部连贯性而"封闭"："每个事件都被解释为超级大国之间巨大斗争的一部分"(1；see also 12-22)。

[39]乔恩·波斯特尔，RFC 77(1970年11月20日)。这一RFC包含波斯特尔与埃德温·W.梅耶在休斯敦会议上所做的笔记。27名与会者参与了一场或者多场会议，其中包括波斯特尔、梅耶和恩格尔巴特。卡普是唯一的女性，在会议上，克罗克"说服佩吉·卡普担任NWG/RFC编辑。这是一项独立于编目RFC或者分配编号(现在已经由NIC执行该功能)的工作。RFC编辑只负责将RFC归纳为'热点问题'，当前的、过时的或者被取代的"。

[40]Postel，RFC 77.

[41]参见Ceruzzi(2003，134)，另参见Wieselman and Tomash(1991)。

[42]克罗克描述了一种概述和适应差异的重要方式，即1971年10月在麻省理工学院举行的"协议竞标"或者程序员会议(RFC 1000)；也可参见Waldrop(2001，323)。

[43]Dscribed in Hafner and Lyon(1996，178-180).

[44]同样作为RFC 254发布，无法在线获取。这本62页的螺旋装订小册子由SRI的阿帕网络信息中心制作。我查阅的是一份来自华盛顿大学图书馆的副本。

[45]"浏览器"这个术语最早的相关使用似乎是在20世纪60年代，当时IBM的联邦系统部分正在研究BROWSER，"自动索引在线文本检索系统"。这是一个首字母缩写的整合词，意思是"使用选择性检索进行在线浏览(Browsing On-line With Se-

lective Retrieval)";Annual Progress Report by J. H. Williams(Sempteber 1969),in Charles Babbage Institute,CBI 32 National Bureau of Standards Computer Literature Collection,Box 465,Folder 4.

[46]Oral History, Charles Babbage Institute,quoted in Waldrop(2001,329).

[47]关于资源共享,参见 Abbate(1999,104,106-110)。

[48]因为它是在 SRI 被编写和制作的,因此它可能完全是使用在线系统、以数字方式进行创作的,但是我没有看到任何电子版本的证据。

[49] "Scenarios",19-24.

[50]我的思考受到罗纳德·E. 戴伊(Ronald E. Day)和劳伦特·马丁内特(Laurent Martinet)对苏珊·比雷(Suzanne Biret)的《什么是文件》(*Qe'est-ce que la documentation*)(Paris:EDIT,1951)的部分翻译的影响,<http://www.lisp.wayne.edu/~ai2398/briet.htm>,(accessed May 2002),sepecially "Preface to the translation" and chapter 1.

[51]参见"History and Philosophy of Project Gutenberg," August 1992, <http://promo.net/pg/history.html>(accessed March 2003)。我想要感谢迈克尔·哈特对于古腾堡计划历史及其与本章工作相关性的个人思考;2003 年 8 月,他在后续的电子邮件交流之中慷慨提出了这些想法。特别是,哈特评价了他最初发布行为的政治性,"使得我当时非常叛逆,不是说我现在不叛逆,但是,当时它不像炸毁密歇根或者威斯康星或者其他任何地方的军用计算机,不过我们确实迫使招聘人员退出了招聘会……并且在那时候,使得强制性的 ROTC 不再是强制"(电子邮件,2003 年 8 月 13 日;省略号来自原文)。1970 年,伊利诺伊州因为高等研究计划局资助 ILLIAC IV 计算机而引发诸多争议,该计算机被广泛用于国防部的研究;ILLIAC V 是被放在加利福尼亚州建造的,而不是厄巴纳—香槟。

[52]国家人文基金会于 1965 年根据国会法案成立,并且于 1967 年首次向个人和机构(包括 CEAA)颁发奖项。参见 the National Endowment for the Humanities, "Timeline," <http://www.neh.gov/whoweare/timeline.html>(accessed December 2003)。

[53]威尔逊在 1972 年去世,没有实现自己看到美国版普雷艾德的愿望。美国图书馆(The Library of America series)系列始于 1979 年,受到国家人文基金会的支持。

[54] Mary-Jo Kline(1987,14-15). 威尔逊的文章在 9 月和 10 月分期发表,并且最终作为一本小册子单独重新出版,即《现代语言学会的成果》(*The Fruit of the MLA*)(New York:New York Review Book,1968),并且随后再版;参见 Hancher(1974)。《纽约时报》在本杰明·德莫特(Benjamin DeMott)的"书籍之战"(1971 年 10 月 17 日)BR58 中报道了这场争论。赫歇尔·帕克(Hershel Parker)和布鲁斯·贝比

(Bruce Bebb)在《CEAA：阶段性评估报告》(CEAA：An Interim Assessment)一文提及了整个过程情节。*Papers of the Bibliographic Society of America* 68(1974)，129-148；see also Donald Pizer，"On the Editing of Modern American Texts" and responses，*Bulletin of the New York Public Library* 75(1971)：147-153.

[55]使用"几乎"的原因是，我们现在在讲到".com"的时候也会读出"点"，讲到"@"的时候也会读出"at"，诸如此类。

[56]观察20世纪90年代的"文化战争"的起源颇为模糊，既有国防部所支持的、1968—1972年自我行动网络社群的气质，也有左派自身在《现代语言学会的成果》引发的争议之中尖锐的自我批评。我确实在早期NWG的孤立自足之中感受到了某种反智主义，特别是它对专业图书馆学的漠视。MLA本身也因为成员在是否应该在反越战运动之中扮演角色而存在争议；参见《纽约时报》社论，"反智主义的培育者"(1969年1月1日)，谴责1969年年会上"嘈杂的边缘群体"的"滑稽表现"。

[57]Quatations are from RFC-Online Project，last modified December 29，2000，<http://www.rfc-editor.org/rfc-online.html>(accessed November 2003). 现在的RFC规则在RFC 2233(1997年10月)中被指定。许多RFC也可以在各种镜像站点、Google的Usenet档案以及线上线下的互联网指南中被找到。重新发布RFC是被允许的，尽管互联网协会会通过版权声明，敦促对格式的任何修改进行解释。

[58]Xerox Alto(1973)有一个位图屏幕，因此它允许文本编辑"所见即所得"，这是喜剧演员弗里普·威尔逊(Flip Wilson)在电视节目 *Laugh-In* 中的一句流行语，他于1969年的一集节目之中首次即兴扮演了便装的另一个自我杰拉尔丁·琼斯(Geraldine Jones)，然后说了这句话(Ceruzzi 2003，262，401 n.53)。论及"wissy-wig"的出处，我仅仅是想说，"所见即所得"这句话不能按字面意思理解。2003年11月我与保罗·茨露吉(Paul Ceruzzi)的一次谈话特别有助于这一描述的形成，我很感谢他的观察。关于电子材料的档案保存，可参见：The Preservation, Archiving, and Dissemination project of the Electronic Literature Organization，<http://www.eliterature.org/pad/index/ asp>(accessed June 2003).

第四章　新媒介</Body>

1854 年的互联网

1998 年,历史学家罗伊·罗森茨维格(Roy Rosenzweig)观察发现,在 1988 年以前,《纽约时报》仅仅一次提及互联网。尽管他的发现可能是基于对《纽约时报》及其索引的阅读,或者看了大量微缩胶卷得到的,然而,罗森茨维格使用了一个 Lexis/Nexus 数据库来检索《纽约时报》。[1]今天的检索可能已经是一件完全不一样的事情,因为 ProQuest 公司①已经将它的全文版本通过万维网向客户开放。ProQuest 通过微缩胶卷扫描报纸,并且将由此得到的数字图像通过一个底层 ASCII 文本关联到它们的语言内容之上,从而使得用户可以"通过 ProQuest 的界面"进行搜索。[2]因此,如今的 ProQuest 订阅用户可以在《纽约时报》网络数据库进行搜索,并且可以检索从 1851 年到 2001 年之间所有文章和版面的 PDF 图片。然而,也会出现一些小问题。如果快速搜索"互联网",会显示 75 条 1988 年以前的记录,最早的一条是 1854 年 9 月出版的一则专利药品广告。ProQuest 的扫描技术把微缩胶卷上的"兴趣"(the interest)误读成了"互联网"(the Internet),不仅这一处,还有许多其他的地方。因此,1854 年的《纽约时报》并没有提及互联网,而是 ProQuest——也就是互联网本身——认定它有提及。不管是 1854 年的微缩胶卷版本的广告,还是数字化的图像,都不包括"互联网";这些词语,只是出现在一个可以被搜索却不能被看到的远程 ASCII 转录稿里,以及研究者浏览器页面的查询框之中。

如同一个弗洛伊德式的口误,1854 年的互联网有一个偶然的乱序症状。研究者们被磕碰了一下,然后就继续前行,就如同处理一个活跃无意识的偶然闯入。然而,什么样的精神衰弱和压抑冲动,可以解释这种错误的搜索结果？1854 年的互联网案例,

---

① ProQuest 是一家美国的全球性资讯内容技术企业,于 1938 年在美国密歇根州建立。ProQuest 以其面向图书馆的应用程序和信息服务闻名,提供对数字化的论文、书籍、期刊、历史收藏、政治档案等资源的访问。——译者注

阐释了光学字符辨识（Optical Character Recognition，OCR）的局限。扫描仪长期复发地"误读"（misreads），并不是因为硬件故障或者编程错误，相反，确切地说，是因为扫描和读取并不是一件事情。如果 1854 年的互联网表达的是一种无意识的渴望，那么就是一个对于能够阅读的机器和能够自我理解的文本的长期拟人化幻想。并且，也正是这样的幻想，使研究者的关注点偏离所牵涉的真实的人类能动者，例如 1854 年的排字工和印刷工，20 世纪的微缩胶卷相机操作者和胶卷加工者，以及今天 ProQuest 海外承包商所雇用的扫描技术人员和数据处理人员。在此之上，还要加上布鲁诺·拉图尔（Bruno Latour）所说的"非人行动者"的精彩阵容——例如蘸着墨水、存在不同程度破损的金属排字 I、n、t、e、r、e、s、t；充满褶皱、沾满污渍的纸质副本；可能被划破或者过曝的微缩胶卷，以及"脏脏的"、仅有部分被清洗过的几代储存电子数据——正因如此，这种偶然的失误才拥有了意义。[3] 如同早期现代书籍的勘误表一样，今天错误的搜索结果提醒用户，完整的作品，例如这个案例中的《纽约时报》，与其说是一种"自主性物件"，不如说是它本身制作、改造和接收的持续结果。[4]

顺带说一下我的观点，即互联网误读了它自身的历史。更重要的是，ProQuest 的"历史报刊"和诸如此类基于网页的文件，在某些有趣的方面是"历史性的"。在某种意义上，呈现在电脑桌面上的《纽约时报》版面是薇薇安·索布切克（Vivian Sobchack，2004，306）所说的"被蒸馏提取的图像"：它们是精心设计的现在与过去的接触点，是不同的时间与格式的碰撞与重叠。[5] 不过，从另一个角度来说，这些图像是被稀释而非被蒸馏提取的：它们是对版面胶卷的扫描，在它们从一个 1854 年印刷出版的孤本原件被剥离出来的过程中被削弱。然而，对于那些研究兴趣点恰好在 1854 年的"兴趣"（the interest）上面的读者来说，这个案例既不是蒸馏提取，也不是稀释。ProQuest 的《纽约时报》，就如同在这之前的微缩胶卷一样，都被当作《纽约时报》来引用。研究者们通过注释，假设并且贯彻了 1854 年原版和后来复制品之间的同一性，就如同纸质拷贝件可以和其图像或者屏幕影像被认为是同一的。

然而，当网页文件作为第一代直接由万维网本身创建，而非从更老的媒介中费力引进的案例时，同样的问题并没有被提出讨论。举例而言，万维网联盟（World Wide Web Consortium，W3C）①的官网提供了"万维网简史"。这个简史确认了"最早的网页"和"最长时间未被修改的网页"（the least recently modified page），两者都是来自 1990 年的欧洲核子研究组织（CERN），也就是蒂姆·伯纳斯-李发明并命名万维网的地方。[6] 最早的网页被确定是"http://nxoc01.cern.ch/hypertext/WWW/TheProject.html"，然而没有引述或者介绍，因为不幸的是，"欧洲核子研究组织不再支持历史站点。"

---

① 万维网联盟是万维网的主要国际标准组织，由蒂姆·伯纳斯-李于 1994 年 10 月离开欧洲核子研究组织后成立，该组织试图通过制定新标准来促进业界成员间的兼容性。——译者注

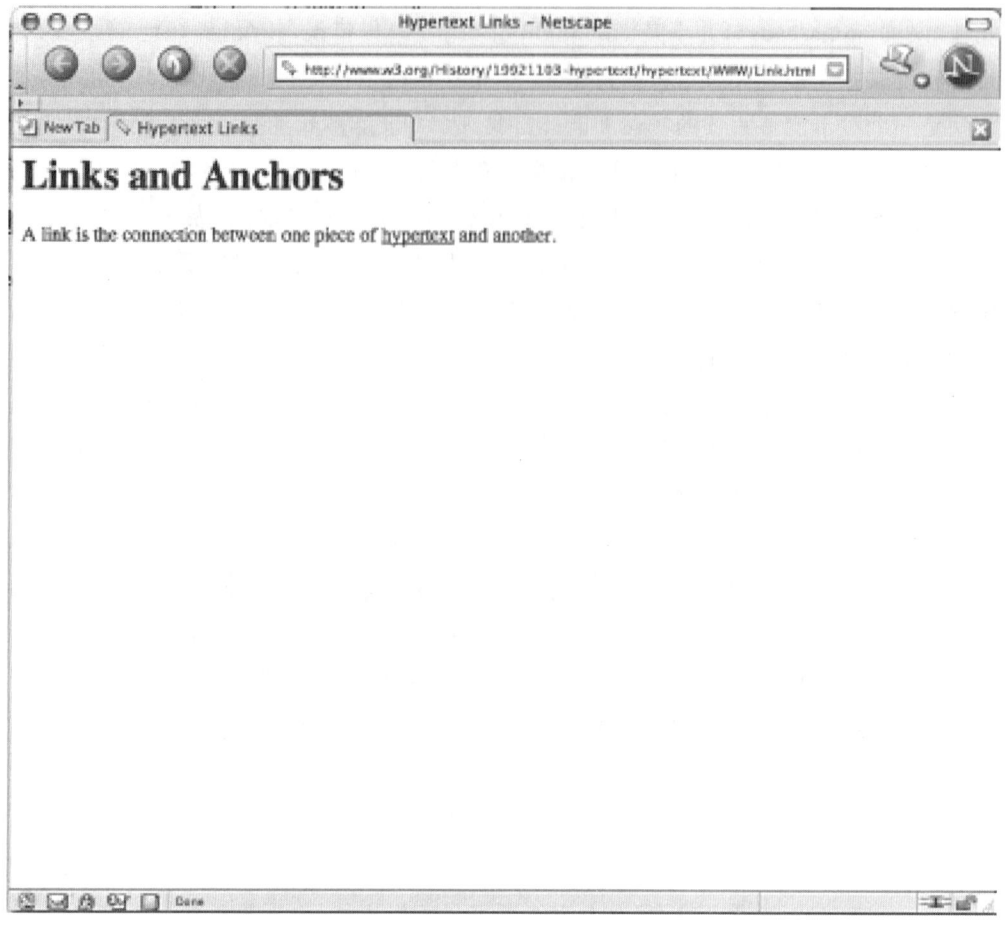

图 4.1　最长时间未被修改的网页，1990—2005 年。(来源：www.w3c.org)

然而，最长时间未被修改的网页仍然存在，并且可以被今天的网络用户所看到。含有下划线的词句代表超链接，后者将用户引到 W3C 网站的另一个页面。这个最长时间未被修改的网页，其内容是对于超链接的长达 12 个英文单词的定义："所谓超链接，指的是一页超文本和另一页之间的关联。"

对于这个页面来说，"最长时间未被修改"是什么意思？换句话说，它具有什么样的历史性质？它的定位已经改变，因为它现在被转移到万维网联盟的一台服务器上，不在欧洲核子研究组织了。它独特的标识符——它的名字，如果不说是标题的话——已经变了，因为新的位置要求新的 URL。它的语境也产生了变化，因为在 1990 年，"最长时间未被修改"这个说法不能够指涉引导读者对它进行访问的超链接。它的外观也发生了变化，因为它现在通过网页浏览器打开，在 1990 年，这个东西还不存在，同样地，当时还没有显示器。没有变化的东西，是它底层的 HTML 源代码：

```
<title>Hypertext Links</title>
<h1>Links and Anchors</h1>
A link is the connection between one piece of
<a href=WhatIs.html>hypertext</a> and another
```

无论是文字还是标记,都与1990年它们在欧洲核子研究组织的计算机内被编写和保存的时候没有两样。这使得这个最长时间未被修改的页面与欧洲核子研究组织不再支持的"历史页面"以及第一个网页具有完全不同的历史意义,后者被认定为一个独特的URL,而不是它所包含的文字和标记。最长时间未被修改的网页在一个使其历史性根基变得复杂的语境之中,作为一个历史文件被提供给读者。

被制作为PDF文件的报纸版面和用第一版HTML编写的网页,是两种非常不同的电子文件。一个是被数字化的图像,另一个则是第一代的数字物件,自诞生之时起就是数字的。一个可以通过网络访问关联数据库里的数据,另一个则是关联相关网页的页面链接。尽管有种种差异,两种电子文件都在今天作为证据、作为一种记录性事物而呈现在网络上。两者被呈现的方式,都如同我在第三章所说的、也是数十年前美国文化所热议的,是对物理的——也即文献学的——特质的忽视或取消。这意味着会出现什么样的现象?有人或许会说,今天万维网用户就像艺术史讲座上的学生,他们坐在屏幕前,盯着大屏幕,观看油画印刷品的幻灯片,宛如他们在看真实画作本身。当然,学生们知道,他们并没有在看真正的画作,只是展示活动的习惯语境以另一种方式暗示着这种感觉。[7] 或者,有人会说,今天万维网的用户就像唐·德里罗(Don DeLillo, 1985)①小说里的角色那样,不远千里到"全美被拍照最多的仓库"参观和留影,因为景点越来越被物化(reified),越来越坐稳"被拍照最多"的位置——联想一下,"最长时间未被修改的"   实体的仓库则越来越不重要。这些类比并非完美,但足够帮助我们理解,按照大卫·温伯格(David Weinberger 2002,35)调侃的说法,"网络文件"为什么是"怪异的"(weird)。

这一章将对文件的怪异性进行描述和语境化。特别关注电子文件如何作为证据而运作,万维网如何既是一种时间媒介,又不是一种时间媒介。这些问题对于出版物以及当代媒介公众和公共记忆的持续界定有着深远影响。我这个不太美观的章节标题,"新媒介</Body>",使用了一个HTML标签来修改第三章的标题("新媒介形体"),这样的做法想要强调的是,在数字环境中,文献学上的事实性看起来令人颇为惊异和困惑。今天的网页都有一个明确的形体、内容,以及被夹在＜body＞和＜/body＞之间的标记。按照万维网联盟的说法,整个万维网本身拥有"软件的形

---

① 唐·德里罗,1936年出生,美国散文家、小说家、剧作家。其作品覆盖电视、核战争、行为艺术、冷战、数字时代等广泛议题。——译者注

体"[8]。然而,这些形体并不容易被识别或者关联到文献学上的事实或者历史证据。网页的形体有别于它的标题,标题通常是用<head>和</head>的标签进行标示,也有别于对 HTML 版本信息和浏览器页面展示要求的文件类别定义进行自描述的那行 HTML。这些形体不是实际的文本,它们是一种互联网用户可获取的文本种类的组成部分,其中,文本本身的本体在哪里(究竟什么是电子文本)的问题仍然没有定论,哪怕——或者说尤其——对于那些以文本批评和文本编辑为专长的学者们来说。[9]

在前面的章节里,历史证据的主题一直潜藏于幕后,在前一章中,描述了美国分布式数字网络起源特别并且广阔的语境。现在这一章则将证据的问题置于台面上,以求回到上文导言中所简单提到的自反性话题上。当历史书写依靠这么多中介化的默会条件的时候,媒介如何成为历史主体?更具体地说,当前对网页的历史化尝试,可能如何被网页本身的使用和特征所复杂化?网络何以可能并且如何作为自身过去的证据?尽管这一章有自己的引论,但它本身也是前一章的续集,在前一章中,《阿帕网络使用场景》对于 1968—1972 年的社会、知识与政治语境有诸多提及,但是对于今天的赛博现实(cyberreality)着墨很少。就如同第二章("新媒介用户")关联着第一章("新媒介公众"),这一章试图围绕使用及用户来考察新媒介的新兴社会意义。第二章紧跟着声音录制的新媒介进入多元的文化流通体系,在此之中,新媒介主要被定义为预录制唱片的机械娱乐。这一章则紧跟着数字网络新媒介进入多元的文化流通体系,在此之中,全球互联网因为其使用的持续多样性与强度而成为基本常识,其中包括电子文件的创建、传送与展示,还有音乐文档的竞争性流通,电子商务的嘈杂,虚拟社群与社会网络的实体化,以及互联网新近涌现的所有其他形式的"知识工作"[10]。

让我说明一下自己的用词。我使用网页(Web page)这个术语指代用标记语言(markup language)编写的文档,它拥有 URL,并且可以通过符合万维网客户端/服务器端架构的网页浏览器在屏幕上展示。"20 世纪 90 年代的万维网将页面拉到台前,作为数据组织的基本单元",列夫·马诺维奇(2001,16)注意到,尽管这些新页面通常都包含着许多超乎传统抄本的元素,包括声音与移动影像。最近,包含动态内容的网页也变得很普遍——也就是说,内容为特定的时间和特定用户所专有,这可以通过相关应用和数据库而生成,用于呈现搜索结果菜单,如同一排来自《纽约时报》的图片或者一排易趣上的拍卖品,又或者用于生成定制化的页面,例如亚马逊上用于问候回头客并且以购物车到处跟随这些顾客的页面。简而言之,一个网页,既关乎格式,也关乎投递(delivery)。根据这样的定义,万维网包含或者指向许多不特指网页的元素,以及许多网页包含的内容——声音、图片、小程序和应用——没有写在标记语言之中,但被包含在网页的名称里。有私密网页,也有公共网页;既有可以被搜索、在表面的网页,也有"深藏的"(deep)、无法被抓取,因此也无法被谷歌及其竞争对手搜索到的网页。

比照"页面"(page)这个词,我使用的是"电子文件"这个词,而没有提及格式。正如上一章的观察所表明的,一个电子文件无法通过任何独有的物质特征、任何将它与其他电子物件区别开的文献学差异来鉴别;它只能够根据在其潜在流通的社会网络之中的自身文化地位、意义来鉴别。一个电子文件,是任何被用于记录(document)的电子物件,这可以作为一种潜在的辅助解释。因此,网页是"数据组织的基本单元",电子文件是利克莱德所说的"基本利益的单位"。一个是格式的问题,另一个是语境的问题,是人们关注的事情。[11]有一些网页作为电子文件运作(举例而言,上文的"最长时间未被修改"的网页),然而,有一些网页更为重要地指涉文件本身(ProQuest 指向《纽约时报》的图像)。万维网本身可能被称为"有史以来被编写的最大文件",这种说法是在一个意义并不稳定的语境下出现的,也即,今天的档案学家要考虑保存网页,以供未来研究使用。[12]

当我使用"今天"这个词的时候,我所说的是"截至本书成稿之时"(2005),我意识到应该怀有谦卑的态度,因为读者们——在他们阅读到本书的时候——将会知道更多的东西。使用"历史"这个词,我想要唤起一种有限的意义,其中,历史书写意味着根据形成过去零碎记录的"索引性幸存物"或者铭文,将事件(也包括"历史")的叙事整合在一起。按照这个解释,历史不是科学,而是一门阐释学,一种与学科实践相结合的诠释模式。[13]这是参与建构、延续和解读过去的人文学科、学术专业、文化机制和社会实践的领域。历史本身有自己的现代历史,契合于现代的铭文媒介,并且在某种程度上与之相互建构,例如菲利普·罗森(1994,xix,143)新近研究的电影院,以及沃尔特·本雅明的摄影术。[14]并且——毫不令人惊讶的是——无论左派还是右派的批评家,最近都在哀叹历史成为另一个后现代主义的受害者。移动电话、滚动新闻条和上网冲浪,参与推动和转化共时性(Synchronic),激发出詹明信(Fredric Jameson 2003,707)所说的"新的非时序性(nonchronological)、非时间性(nontemporal)的模式"。所有的事物同时在发生。然而,在这些解释之中,数字媒介并不只是后现代主义的代理人,它们等同于后现代主义的表现形式:"在现代主义的世界中无法从认知上被厘定的东西,现在缓慢地融入新的跨国控制论的电路之中。"这是一种沮丧的观点,它强调这里所构建问题的当前重要性。在共时性的后现代眩光之中,媒介的历史——或者,任何事物的历史——是否还是可能的?

如同批判理论针对媒介的历史或者历史的意义绘制出自己的道路,在更为广阔的公共文化之中,特别是在20世纪90年代所谓的文化战争期间,同样术语的相关争论也比比皆是。依托这一契机,万维网出现在流行大众的视野之中——1993年的

Mosaic 浏览器①和 1995 年网景公司(Netscape)的上市——与此同时,举例而言,激烈的争议在国家历史标准项目(the National History Standards Project,1994)②上爆发,以及史密森学会(the Smithsonian Institution)的 艾诺拉·盖展览(Enola Gay exhibit,1994—1995)③和迪士尼计划在维吉尼亚州的内战旧址附近兴建主题乐园(1994)。争议较少但是同样具有说服力的是,历史指向并且持续指向一系列充满竞争力的消费品,它们在历史遗迹以及电视、录像和电影院之中,文化的小资使用被激活,并且某种意义上被"过度生产",例如历史频道(1995—),或者许多的"历史"影片,例如奥利弗·斯通(Oliver Stone)的 JFK(1991),斯蒂芬·斯皮尔伯格的《辛德勒的名单》(1993),罗伯特·泽米吉斯(Robert Zemeckis)的《阿甘正传》(1994)。[15]在 20 世纪 90 年代被强调的话语之中,网络既是"全新的世界",也是"一条死胡同"。对于文化斗士来说,互联网最麻烦的特征,就是"正确的与错误的、重要的和琐碎的、持久的和短暂的"之间的网络中缺乏具有说服力的区分。[16]许多人,无论是左派还是右派,都对 JFK、《辛德勒的名单》和《阿甘正传》有着同样的批评。[17]

最后,使用"互联网"和"万维网"这两个词,我所指的都是每个网络的架构和它们以不同方式所连接和包含的大量不同材料。(互联网的架构包括硬件和软件,万维网的架构包括依托和借助互联网硬件而运行的软件。)规模与复杂性都要求更多的谦卑态度,因为没有一个章节,没有一本书,可以真的阐述或者分析整个网络。事实上,分析万维网很像制作一个网页。这并不是重提读者们被超文本所赋权、可以选择进入哪个链接的"过时"论调。[18]相反,这是关注到显而易见的东西:每一个对万维网的分析——包括现在这个——都是选择案例、引用摘录和整合链接。做一个网页某种程度上意味着做同样类型的工作:选择和粘贴内容,并且整合链接。这种镜像效应必然带来焦虑。如同一个勤奋的文选编辑,网络批评者所假设的"通过部分代表整体的野心,总是会被读者'部分是因为其特殊性而被选出'的观念所破坏"(Price 2000,6)。[19]这也是为什么杰弗里·司康斯(Jeffrey Sconce 2003,191)④质疑他所戏称的"新媒介研究更为模糊的一侧"是如此正确,后者全神贯注地研究数字网络或者网络艺术的案例,把它们"作为文化与社会显著转型的证据"。选择万维网的单一案例来支持网络或者

---

① Mosaic 是一个早期网页浏览器。于 1992 年由伊利诺伊州大学厄巴纳香槟分校开发,并于次年发布。Mosaic 浏览器因为支持多种互联网协议而得名,并且它也是第一个可以在文字中嵌入图片,而不是在单个窗口显示图片的浏览器。——译者注
② 国家历史标准项目是南加州大学国家历史中心在 1994 年发布的出版物,该项目得到老布什行政府的支持,投入巨大,但在出版后引起激烈的辩论,尤其是教育改革的怀疑论者强烈反对。——译者注
③ 艾诺拉·盖展览是史密森学会原本策划在原子弹爆炸 50 周年之际举行的以二战原子弹爆炸为主题的纪念性展览。艾诺拉·盖是在广岛投下原子弹的轰炸机的代号,该展览在策划前后引起了巨大的争议。——译者注
④ 杰弗里·司康斯,美国西北大学媒介与电影研究教授,研究领域为媒介研究、电影研究和文化史,著有《技术错觉:电子 力量 精神错乱》《幽灵出没的媒介》等。——译者注

数字文化作为整体的主张,十分类似于制造某人自身的证据,铸造专属某人的硬币。当然,所有类型的批评都依托于批评者的裁量,实现一个代表性之物和反常之物的理性和合理的平衡。但是,万维网巨大的规模和多元性启发我们,在这种情况下,平衡可能是一个极端不可能的情况。

一个针对"反常崇拜"(cult of the anomaly)(Price 2000,6)或者失控的"反常现象疲劳"(Weinberger 2002,15)的方法,是采取一个更为长远的视野,关注工具、方法和协议,而非可疑的网页范例本身。另一个策略是使得反常现象指向它本身,聚焦于错误和偏差的结果,例如1854年的互联网。这些东西可以揭示隐藏在网页不同用途之中的假设。如同卡洛·金茨堡(Carlo Ginzburg 2004,556)[①]所说的,没有明确"规范可以预测其越轨行为(transgression)的完整范围;相反,越轨和反常现象,总是意指着规范,并且因此促使我们将其纳入解释之中。这就是为什么一个建立在模糊的边界、错误和反常现象"的研究策略看起来如此富有成效。出于同样的原因,约翰·安斯沃斯(John Unsworth)[②]建议超文本项目——电子书籍和档案——的创作者们"以偏执狂式的关心、细致和严格"记录他们的失败。只有清晰意识到什么是错误的或者什么可能会错,才能确信新知识得到进化,不管是关于电子书籍和档案的,还是关于它们所包含的电子文件。[20]

这一章通过万维网各种用途之中出现的一系列错误或者陷阱而组织起来。有一些相对更容易被认为是人类的错误,但是这并不重要。如同1854年的互联网,对于网络的使用(和潜在的误用)游戏性地指向许多用户们所共享的假设,这些假设在作为意义语境和交流媒介的网络的不可逆生长与多样化之中被协商。因为它们在多个层面上都是面向过程的,所以我认为这些错误有助于补充对现有网站的任何考虑——例如"冷门的"或者明显"历史性"的站点。考虑成组的网站,意味着一种启示性感知,即网络是一种共时形式,它更多存在于访问的时刻。然而,通过对于过程的暗示,关于错误的研究所提供的网络,是确切地具有时间跨度、存在于劳动的时间性之中的:访问和搜索的工作,是的,但是还包括以不同方式被资本化的扫描、编程、拉网线、设置链接、编写、设计、引用等工作。劳动的时间性扩展了艾伦·刘(Alan Liu,2004a,393)所说的知识工作的"阶级概念",纳入了负责数据录入的海外技术人员,这些人发明了1854年的互联网,在此之前就出现的微缩胶卷的技术人员,以及1854年的印刷工,尽管不知道是谁,但是他们确实参与发明了同样伟大的怪物(chimera)。[21]我将提出,万维网的阐释空间非但没有使得历史变得不可能,反而可以在一些令人激动的新路径上推动历史。声音录制当然做了很多相同的东西,尽管它往往被那些无人注意的、提供过录音

---

① 卡洛·金茨堡,意大利著名历史学家,微观史研究代表性学者,著有《奶酪与蠕虫:16世纪磨坊主的宇宙》《夜战:16世纪与17世纪的巫术与农耕崇拜》等。——译者注
② 约翰·安斯沃斯,美国弗吉尼亚大学图书馆馆长,研究领域为数字人文研究。——译者注

和录制早期事实性的规范所遮蔽起来。

错误：找不到文件

今天万维网用户所遇到的最为持久而容易识别的错误，自然是错误代码 404。当用户选择一个过时的超链接或者错误输入一个 URL，指向非可访问页面的网络服务器地址，其结果就是一个传输状态代码："错误代码 404：找不到网页。"不同浏览器以不同方式处理这个代码，不同的站点和服务器也提供它们自己的错误页面版本。如同从与 OCR 扫描和人类阅读的关联之中产生的能动性的微妙混淆，错误代码 404 并没有鉴别谁犯错，或者什么导致了错误。它指向一个令人眼花缭乱的错误可能性——超过 400 种不同种类——但是没有指责任何人。它以否定的方式回应了一个特定的要求，证实了网络管理的稳定性（constancy）和普遍性（ubiquity），它们既是权威的，又是非个人的——一个协议系统，它鲜少被承认，却长期存在。对错误信息的回应，如同早期留声机录音的前言声明，招呼个体，但并不针对特定个人。哪怕当网络管理员或者系统操作员将通用的错误页面替换成一个服务器特有的版本，它也是像一个口技艺人一样，用网络管理本身非个人化的权威性口吻在说话——这种构造去个人化权威性的再口技化（reventriloquize）的口吻长期被推崇，并且向媒介化公众征召其主体——"禁止张贴""线路繁忙""敬请关注"。网络管理员可以通过相同服务器把用户送到另一个页面，或者可以推广某个搜索引擎的使用，又或者——例如围绕 2004 年美国入侵伊拉克的黑色幽默——可以预测没找到大规模杀伤性武器。[22] 这样的幽默因为不协调（incongruity）或者不恰当（impertinence）而生效，也因为分散的、非个人的陈述方式而生效，后者以中立的权威性令人熟悉地呈现"找不到"和"无法显示"。

由错误代码 404 所预示的管理权威的坚定性和普遍性，与这种偏离性结果的主要成因形成鲜明对比：错误代码 404 在网络上繁殖，因为网络持续在变化；页面被移动、删除，链接过期。1996 年，当布鲁斯特·卡利（Brewster Kahle）创建互联网档案馆的时候，按照他的报道，平均每个网页能在网上维持 75 天不被修改、移动或者删除的状态。另一个 2000 年的数据报告则称"一个网页的平均寿命只有 44 天"，从那以后，认为现在网页平均能活 100 天的说法就被广为流传引用。[23] 不管确切的数字是多少，也不管它的变动速度如何，改变本身就是万维网矛盾统一的特征。这导致了电子文档不同用户和使用所遇到的困难。

当文件被看作充满意义的相关的东西，在其潜在流通的公众之中被援引的时候，它作为（stands as）解释的潜在盟友而存在。但是，对网络进行添加、删除和修改的易变性，使这样一种作为常识观念的"作为"（standing as）——以及引用、公众和出版物——变得混乱。有一些以网络为根基的文件，比起卡利的网页平均寿命来说，远远没有这么短命,但是错误代码404依然可预见地时常出现。举例而言,研究者们检查了"所有美国新闻教育和大众传播学会(the Association for Education in Journalism and Mass Communication)的传播技术分会在2003年所接收的"所有文章,检查它们的引用之中有多少URL还能够登录。由此,他们预估了大概15个月的"半衰期"(half-life)。也就是说,研究者预测,任意一篇文章引用中有一半的链接会在这样一个时段之后失效。美国国家图书馆的医学数据库Medline中引用的相对半衰期则预估在7年左右。[24]44天、15个月和7年的差异,可以通过学科和制度基础设施得以解释:医学和国家医学图书馆,都鼓励持续性,这是新闻业和新闻教育与大众传播学会的教育趋势不提倡的,也无法在更广义上"平均页面寿命"的巨大多元性之中被直接体现出来。任何例子之中,半衰期都衡量相关发布语境的衰败速度,预示着对与网络出版物相互界定的公众的侵蚀,无论这种侵蚀程度有多么参差不齐。

有趣的是,如果说医学文件在网络上能保持相对更长的时间,那么更显著关乎数字媒介本身历史的文件或许与卡利的平均值更加接近。对于保存数字资源的尝试多种多样,但是结果还远远不能确定。[25]保罗·E. 茨鲁兹(Paul E. Ceruzzi 2003,302)权威性的《现代计算机史》(*History of Morden Computing*)解释道,"到了1993年1月,马克·安德里森(Marc Andreesen)和埃里克·宾纳(Eric Bina)写下了后来被称为Mosaic浏览器的初始版本,他们将这一版本发布到互联网上"。但是,茨鲁兹紧接着通过注释表达异议,"安德里森所公布的部分内容已经被保存在一个电子档案之中。由于没有什么方法能够搞清楚这些东西能够被保存多久,或者它们是否向公众开放,因此我没有在这里引用"(303,n. 50)。充满矛盾的是,茨鲁兹认为,讲述网络的故事"还太早",但是错误代码404的持续存在预示着,说不定早已是太晚。基于这个原因,万维网联盟的网络"小史"必须足够"小"。

错误:格式不正确

如果说过期的链接低语着"太晚",那么不断进化的电子文献引用标准则抱怨着"太早"。学生或学者要如何使文件成为(stand as)盟友,在他们尚且搞不清楚这个成为(standing)的简单机制的时候?在某个层面上,在网络上引用的独特模式是创建超链接和粘贴URL,创建"书签"或者添加"收藏夹"。然而,当茨鲁兹这样的用户希望更精确地引用文件或者进行纸面引用时,他们就遇到另一个令人生畏的可能错误,至少从为指导用户而出版的格式说明书相邻版本之间所推荐引用格式的混乱可以看出。不同的引用说明,体现了不同方式的"作为"(standing as),并且因此可以反映出对于证据事宜和所关注问题的不同假设。(又是太早,又是太晚:面对这种矛盾,我感到不安,我在后面的尾注中不仅引用了档案资源,也引用了电子资源,但是在参考文献里面,只有印刷出版物。)

最早尝试提供一个系统性指南的说明书,是李霞(Xia Li)和南希·B. 克兰(Nancy B. Crane)在1993年出版的《电子格式》(*Electronic Style*)。到了1996年,格式改成了复数,变成了《诸种电子格式》(*Electronic Styles*),它的作者们通过在以下内容之中列出字母 E,为网络引用添加建议:

A. CD-ROM 和商业在线数据库
B. 电子邮件
   a. 存档内容
   b. 实时内容
C. FTP
D. Gopher
E. HTTP
F. Telnet
G. USENET
H. WAIS

这种分类反映了1996年的互联网用户所面临的一些困惑,即便不考虑引用电子资源的问题。李和克兰对文件的区分方式,部分是按照发现模式区分(例如 WAIS),部分是按照传递模式区分(如电子邮件),以及部分按照储存媒介区分(例如 CD-ROM)。时至今日,这些区分方式已经全部过时。通过传递协议(HTTP)来界定网络和互联网文件传送协议(FTP)相似,但是几乎没有承认网络作为网络化超文本的特殊性(distinctiveness)。如同"Gopher 空间","万维网"——它后来被频繁使用,而不用加定冠词"the"——提供给早期用户的远远不仅是对数据传送的体验。

李和克兰(1996,xv-xviii)为电子文件提供了美国心理学会(American Psychological Association,APA)引用格式(1993年版和1996年版)和 MLA 引用格式(1996年版)的"润色"版本。作者的润色明确标示是暂时性的(provisional),"让我们至少给出一点东西让大家可以使用",根据报道,他们宣称,"(在网络上)我们处于极端困境之中"。一位图书馆管理员点评《电子格式》时对其权衡性的、归纳性的做法表达抗议:"为什么作者们没有给出任何他们所推荐的理由?为什么他们没有认识到,一个全新的交流媒介要求推论式(discursive)的处理方式,而不是凭记忆的约定俗成的案例……我们需要的是新系统的原理,而不是一本食谱。"[26]问题、建议和进一步讨论,持续推动新闻群组、电子邮件群发系统和其他在线论坛的流行,使得观察者应接不暇,同时出版商们,APA、MLA 和其他的组织,从那以后都忙于提供和修改样式表。[27]在关于最新版的《芝加哥格式手册》(The Chicago Manual of Style)(2003)搞笑评论之中,路易斯·梅纳德(Louis Menand 2003,125)抱怨"问题并不是那些落在规则之外的案例,问题是每个案例都有一种规则"。近视眼的学生在完成试卷的时候,会被太多的选择搞得晃眼,和今天"去超市买一瓶橙汁"遇到同样的问题:"原味的、含果肉的(Grovestand)、家常款的(Home Style)、低酸的、香蕉橙子混合的、高钙的、去果肉的、超量果肉的等。"

　　引用指南永远都是晦涩难懂并且形式多样的。它们随着时间变化而发展,《芝加哥格式手册》再版十五次就足以体现。它们也因学科而不同,正如 APA 和 MLA 不一致的要求所体现的。在每个变体中,它们的格式都不一样——将指南分类成引用期刊文章、百科全书、口述史、专题著作、电视节目等,现在还令人迷惑地加上了例如电子邮件和网页。至于归纳法或者食谱的抱怨,应该说,格式手册会采取案例主导的策略,确实因为形式和媒介的丰富性,但是也因为它们同样要关注各自学科的修辞,后者并没有将透明的、演绎性的理性加于——也就是没有管束(discipline)——同样的丰富性上。当如此多手册的作者和编辑不敢期待为持续的流通(flux)形成一个完整的和最终的知识控制时,李和克兰的"大众"或者梅纳德的近视眼学生如何能够成功? 对 956 页的《芝加哥格式手册》进行思考之后,梅纳德得出结论,"这本手册并不算厚,它还不够厚。它在厚的道路上永无止境"。每一个新版将会展现越来越多的出版物格式,越来越多的橙汁种类,关于文件的总体性理论和文件的终极系统是永远都无法实现的。

　　尽管有这么多的格式手册,格式也不是文件最重要的东西。(这也是橙汁和文件不同的地方。)回想一下,ProQuest 和微缩胶卷的用户《纽约时报》仍然可以引用一张版面的图片,如同它是新闻出版物:署名、标题、《纽约时报》、日期、栏目、版面。同样的,互联网上 RFC 数据库的用户引用转录或者导入的 nroff 文本文档,如同它就是最早期的 RFC(见第三章)。学者们使用大量版本的维多利亚时期的期刊,从未对这些短小文章是否维多利亚时期的人实际阅读的文章开展确认。"我们或许想要抵制这个传统,"玛格丽特·比森(Margaret Beetham 1990,23)写道,"但是我们无法完全逃脱它。"脚注的书写往往拒绝关于保存和迁移的漫长历史和劳动,正是后者铸就了不同格式下的《纽约时报》、RFC 和《布莱克伍德杂志》(Blackwood's),因为对于作者或者他们预想的读者来说,那些漫长的历史,并没有作品作为盟友在公众间流通的事情来得重要。如果这样的脚注都排除媒介的历史,那么缺乏脚注的流行话语同样也会排斥,甚至更加排斥:最令人印象深刻的是,想要在网页上对它所包含的图像及其他组分的起源出处进行标注和确认,几乎是无法实现的事情。

　　对某些例如《纽约时报》或者 RFC 的文件来说,是什么使得它们的材料格式在解释中如此明显地比它们作为盟友的地位来得更加次要?《纽约时报》和 RFC 的不同文本或者版本作为证据运作如此顺利,因为每一个作品都作为公共记录而存在,处于一种强有力的话语之中,这种话语用迈克尔·华纳(Michael Warner 2002, 97)的话来说,就是令人熟悉的"准时性":

> 公共话语根据发布时刻和普遍的流通日程,从时间上为自身塑造索引。(并且)互联网和其他新媒介可能深刻改变公共领域的一种方式,就是通过它们在时间性上所预示的变化。高度媒介化和高度资本化的流通形式越来越被组织为持续性的("24/7 及时获取"),而不是准时性的。在书写本文的时候,网络话语几乎没有引用性领域,后者我们可以视为一种通过时间展开的话语。如果一个网站上线,就很难说它最近被如何发布或者修改,以及它将持续发布多久。

格式排在语境之后,排在必须依托出版物常识规范的、对于潜在流通的社会想象之后,包括期刊和广播节目的周期性(periodicity);电影、相册和视频的历法逻辑;书籍(和滞销图书)的经验。[28] 根据这一分析,错误代码 404 和网络易逝的特征,或许不是历史学家和档案学家需要处理的最重要的问题。更为紧迫的是网络出版物共有感知的演变,将之作为一个在时间中明确地被定位和体验的事件,不能有任何错误或者例外。

有些网络出版物确实以可靠的方式按时发布,例如电子期刊、大量具有限定日期(date-stamped)的公告栏信息和快速增长的博客圈(blogosphere)的组成部分。然而,从印刷品转变过来的准时逻辑(punctual logic),无法在网络其他地方实现,或许只有谷歌每个月的更新提供给用户一种作为事件的网络出版物的默会知识,即它绝对准时。事实上,更新日期似乎是网络上最普遍的日期,用以寻求一个持续更新的年表(chronology),但是鲜少与出版或者发行的明确日程挂钩。许多人寻求方法来鉴定互联网上的实名性(whoness)——例如通过电子签名或者专有水印。[29] 然而,时间性(whenness)的问题至少已经赫然耸现。

互联网档案馆(www.archive.org)中的时光机(the Wayback Machine),允许用户查看特定 URL 的网页在过去不同时间是什么样子的,并且因此似乎带来对网络持续性在当下的惶恐困惑。时光机将它的用户对万维网的体验置于时间之中,仿佛它们正在翻阅一本期刊的文章,只是它们的搜索结果既不是严格周期性的,也不是完全被时间逻辑所绑定的。用户输入一个 URL,然后获得一个连续的随机日期列表,每个日期中包含 Alexa 互联网公司的网页抓取器所抓获的页面版本。这个结果页面——没有 JacaScript 和其他的动态组件——被呈现为特定时间的工艺品(artifacts),然而,互联网档案馆自身不可能生成一个网络出版物拒绝或者否定的准时逻辑。当用户浏览被档案馆现在的服务器所抓取的过去的网页的时候,每个过去网页的相对程度(relative extent)和完整性都是不明显的。在哪里可以找到每一个呈现在现在网络之中的过去文件的边界和空荡荡的"数据岛屿"？"你还记得1996年的雅虎长什么样子吗？"有一个早期的报道对此畅想，并且赞美早期网络门户的纯朴、整洁的样态。[30]但是，通过1996年的雅虎门户进行搜索，得出来的却是今天雅虎的搜索结果。这个档案馆被塑造成莫比乌斯环。对于它们想要记录收藏的万维网来说，互联网档案馆的服务器不仅收藏万维网，它本身也在万维网之上，以及，如同"最长时间未被修改的"网页一样，关于时光机承诺将其用户所带到的过去，也存在着某种怪异而不可言说的意味。(尽管，如同ProQuest，时光机仍然是一个很好的资源。)

作为事件的网络发布问题——即"最为扼要和语意丰富的时间单位"(Doane, 2002, 28)——必须在与其他形式出版物、其他媒介和使得事件在网上被公开的特定媒介感知的关系之中被提出。这种作为事件的发布与将事件公开化之间的关联并不透明，但是它对于媒介在时间之中以及在历史之中的体验是至关重要的。如同它所合并或者"修复"的系列媒介，网络呈现了时间，并且同时为它的用户生产出时间性；它在记录，也在运行(perform)。[31]在绝大多数的案例之中，记录与运行是分开的，在储存数据和浏览数据的时间间隔之中，它们是依次发生的关系。当用户播放MP3，使用QuickTime文件，或者展示电子文本的时候，记录与执行是不同的。但是在一些重要的案例之中，记录和运行也可能融合在一起，如同"实时"视频的各种构造以及更为广泛的交互体验。不管是分化，还是融合，都不是简单的事情。一方面，网络的时间性如同玛丽·安·多恩(Mary Ann Doane, 2002, 28)所说的"电影时间(cinematic time)的不确定性、不稳定性和不精确性"，另一方面，它激发了马克·威廉姆斯(Mark Williams, 2003, 163)所说的"电视古怪的、变化无常的时间性"，后者深深体现在电视直播上。[32]至少，后一个案例或许展现得与电子文件关系不大，但是，在网络上，实时(real time)再现和生产了瞬时性(instantaneity)或者文件公开所关涉的对现在的感知，因此，它参与建构了作为事件的发布。

然而，如同电视的即时性(liveness)，网页的实时也是一个复杂的结构。"这两个术语都建立在电子媒介在某事物发生的瞬间将其呈现出来的能力"，按照威廉姆斯(2003, 163)的解释，"但是，两个术语在显著不同的语域之中，同样也标示一个否定(disavowal)的关键动力，其中，每个术语都命名一个媒介化的行为，以及渴望将这种行为体验为无中介的"和不费力气的、马上变成即时的和实时的。实时主要是一种效应，一种数据"飞传"的体验，而不仅仅是用户和事件的共同在场(copresence)或者共时性(cotemporality)。实时所代表和生产的瞬息性也并不总是那么瞬息的(instantaneous)——至少现在还不行。实时媒介效应"在不远的未来将得到支持"，威廉姆斯认为：它提供了一种现在的感知，这在一定程度上取决于最大的带宽和最快的下载速度，想要实现还只是一个梦想。紧接着可能到来的是一个永恒的承诺，按照薇薇安·索布切克(Vivian Sobchack,2004,307)的说法,体现在努力对抗电影院(也是努力变成电影院)的 QuickTime"电影"那不稳定的微缩模型上(jerky miniatures),同样以更加令人信服的方式体现在网络冲浪的间歇性延迟上,其中,网络和不同型号的文档的运输导致了一个无法预期的运载时间和不同程度的用户烦恼(aggravation)——至少对于现在来说是这样。[33] "在线时间性",阿兰·刘(2004a,225)注意到,因为这种不可预知性,"可以说是反设计的"[34]。

如果网络实时性是真实的,那么每次点击都能立即被满足,因为点击是用户对于时间上的瞬息最为确定的体验。按照 Mosaic 浏览器和今天微软的说法,每一次点击都是由用户和机器在隐蔽的物理接触点上共同执行的——从手指(digit)到数字(digital)——以及,那些瞬间同时被记录到"历史"之中。[35] 如同所有浏览器所共享的"后退"指令或者编辑程序通常包含的"撤销"指令,IE浏览器的"历史"按键记载了时间上连续的瞬间,将它们按照地点区分,也就是运行的场所,它们对曾经而言是现在,对现在而言是过去。

文件可以以相当简短的程序、通过一些简单的点击,被公布到网络上实时的瞬息之中:它将"花费十分钟时间,甚至还不用",1997 年 7 月,威廉·布莱克档案(the William Black Archive)的一位项目经理向项目编辑解释道。威廉·布莱克档案是一个在 1995 年 6 月启动的项目,旨在依托工具设备出版布莱克作品的数字复印版,以支持布莱克研究。在弗吉尼亚大学的人文学科前沿技术研究所(the University of Virginia's Institute for Advanced Technology in the Humanities,IATH)一起工作的编辑和程序员们不辞辛苦,设计档案,编写代码,搜集和标注文本,扫描制作图像。两年之后,他们终于准备好发布他们第一份布莱克作品:一个布莱克的《瑟尔之书》(*The Book of Thel*)的孤本拷贝件电子版本,被称为《瑟尔 F》。"出版必须完成两步工作",项目经理在一封项目密送电子邮件中写到,"我需要创建一个实时链接,连接搜索页面、《瑟尔 F》本身、书目文献和新的档案版本,并且将警告页面放到还没准备好出版的页面上",然后,"我们需要通过将这些更新版本发到相关邮件列表,来将档案公开化"[36]。第一个任务在 8 月 1 日星期五的下午被完成,第二个任务则等到了 8 月 4 日星期一才解决。电子版本的《瑟尔 F》被发布,并且被广而告之。

错误:私密与公共

威廉·布莱克档案可能是网络上最为精确、记载最完整的出版项目之一,也是最具有自觉性的项目之一,因此,它提供了一个少有的机会,去研究发布过程并且思考作为事件的发布。它是否可以算是一个"档案"尚且可以讨论,但是威廉·布莱克档案呼应了前面章节处理过去的声音和思想时所遇到的保存、可保存性和散播的问题:声音

"被捕捉到"锡箔纸片和蜡筒上面;思想以重要书籍的形式被表达,或者在假想的未来图书馆以字符形式所表达。作为一项与州立研究型大学相关的非商业出版项目,威廉·布莱克档案使网络变成了人文学科前沿技术研究所和其他人所说的"数字人文"的公共舞台。这使得它与今天许多商业化的网络使用区别开来,不过,无论是商业化的还是非商业化的,网络用户都必须依托于制造公众的行为与事件。

很清楚的是,威廉·布莱克的"《瑟尔 F》:电子版本"的发布是"前置性的"(front-loaded);它们依托学者团队数年的劳动——只有在既有的威廉·布莱克档案网页、《瑟尔 F》和相关设备之间建立"即时连接"之后,其成果才完全公开化。所有的出版形式都是前置性的——想一想,在把小说送到出版社之前所做的书写和编辑工作,或者电影投放到院线前的摄制和剪辑——但是从私密到公共的转化,则鲜能如此轻松。在网络上进行发布是很容易的,事实上,它的发生有时候纯属巧合——举例而言,当一个 CNN 网站的设计人员不小心发布了一个正在编辑的关于某些仍健在的公众人物的讣闻链接。这些讣闻原本被放在一个没有密码保护的内部私密网站上,因此,发布 URL 相当于公布了这个页面。在这个案例中,发布的事件和事件的发布都是不合时宜的(untimely)。[37]

如同那些还未发生的讣闻,威廉·布莱克档案的《瑟尔 F》早已存在,早已呈现在人文学科前沿技术研究所的服务器上,并且,它早已在威廉·布莱克档案网页上被命名,只是现在才将其通过链接的方式公之于众,在网上,它可以被公布给"相关服务器列表",这些服务器被认为组成并生产它所潜在流通的公众。《瑟尔 F》也会生产它本身的公众,档案主页写着醒目的"欢迎"(WELCOME),不管用户是来"逛着玩玩,进行学习,还是深度考察"。这些用户自 1997 年起,根据兴趣和机会,也根据公共场合下理性行为的规则而逐渐出现。档案主页罗列了一系列条件——尽管大多是非强制性的——以规限其内容的使用与再使用,并且它警告,"访问档案,意味着你承认已经阅读和接受了这些条件。"[38]仅仅访问《瑟尔 F》就是同意其编辑明确指出的礼仪(decorum)。

作为这种礼仪的明确延伸,在《瑟尔 F》发布数月之后,编辑修改了档案主页,包含了一个推荐的引用格式,将文件的版本信息加以格式化,具体如下:

> 威廉·布莱克。《瑟尔之书》,拷贝件 F。插图 2。威廉·布莱克档案。莫里斯·伊夫斯、罗伯特·N. 埃西克和约瑟夫·维斯科米主编。1997 年 11 月 13 日＜http://www.blakearchive.org/＞。

尽管其中的时间或许表示这个例子被编写的时间,但是,按照编辑的说法,在引用范例中所包含的这个 11 月的时间应该是一个获取的时间,是任何《瑟尔 F》插图 2 的用户可以追溯的。(如同利克莱德在预认知系统里的假设部分,威廉·布莱克档案的编辑们将他们本身的当下插入推断性的未来之中。)不管是1975年布莱克原始版本的印刷日期,还是在1997年8月1日建立"实时链接"的日期,都没有被纳入这个引用格式之中。URL指向档案的主页,将插图2的数字图像和其电子出版的更广大的语境联系起来。这个语境正在持续,并且无休无止,将《瑟尔F》和其他的文件发布到为了"可预期的未来"(Kirschenbaum 1998,239)而延伸的瞬息(instantaneity)之中,并且以一个频繁而持续的现在时态,欢迎用户进入档案馆。[39]

威廉·布莱克档案和类似网络书籍所使用的持续的现在时态,与其说是和伴随它们的实时效应的瞬息性产生共鸣,不如说是和永恒(timelessness)的文化逻辑产生共鸣,其中,如同布莱克这样的经典人物作为丰富多彩的研究主题而存在。如同爱迪生之于华盛顿、林肯和格莱斯顿(1878),或者古登堡项目的《独立宣言》(1971),以及早期留声机公司对"歌剧"的持续鞭笞(flogging),威廉·布莱克档案参与塑造了一个新媒介的权威性(authoritative),通过共同选择文化权威、将新方法与公共记忆的现有主题加以缠绕(当然是通过调用人文学科前沿技术研究所、其赞助人,以及共同参与的布莱克研究者的权威机制)。但是,当如此多的主题是非经典的、商业的或者平庸的时,网络出版物的现状很难呼应经典所据称的"永恒"。对其持续性的探索必须超越其页面的主题。

由于缺乏像人文学科前沿技术研究所(或者CNN)这种机构的文化、制度及金融资本,如今网络的日常用户往往自己建立网页,使用各种现成的"所见即所得"的编辑软件,例如微软的FrontPage或者宏媒体公司(Macromedia)的Dreamweaver,然后将成果发布在商业化的网络服务器之中。在对作为宏媒体公司产品特征的"界面隐喻"的分析之中,塔尔顿·格雷斯佩(Tarleton Gillespie,2003,119,115,113)①注意到有一些用户被术语、默认值(defaults)和被嵌入此类软件之中的菜单选择所约束,他们自己可能浑然不觉。他们体验到这种约束的一个显著结果,是用户意外发布宏媒体案例的频繁程度。Dreamweaver包含着一个教程,让用户体验为一个想象中的名叫Scaal的咖啡店制作网页的过程。格雷斯佩使用一个搜索引擎查找Scaal,由此找到了数以百计的名叫"Scaal主页"的站点。"其中一小部分是对Dreamweaver指南中网站的精确复制,"他解释道,"根据推测,有些人在进行练习,不经意地将页面发布到公共服务器上面。绝大多数的网站则是针对各种产品和利益的真实网站。很清楚的是,这些用户通过修改指南里的HTML(超文本标记语言)代码来生成他们的站点,但是没有修改主页的题目。"这些虚构的咖啡店像鬼城一样散落在网络持续性的当下,有时候像一个完整的商店,但通常就是一个挂在窗户上的残留物。

如同CNN意外早产的讣闻,Scaal网站再次证明了网络发布的相对容易性,在网

---

① 塔尔顿·格雷斯佩,微软新英格兰研究院首席研究员,康奈尔大学传播系兼职教授,研究领域为互联网与现代媒介技术对版权法的影响以及版权法在数字时代的发展,著有《版权与数字文化的形态》等。——译者注

络上，公共与私密共同存在，两者的区别不是直观的，其现在性也不牵涉所有时间和所有用户：当前网络发布的现在性(presentness)根据用户的注意力和专业知识的不同而有所区别。不过，更为重要的是，Scaal 网站提醒我们，数据和元数据(metadata)存在于公众和出版物的不同语域(register)之中。也就是说，用户发布他们自己名为"Scaal 主页"的页面，他们选择使用指南给的＜body＞，却遗漏了对＜head＞的修改。在用户友好的所见即所得式编辑软件的推动(也是约束)下，用户在这种偶然之中，区分出了他们页面的发布和编码的自我描述(self-description)的发布。和许多其他的错误一样，它们的错误指向更为广泛地存在于电子文件之中的潜在假设以及没有回答的问题。

所有的数字物件都包含着数据和元数据。公司和相关机构往往在元数据投入上远超过对个体用户的投入(举例而言，Dreamweaver 的用户基本可以忽略标记，因为程序通过 HTML 标签来指代它们的设计选择)，但是元数据永远存在，无论所讨论的数字物件是数据包、文档、信息还是页面。哪怕是有形的数字物件，例如软盘和 DVD 这种储存媒介，都要求元数据。DVD 上面所有用户可以看到的信息都是数据；他们所看不到的信息，则是元数据。有一些元数据在菜单和标题可以被看到，但是大多数还是看不到的。举例而言，每一个 DVD 都包含着关于其预期位置的任意信息组块，因为美国电影学会(the Motion Picture Association of America)将全球制造商分成了六大区域。作为管制盗版的商业努力的组成部分，DVD 播放器只能够播放它们区域的 DVD。这些信息组块是用户们看到的"电影"的组成部分吗？这个问题对于电影粉丝来说毫无意义，但是对于数据和元数据关系的相关问题，长期困扰着设计和发布电子档案和数据的学者们。"标记的概念地位"(conceptual status)是什么？迪诺·布扎蒂(Dino Buzzetti)[①]对此展开探究："是一种元语言学的描述，还是一种我们书写系统的直接扩张，以用来表达文本内容的复杂特征？""'文本'本身的存在充满疑问。"标记要么不是文本的组成部分，要么是。[40]

尽管有 Scaal 的错误，但是看起来，发布一个网页或者相关的数字物件就是发布它的标记，这种看法鲜少被关注，但是永远都是事实。数据和元数据是无法区分的。举例而言，威廉·布莱克档案所发布的传真图像，每一个都包含文本化的元数据，关于图像所代表的原始版画(engraving)的文献信息，以及关于其制作过程的信息：图片被扫描的日期，来自哪个来源媒介，有什么样的技术特征，软件，硬件，文件大小，分辨率等。这些信息伴随图像，无处不在。尽管"一个图像文件通常被认为包含的无非是图像本身的信息——本质是像素化的位图"(Kirschenbaum，1998，240)——这些 JPEG 文件包含了详细的制作记录，它被隐藏在视野之外，除非是有兴趣或者特别"负责"的

---

① 迪诺·布扎蒂，意大利哲学史家，博洛尼亚大学中世纪哲学教授，研究领域包括中世纪逻辑学、一般逻辑史、数字人文、人文计算等。——译者注

用户才会去查找它们。[41]但是如果文本化的元数据总是隐藏于幕后，实际上，它们也就总是可以被编辑和程序员重新描述，以囊括更多或者不同的信息。举例而言，在《瑟尔F》于1997年8月发布两个月之后，编辑修改了相关的标记术语和模版。[42]今天，《瑟尔F》的电子书籍不再会被追溯到1997年，它会通过一个"修改历史"的页面被追溯到2000年的夏天，这被标示为"转换到布莱克档案描述（description）文件类型定义（DTD）2.1"的季节。至少就现在而言，1997年8月1日《瑟尔F》的发布，只会根据编辑私人邮件的档案拷贝件，被记录为一个万维网历史上的个别事件，这些邮件，或者可以通过对私人电子文件的征求和搜集来获取，或者需要飞到明尼阿波利斯，找那些在传统档案馆里被打印和存放、在明尼苏达大学查尔斯·巴贝奇研究所被加工和保存的拷贝件。[43]

"布莱克档案描述DTD"（Blake Archive Description DTD）界定了威廉·布莱克档案的文档标记组分。"《瑟尔F》：电子版本"——包含着数据和元数据——被发布，而后被修改，编辑和程序员为更多的元数据添加字段，并且对数据和元数据的关系进行调整。对DTD的修改是逐步进行的，加工是编辑不同的布莱克作品文本工作的组成部分，不过，一旦出现大量的更改之后，发布的《瑟尔F》就会被转变成新的版本，DTD2.1。作为案例，下文是杰罗姆·麦甘（Jerome McGann 1996，159-160）①为人文学科前沿技术研究所的另一个项目——罗塞蒂档案（the Rossetti Archive）的文件所发布的DTD的开场白：

```
<!--This is the DTD for the Rossetti Archive document
(rad) structure-->
<!--revised: 6 Oct 94 to add titlePage tags (seg)-->
<!--revised: 9 Mar 95 to add r attr to l, lg and lv
(seg)-->
<!--revised: 25 Apr 95 to add gap and orn.lb tags
(seg)-->
. . .
<!--revised: 15 Jan 96 to change commentaries to
generic sections
and "." style names to Caps style
and rad to header and text (including group)-->
```

如同麦甘（2001，91-94，13）所解释的，并不是罗塞蒂档案所有的变化都会被反映在这里，有一些修改会比其他修改来得更加显著。举例而言，1995年3月重要的修

---

① 杰罗姆·麦甘，美国弗吉尼亚大学教授，人文学科前沿技术研究所创始人，研究领域为文学与文化史、文本研究、数字人文等。他主持建立《罗塞蒂档案》，并且发表大量数字人文理论方法著作，曾获得理查德·莱曼人文计算杰出贡献奖等。——译者注

改,引入了一个方案来整理但丁·加百列·罗塞蒂(Dante Gabriel Rossetti)的文本,并且在不同的文件之中自动鉴别变体版本。尽管版本层出不穷,但都更好地呈现或者允许读者访问罗塞蒂自己的"强迫性"修改。

我的意图并不是要深究其奥秘,或者介入到关于 SGML、XML 或者特定格式和编码策略的持续讨论之中,而是想要阐述一些作为事件的网络发布的复杂性。通常的网络发布不仅仅表现为妥协或者规避更为传统的公众话语的准时性逻辑,而且这些出版物不同组分的公共性质也不相同:数据和元数据是共存的,并且依据各自的日程进行版本控制。而且,由于元数据是"元"(meta-)的,他们的修改过程,也反映了一个作者、编辑或者程序员对数据的持续再阐释。举例而言,用户或许选择或者修改一个<head>,以求更好地适应他们对其<body>或者标题与主题的关系的进一步理解。这就是使得电子档案或者书籍,以及最终是——在我看来——万维网本身,变成麦甘(2001,11)所说的"一台探索文本性(textuality)本质的机器"。而且,一旦机器开始运作,也就不可能体验到作为一个准时性话语里的固定事件的网络发布。哪怕是拥有最为严格的自我意识,被高强度创作或者处理的网络出版物,即那些学术化的电子书籍和档案,都倾向于存在于一个安装、出版和再版的海洋之中,持续地处于当下,却又不断变化。出版和再版——长久以来批判性编辑的存在理由(Raison d'être)——如今同样存在于它毫无愧疚(unapologetic)的持续后果之中。

无论万维网如何因为日期和更新、出版和再版而被标记,如何因为过期链接而残破,如何因为"还没有,但很快"的承诺而发愁,如今,在网上公布某些东西,意味着发布到一个频繁持续的当下,这个当下更多地依托于获取的日期和"欢迎"的体验,而非发布的日期。不断增加的互联网商业使用只会加强这种现在性(presentness):"现在就买!"如此多的页面用以欢迎,并且被贪婪地升级到一键购买和实时交易。然而,万维网始终更多的是文本而非市场["互联网是一个被编写出来的地方",如同人卫·温伯格(2002,165)所说的],而且网络发布频繁持续的现代时态,应该在这种意义上被小心翼翼地加以描述。它拥有修辞上的力量,并且具有显著的经济影响。正如劳伦斯·莱斯格(Laurence Lessig)①和他的同事们——尽管没有成功——在艾尔德诉阿什克罗夫特案(Eldred v. Ashcroft, 2003)之中所抗议的,国会追溯性地(retroactively)延伸版权限定条件的做法,使得它的逻辑变得混乱。[44]从这个意义上说,万维网的现在时态意味深长地吻合于甚至支撑着原创商品的新逻辑——一个反时间性(antitemporal)意味强过非时间性(atemporal)的逻辑,受制于有限条件和可限定性(limitability)的再定义,后者是作为立法者对于越来越多地看到"内容作为一种商业策略资产"的企业精英所给压力的回应。[45]

---

① 劳伦斯·莱斯格,美国哈佛大学法学院教授,斯坦福大学网络与社会研究中心创立者,也是"知识共享"(Creative Commons)组织创始人,以从学术和政治领域推动减少版权和科技应用的法律限制而闻名。——译者注

但是,在万维网践行"晚期"资本主义和全球金融的狂热逻辑的同时,它的现在时态遵循着一个古老的修辞传统观念。这是阐释学的现在时态,关于书写的书写和更广义上的阐释过程。这是梦境解释的现代时态(约瑟夫对法老所说的:"七只肥羊就是七个丰收的年份……")①;引用、转述和相互对照的现在时态("作者在第十页标注了……"和"也可参见……")。这是幻灯片放映、照片相册和剪贴簿展示的现在时态("这里面的我是在密歇根湖边")。这是一个虚拟角色所存活的现在时态:奥德修斯在海上航行;哈姆雷特在自言自语;桃乐茜敲击着自己的鞋跟。这并不是——区别一下——植物和动物所生长的现代时态("菊花需要漫长的夜晚才能开花"和"海狸修筑堤坝"),不是自然和现代科学的现在($e = mc^2$)。同样也不是早期人类学的潜伏民族志的现代时态,其中西方的观察者们习惯性地"否认他者的同时代性"(coevalness),如同约翰尼斯·费边(Johannes Fabian, 1983)所解释的那样。与否定同时代性不同,万维网依托其阐释性空间的奇异性、丰富性和瞬息性而生产着共时代性。简而言之,网络提供了一个阐释的空间,在阐释恒常先在地发生;机器——符合人性的纪律机器——正在运转,无论用户是否承认。"这是一个任何人都可以参加的工作",这或许是它的口号,其中,"任何人"的角色生产着新兴的媒介公众,也被后者所生产;这些新媒介公众,例如那些浏览和点击的用户,以及剪切和粘贴、发布和公布的用户,持续参与阐释性工作,例如进行争论。

"任何人都能参加的工作"(work in which anyone can join)来自《牛津英语词典(Oxford English Dictionary, OEF)》1879 年的最初口号,词典提供了一个有益于对照和比较的视角。当然,与万维网不同,《牛津英语词典》拥有中心化、机构性权威——詹姆斯·穆雷(James Murray)和伦敦语言学会(the Philological Society of London)——以及根据既有的图式而组织起来的字母表。尽管和超文本一样,《牛津英语词典》发布了一个节选和查阅的网站,追溯引用以阐明不断演化的用法。对这个巨大的单体网站,塞思·勒若(Seth Lerer, 2002, 109, 108)②解释道,"在协作之中被建立起来,出于维多利亚时代的阅读习惯",在那时候,散落各地的英语阅读公众成员为编辑寄来各种纸条,提供他们所遇到的各种用法的范例。词典搜集本身"不仅是一个语言的历史,而且是阅读品味的历史",是对《牛津英语词典》编撰的数十年里"对英语散文与诗歌范围的理解方式的记录"。或许有人通过对比会说,万维网发布一个节选和查阅、页面与链接的网络,它被掌握当代计算机专业知识的"任何人"、互联网访问、软件与硬件资源协同建立起来。但是,设想一本《牛津英语词典》里没有任何引文

---

① 来自《圣经》《创世纪》之中的情节,一位埃及法老梦见七只肥羊和七束饱满的玉米穗变成七只瘦羊和七束枯萎的玉米穗,法老遂召唤约瑟夫帮他解梦。约瑟夫告诉法老,七只肥羊意味着七个丰收的年份,瘦羊则代表七个饥荒的年份,提醒法老要早做准备。——译者注
② 塞思·勒若,美国加州大学圣地亚哥分校杰出文学教授,曾任人文与艺术学院院长,研究领域为中世纪研究、文艺复兴研究、比较语言学、学术史等,著有《儿童文学:从伊索到哈利·波特的阅读史》等。——译者注

是过时的,或者更准确地说,没有任何一种对于它们过时性的理解占据支配地位。这样一本词典无法提供语言的历史,但是它仍然可以压缩(encapsulate)并且因此记录在它编撰期间"任何人"的阅读实践。如果编撰持续进行,例如万维网或者新版本的《在线牛津英语词典》,那么它将会不断压缩持续性当下的阅读实践和阐释策略。

这就是我将网络称为一个阐释恒常先在发生的阐释性空间或者符合人性的机器的时候,我想要说的东西。这两个隐喻,如同《牛津英语词典》的类比,都设想了公众以不同方式参与阅读、选择、摘录、链接、引用、粘贴、便携、设计、修改、更新和删除,所有这些都发生在一个语境之中,其中,异质阐释行为的过时性(datedness)被断续地感知或确定。如同没有过时性的《牛津英语词典》无法提供语言的历史,万维网在提供曼诺维茨所说的"新媒介语言"历史的贡献上颇为不足。用户们抓住瞬间的体验(glimpse)——例如通过时光机,以及 DTD 中关于修改的冗长陈述,在谷歌群组中讨论的老帖子之中,在博客圈的归档入口之中,或者在过期的、仍然提供"历史研究目的"的 RFC 之中——但是用户必须小心翼翼地挨个阐释。怀旧情绪(nostalgia)——一个薇薇安·索布切克(2004)所说的"记忆美学"(mnemonic aesthetic)的紧密关联——激发了各种对于过去的"仿造"(emulation),如同 DejaVu(www.dejavu.org)的浏览器仿造,它使得用户们可以体验到今天的网络在网景浏览器 1.0(1995)或者 IE 浏览器 2.0(1995)里面长什么样子。事实上,哪怕撇开怀旧情绪,仿造也是一个被存档数字资源专家们热议的可能保存策略。[46]

并不是网络本身拒绝历史,而是电子文件强迫人们将注意力集中在不同的——往往是可疑的——历史性上,其中,历史总是发生在——至少是——数据、元数据、程序和平台的层面上。(想一想开放资源运动和 Linux 不断更新的版本。)从这个角度上看,网络呈现出来的机遇至少和它所展现的问题一样多。在不屈不挠的情境历史主义(contextual historicism)之中——"晚期"资本主义的发展曲线和时间代码,伴随着无法动摇的、如影随形的进步意识形态——网络参与制造了历史本身的问题。电子文件或许可以违抗文献学,但是它们强烈地激发了文献学的冲动。在起源上的每一个空白(对于不知道一个数字物件从何而来的不适感)能够把起源议题提到台面上。我对此满怀希望。所假定的"时间性的终结"紧密联系着今天的传播技术,并不意味着时间性的终结,就如同 19 世纪电报带来的"空间的湮灭"对于空间终结的可能性一样。[47]仿造作品作为一种保存策略,部分地因为它自觉地强调页面和文件之间的差异——也就是,格式问题和关注的事情之间的差异。从这个角度上看,万维网提供了一种物件的通俗经验,杰罗米·麦甘称之为"文本条件"。尽管原始文件的真实性是一种直观的方向来源,并且在某些情况下(例如信托机构、国家机关和法庭)关乎实际需求,但是原始文件本身并不存在,因为文件"只是"意义的社会经验。我所编写的文件和我编写依靠的桌面窗口,并没有什么本质上的区别。两者都是被储存在硬盘之中、呈现在屏幕之上的数据和元数据。前者作为一份文件,是因为其语境,而不是因为其形体,其中的语境牵涉到专业知识、铭刻方式、书写性(writtenness)和计算机技术——也就是意义和意义的在场(presence)——的整个社会领域和人类劳动。

H-Bot

这并不是要否认万维网呈现了对媒介史的有趣挑战,或者否认今天的美国文化持续感受到一种与历史记忆复杂多样的关系。乔治梅森大学的一个历史学家和那里的历史与新媒介研究中心合作,开发了一个他称之为"H-Bot"的程序,一个拟人化的搜索引擎,以使学生们从记背日期的单调乏味之中解脱出来。这并不是一个帮助用户记忆的记忆协助设备,而是一个记忆义肢(prosthesis),从网络上获取日期,因此用户就不需要记背它们了。如同袖珍计算器在数学和科学课堂上的引入,这个 H-Bot 意在让学生脱离相关的琐碎之事,让他们可以更加专注于更有趣的概念工作。[48] 目前(在"alpha 版本"),在历史与新媒体研究中心网站中,搜索引擎以如下方式问候用户:

> 我已经准备好为您搜索某些事件发生的年份(公元 1000—1990 年),或许还能够找到确切的日期(如果您有填写的话)。请用过去时态输入您的搜索短语,并且尽可能地填入细节。举例而言:
> >>查尔斯·达尔文出生(而不是"达尔文出生")
> >>《自由大宪章》被签署(而不是"《自由大宪章》")
> >>柏林墙倒塌
> >>维多利亚女王登基
> >>黑斯廷斯战役打响
> >>詹姆斯·乔伊斯的《尤利西斯》出版

用户输入一段陈述到查询框,并且点击一个"在这一年……"的按钮。作为响应,H-Bot 部分依靠谷歌搜索算法所提供的分析结果,部分依靠本地化的数据库和标准化的检索语言,鉴别出事件所发生的日期。举例而言,在 1.9 秒之内,它可以回应"詹姆斯·乔伊斯的《尤利西斯》出版"的陈述"我非常确信是 1922 年"。重复搜索所花的时间不同,取决于网络与服务器的负载和检索内容的特殊性与规范性。H-Bot 无法回答关于发生时间超过一年的事件,例如"詹姆斯·乔伊斯在都柏林生活"(时间段)以及"尤金·V. 德布斯参选总统"(在不同年份发生了好几次)。检索词语的特殊性会产生很大的差异。H-Bot 会犯一些有趣的错误。

H-Bot 有时候会把虚构内容误解成事实。举例而言,询问火星人什么时候在新泽西着陆,H-Bot会非常自信地回答是1938年,这是奥尔森·威尔斯(Orson Welles)的"世界大战"(War of the Worlds)播报发生的年份。询问利奥波德·布鲁姆(Leopold Bloom)什么时候在都柏林走动的时候,H-Bot会非常自信地回答是1904年,而这是乔伊斯1922年的小说里所发生的事件的日期。这两个案例都是因为对网络呈现进行区分的相对缺乏造成的:事件就是事件,无论它们是否真实发生过。H-Bot并不会区分火星人或者布鲁姆是不是虚构的,因为它并不认识阐释运作的多个层面——一个远远超过现在时态和过去时态之间本地性或者语法性区别的语义学问题。询问电话是什么时候发明的,H-Bot会非常自信地回答1860年,这是根据安东尼奥·穆奇(Antonio Meucci)以及还可能有菲利普·莱斯(Philip Reis)的工作进行的判断;询问亚历山大·格雷厄姆·贝尔(Alexander Graham Bell)是什么时候发明电话的,答案是1876年。发明的常规含义制造了这些矛盾性的结果,然而,H-Bot对于这些语义学问题同样视若无睹。它的极端自信并不来自任何真实理解或者人工智能,而是来自其用户的自然假设,即一个完美的搜索算法有一天能够被发展出来分析谷歌的万维网索引,这个索引是根据谷歌本身那充满问题的、其设计者称为万维网"独特的民主"本质的假设而被建构的。[49]

如同1854年的互联网,H-Bot之所以"犯错误",是因为用户允许其人格化(personification),根据程序实际运作的方式,使之代替自己对人类劳动成果的关注。H-Bot完全按照数据的编程方式进行运作。它的错误是一种口误,是一个让用户们再次审视他们对阅读机器和自知文本不懈的无意识渴望的机会,基于此,蒂姆·伯纳斯-李和万维网联盟事实上已经将语义网(the Semantic Web)设想为一个相比今天万维网来说更好的更能够自我读取的版本。[50]在后来的化身之中,H-Bot可以很好地规避新泽西火星人和其他类似的妄想,但我希望它做不到。作为一个(对日期来说的)袖珍计算器,H-Bot再次铭刻(reinscribe)其设计者们试图淡化(trivialize)的历史事件的有限结构:出生、死亡、战争、条约和登基。但是作为一种尝试产生妄想性结果(chimerical)的游戏,H-Bot刺激玩家们去思考作为复杂阐释活动的历史事件和数字呈现。在什么意义上,虚构的事件在发布时"发生"?通过什么途径可以让发明——或者说电话的发明——的定义被质问和扩展?事件本身如何被将它们阐释为事件的回顾性检索所生产?玩家通过有意识地输入他们对历史、网络、网络历史的知识,来测试H-Bot的"理解"。简而言之,历史是这个游戏的对象。作为对象,历史首先要求有对于过去显著详细的知识;其次,一个对搜索引擎如何运作的简单感知;再次,一个对网络上历史呈现形式和多样性的广泛推测;最后,一个对其本身历史性地被生产的"历史"的相关感知力(sensitivity)。玩家们预设了一个由累计劳动堆叠而成的可检索网络,然后他们享受了——他们赢得了——一个高度历史化的历史版本。

注释

[1]也可参见 Rosenzweig(2004),罗伊·罗森茨威格在发给作者的私人电子邮件中证实了他通过 Lexis/Nexus 进行研究。

[2]ProQuest Company,"ProQuest Historical Newspapers," copyright 2004,＜http://www.proquest.com/products/pd-product-HistNews.shtml＞(accessed February 2004). ProQuest 公司的米歇尔·L.哈珀(Michelle L. Harper)慷慨回答了我关于数字版《纽约时报》如何制作的问题。

[3]这种"物也是人"(things-are-people-too)的感知在拉图尔身上体现得淋漓尽致;在这里我要感谢 Latour(2004)。"脏的 ASCII"是 ProQuest 对于原始 OCR 结果的形容,海外承包商的员工"重新键入"标题和文本的其他部分,对这些数据进行清理。

[4]这是 Seth Lerer(2002,17-18)对于勘误表的挑衅性描述。1854 年的互联网是对勒雷(Lerer)问题的一种回答,"随着机械复制时代向数字传输时代转换,是否还会存在错误?"

[5]索布切克探讨的是 QuickTime"电影",但是她的观察某种程度上也适用于此。ProQuest 的《纽约时报》是一种未经审美化或者通俗化的数字物件,而不是一种有助于形成索布切克意义上"助记美学"(mnemonic aethetic)的怀旧物件。

[6]参见 http://www.w3.org/History,我承认,我在这里使用动词"发明"是具有倾向性的。有关万维网起源的详尽说明,参见 Gillies and Calliau(2000);也可参见 Berners-Less and Fischetti(1999)。"万维网简史""由罗伯特·卡里奥(Robert Calliau)在 1999 年左右创建",由网站"Dan Connoly(2000)"的网络管理员标注日期,作者在 2002 年 2 月和 2004 年对其进行访问。

[7]关于艺术史讲座的语境,参见 Nelson(2000),当然,艺术史学生越来越多地依靠艺术作品数字图像的投影。

[8] World Wide Web Consortium,"About the World Wide Web," 1992, updated January 24, 2001,＜http://www.w3.org/WWW/＞(accessed May 2002)。

[9]参见 Loizeaux and Fraistat(2002)。

[10]关于"知识工作",参见 Liu(2004a,391-393)。

[11]"关注的事情"也来自 Latour(2004),这种将文件视为解释性盟友的观点也是来源于此。另请参见 Levy(2001,23)认为文档是在特定意义语境之中"谈论事物"的观点——莱维(Levy)的这个想法部分从拉图尔发展而来。

[12]Peter Lyman,"Problem Statement:Why Archive the Web?"Reports and Papers, National Digital Information Infrastructure an Perservation Program,＜www.digitalpreservation.gov＞(accessed April 2004)。

[13]Rosen(1994,109-117)。"索引性幸存物"是他的术语。

[14]关于本雅明,参见 Cadava(1997)。

[15]关于电视对历史的"过度生产",参见 Schwoch,White and Reilly(1992,3)。

[16]Gertrude Himmelfarb(1996), quoted in O'Malley and Rosenzweig(1997).

[17]Sobchack(1996, especially 1-14).

[18]Liu(2004b, 8).

[19]普莱斯(Price)所描写的是小说,而非网络,但是他的论点放到网络同样成立。

[20]John Unsworth, "The Importance of Failure," *Journal of Electronic Publishing* 3 (December 1997), <http://www.press.umich.edu/jep/03-02/unsworth.html> (accessed April 2004).

[21]就如同 Liu(2004b,72)所说的,将内容从呈现之中分离出来的意识形态意味着"知识(后工业主义的巨大价值)正在从呈现的真正含义——劳动——之中被分离或者提取出来"。

[22]"These Weapons of Mass Destruction Cannot Be Displayed," <http://www.coxar.pwp.blueyonder.co.uk> (accessed June 2004). See also "404 Research Lab," <http://www.404lab.com/404> (accessed June 2004).

[23] 44 天是莱曼(Lyman)在 2000 年和卡利(Kahle)在 1997 年的数字,最近则有 Rick Weiss, "On the Web: Research Work Proves Ephemeral; Electronic Archivist Are Playing Catch-up in Trying to Keep Documents from Landing in History's Dustbin," *Washington Post*, November 24, 2003, A8.

[24]斯科特·卡尔森(Scott Carlson)做了研究报告,"Here Today, Gone Tomorrow: Studying How Online Footnotes Vanish," *Chronicle of Higher Education*, April 30, 2004, A33. ACLS 人文社会科学赛博基础设施委员会正在探究机构与学科基础设施的观念,我同样要感谢约翰·安斯沃斯的介绍:"Do the Humanities Need a Cyberinfrastructure: A Conversation with John Unsworth," at the Washington, DC-Area Forum on Technology and the Humanities, Georgetown University, April 27, 2004. See also Bowker and Star(1999) on infrastructure.

[25]关于这些以及思考网络保存议题的相关文章,参见 Rosenzweig(2003)最近的呼吁。

[26]Both quotes are from the indefatigable Peter Graham, then Rutgers University Libraries, posting to Newsgroup<bit.listserv.pacs>, Octorber 24, 1994 (accessed via Google Groups, June 2004).

[27]正如莫里斯·伊夫斯(Morris Eaves)在查看服务器清单的帖子后给他在威廉·布莱克档案项目的同事发的邮件中所说的,"我没有意识到标准解决方案有这么

多的问题"(1997年9月11日);hard copy at the Charles Babbage Institute, CBI 174 William Blake Archive, Box1, Folder7.

[28] Charles Acland(2003, chapter3)对于当代电影院的时间性问题颇有见地。

[29] Lessig(1999).

[30] "数据岛屿"来自 Lui(2004b)。关于时光机,参见 Chris Sullivan, "The Wayback Machine: A Web Archives Search Engine," *Search Day* 127, October 30, 2001, <http://www.searchengine.com>(accessed May 2002)。

[31] "修复"来自 Bolter and Grusin(1999);最后这句则转述自 Doane(2002, 24)。

[32] 也可参见 Schwoch, White and Reilly(1992)。多恩写的并不是数字时间性,但是她对于电影时间的分析对于我在这里的思考同样有帮助。

[33] 关于运载时间,参见 Shields(2000, 157-158)。

[34] 此外,Liu(227)评论道,"'实时'网络媒介可能不会集中于单一、普遍的时间直觉,而是集中于多种多样的新时间体验。"

[35] 马克·安德里森解释了最早的 Mosaic 浏览器(由伊利诺伊大学国家超级计算应用中心开发),其"功能"包括"依托窗口的历史列表(包括'你去过的位置'和'你可以去的位置')"和"在不同会话中都存在"的"以前访问过位置的全部历史";newsgroup post to <alt.hypertext>and other newsgroups, February 16, 1993, re-posted at <www.dejavu.org>by Pär Lanneri(accessed April 2004)。

[36] Matthew Kirschenbaum, posting to < blake-proj @ jefferson. village. virginia.edu>, July 31, 1997; hard copy accessed at the Charles Babbage Institute, CBI 174 William Blake Archive, Box1, Folder 5.

[37] David F. Gallagher, "Don't Mourn, Yet: These Obits Were Only Designs," *New York Times*, (April 21, 2003), C4;CNN 几乎是立即关闭了这些网页的访问权限,但是在这之前,一个叫做确凿罪证(Smoking Gun)的网站将其截图并且发布于 www.thesmokinggun.com。

[38] Updated December 6, 2001(accessed June 2004); see citation in the text below.

[39] 也参见 Viscomi(2002); Morris Eaves, "Collaboration Takes More Than E-mail: Behind the Scenes at the William Blake Archive," *Journal of Electronic Publishing* 3, no.2(1997), <http://www.press.umich.edu/jep/03-02/blake.html>(accessed May 2004)。

[40] Dino Buzzett, "Text Representation and Textual Models," < http://www.iath.virginia.edu/ach-allc.99/proceedings/buzzetti.html > (accessed March

2004).

[41]同样的说法出现在 Viscomi(2002)。

[42] Posting to ＜blake-proj@jefferson.village.virginia.edu＞, October 1997; hard copies accessed at the Charles Babbage Institute, CBI 174 William Blake Archive, Box 1, Folder 6.

[43]谷歌群组确实包含着约瑟夫·维斯科米(Joseph Viscomi)发布的新闻群组,将 8 月 4 日公告的副本转发给＜bit.listserv.arils-l＞(accessed June 2004)。

[44]Wirtén(2004,134-135)。

[45]Wirtén(2004,78)。

[46]网站 www.dejavu.org 表达了这种怀旧情绪(accessed April 2004)。关于模仿和保存策略,参见 Rosenzweig(2003)的概览。

[47]参见 R. Johns(1998,10-11);空间的湮灭被美国邮政的观察者所设想,它早在电报出现前就已经发生。

[48]截至成书之际,丹·科恩(Dan Cohen)还在开发 H-Bot,它仍然没有连接到乔治梅森大学历史与新媒介中心的公开页面 http://chnm.gmu.edu/tools/h-bot/(accessed July 2994)。埃琳娜·拉兹洛戈娃(Elena Razlogova)向我介绍了 H-Bot,我对她提供我相关知识以及罗伊·罗森茨威格引导我查阅该中心其他资源表示感谢。H-Bot 的描述和引用得到丹·科恩的允许,2004 年 7 月 14 日。

[49]对于谷歌的"链接即选票"假设的简要批评,参见 Geoffery Nunberg, "As Google Goes, So Goes the Nation," *New York Times*, May 18, 2003, WK4;"当涉及更专业的话题的时候,评判会不成比例地重视活动家和热心人士的意见,这些意见可能与广大公众的观点不一致。就好像联合国大会通过将问题递交给最关心这个问题的国家来做决定:瑞士对制表业做出裁决,日本对捕鲸做出裁决"。也可参见 Introna and Nissenbaum(2000)。

[50]关于理念中的语义网,参见 Lui(2004b);也可参见 Tim Berners-Lee, James Hendler, and Ora Lassila, "The Semantic Web," *Scientific American* (May 2001), ＜www.sciam.com＞(accessed June 2004)。

结语　书写媒介史

"好话不能长久,除非它们有所作为。"
——约瑟夫酋长,华盛顿特区,1879 年①

1877 年,在爱迪生一头埋进新泽西的门洛帕克实验室,忙着研发电话、电报和锡箔留声机的同时,美国政府则还在与北美的印第安人交战。到了 10 月,内兹佩尔塞部落的军事战争和随之而来的败退,终于在今天爱达荷州的土地上告一段落。约瑟夫酋长以那句不朽的名言向政府军首领霍华德将军投降:"在阳光能够照到的地方,我将永远不再战斗。"他的话之所以能够不朽,依靠的是亚瑟·查普曼(Arthur Chapman)团队的口译,以及霍华德将军工作团队的成员查尔斯·厄斯金·司各特·伍德(Charles Erskine Scott Wood)通过铅笔和便笺纸的记录,这使得词语"在被说出的瞬间"便得以留存。1877 年 11 月,《哈珀周刊》(Harper's Weekly)——这本自我标榜为"文明杂志"的刊物——将伍德所记录的版本公之于众。尽管手稿乃至拷贝件在后来先后遗失,但是伍德直到 1936 年都能记得投降宣言里的每一句话。然而,与此同时,约瑟夫酋长本人向一位华盛顿记者提供了另一个版本的事件描述。1879 年 4 月,《北美评论》(The North American Review)以《一位印第安人眼里的印第安事件》为题,刊登了约瑟夫酋长版本的事件描述。这篇文章详细地展现了内兹佩尔塞人在政府军管制下所遭受的不公待遇,其中就包括以谎言诱骗约瑟夫酋长在 10 月份投降,以及扭曲了的那句名言的原初版本:"在阳光能够照到的地方,我将不再战斗。"[1]

"我将不再(no more)战斗"和"我将永远不再(no more forever)战斗",哪句才是约瑟夫酋长的原话?严格来说,两句话都可以算原话,也可以都不算。因为他并不是用英语演讲的,而且"不再"和"永远不再"也很相似。这份公开的记录稿之所以含义模

---

① 约瑟夫酋长,原名 Heinmot Tooyalakekt,是北美最受尊敬的印第安人酋长之一。他领导内兹佩尔塞印第安人在 1877 年的战争中反抗美国政府军的镇压。在当时,由于美国政府要将内兹佩尔塞印第安人从俄勒冈的祖传领地驱逐到位于爱荷华的保留地内,引发了印第安人的反抗。约瑟夫酋长及其部落进行了数月的斗争,最终由于无力抵抗,在蒙大拿州北部选择投降。作者所引用的名言出自约瑟夫酋长在华盛顿发表的投降宣言。——译者注

糊,也可能有其他原因,比如既有证据颇为缺乏,当时,声音还没办法被留存下来。当然,如果在今天用谷歌进行检索,就会发现版本之争的胜负结果早已见分晓:如果将谷歌检索弹出的链接情况比喻成投票结果,就可以看到"我将永远不再战斗"是最为普遍的版本,"我将不再战斗"和"我将不再与白人交战"也可以说得到了一定的票数支持。不过,如果仔细斟酌这件事便会意识到,正是"事实至上"(just the facts)、"非真即假"(true or false)这些基于声音录制的知识以及教科书历史上常见的确定性观念,将问题引向目前这个颇为令人不适的处境。都不是、都是、非此即彼:除非我们确实成功地按照迪佩什·查克拉巴蒂(Dipesh Chakrabarty)[①]的说法"将欧洲地方化"并且对经验主义展开批评,否则,约瑟夫酋长说了什么,就必须有一个确切的答案。声音录制的实践,以一种不为人知的方式助长了这种不适的形成,因为对于负责设想中介化过程的工作人员来说,演讲是被看作可公之于众、可被证实/证伪的,是"精确的"[2]。演讲的不朽性质形成的一个重要因素,就是所有这些被构建出来的使之可被留存的工具与机制。这么看来,约瑟夫酋长投降宣言里那个不知道是原有还是后来追加的"永远",不仅预示了他这份投降宣言将会出现的结局,也展现了在即时收录和保存演讲这件事情上所可能涉及的问题。

约瑟夫演讲挥之不去的谜团,暗示了我在上文详尽叙述的解释与保存、记录与文件之间特殊的联结。不知道是约瑟夫还是伍德所说的这个"永远",关联着这句名言所拥有的不朽性质的问题——这个问题无法与相互连接并且以不同方式被使用和经验着的主体以及铭文工具相剥离。约瑟夫酋长那句"不再战斗"在谷歌上的点击量,暗示着当前时代对美国印第安人长期流传的演讲术浪漫传统的数字迭代,其中,约翰·洛根(John Logan)[②]和红夹克(Red Jacket)[③]的文字在教科书上激情澎湃地"发言",可以被一代又一代的美国学生铭记、引用——甚至是点击。只有结合这些语境与问题的困难,爱迪生在1877年所宣称的第一次"捕捉"到"逃逸的"声音,才能被清晰地理解。[3]也只有结合这句不知道是不是约瑟夫酋长原话的"永远"所伴随的深度与复杂性,才能让"记录"与"文件"这对关键词变得富有意义。

在前文中,和这个"永远"虽不相同但是紧密相关的东西始终隐秘地存在,并且在文学史上的各种典故(allusion)中不时出现,在某种意义上,对印第安演讲术的浪漫化建构不过是其中的一个章节。由于我个人的教育经历,文学史是我研究人文学科现成

[①] 迪佩什·查克拉巴蒂,印度学者,芝加哥大学历史学杰出教授,美国艺术与科学院院士,澳大利亚人文学院荣誉院士,后殖民史学和贱民研究(subaltern studies)的代表性学者之一。代表作有《地方化欧洲:后殖民思想与历史差异》等。"将欧洲地方化"(Provincializing Europe)是迪佩什·查克拉巴蒂提出的重要论题,该论题意在破除由于殖民主义而形成的欧洲中心主义预设,将欧洲文化看作与其他文化一样,是特定时空背景下产生的文化观念。作为后殖民史学的代表性观点,这一论题提出后在历史学界产生了重大反响。——译者注
[②] 约翰·洛根,1725—1780年,原名Tahgahjute,著名印第安酋长,以擅长演讲著称。——译者注
[③] 红夹克,1758—1830年,原名Otetiani、Sagoyewatha,印第安塞内卡部落酋长,以其出色的演讲能力而闻名,1805年,他发表题为《白人与红族的宗教》的演讲,被广为传颂。——译者注

的案例。与文学史相关的一系列学科在 19 世纪末带着"奇怪的负担"建制化,按照劳伦斯·维西(Lawrence Veysey,1979,52)所说,它们是"为了代表高等'文明'的遗产"而被设置的。我的目标,当然并非固化这样一些针对文学或者"文明"的看法,而是通过案例来推动某种方法,使得通过媒介史书写,可以触及人文学者及人文学科的认识论与相应实践。如同洛兰·达斯顿(Lorraine Daston,2004,363)[①]所观察到的,在科学知识的社会学(由于找不到更为贴切的术语暂且称之)之中存在着一种健康而多元化的文学。学者们已经探索过,"生物学家是如何学习在显微镜下进行观察的,植物学家如何学习通过简明拉丁文辨析植物,物理学家如何学习通过数学模型对复杂的现象进行抽象概括"。科学史家为他们的读者们提供了"真理(truth)的社会史"[4]。然而,针对人文学科相关知识如何形成的思考,仍然颇为罕见:文学批评家们是如何学习进行批评的?达斯顿发问,"艺术史家如何学会观看?历史学家如何学会阅读?哲学家如何学会论辩?艺术史的幻灯片搜集、档案研究的开端、研究生研讨会有着什么样的历史?"人文学科中真理的社会学起源是什么?媒介史与这些问题息息相关(尽管不是唯一关切这些问题的学科)。更重要的是,媒介史同时在日常实践和学术研究层面为人文学科的认识论与阐释实践提供了路径;媒介不是人文学科的研究工具,而是整个人文世界(humanism)的工具,它持续地介入和组成被社会地实现的协议,这个协议界定了交流的场所和意义的根源。媒介史至少提供了——撇去更多不谈——知识与信息的物质文化。

  声音录制的早期历史与摩西·科特·泰勒对美国早期文学的排序有何关联?分布式数字网络的早期历史与美国国家人文基金会(National Endowment for the Humanities)[②]资助出版的爱默生及其他文学巨匠的作品有何关联?我已经通过建立温和而语境化的联结来阐明,媒介史与文学史的关系并非谁决定谁,而是同根同源。含蓄地说,媒介史书写最大的一个好处,就是它悄然提供了一种人类学家阿尔弗雷德·盖尔(Alfred Gell,1992,42)[③]所说的"方法论上的市侩性"(methodological philistinism),对这些被奉在神坛之上的文化产品——文学的或者其他的——嗤之以鼻,转而将那些影响人文主义及人文研究的操作推上神坛。盖尔用了一个比喻来描述这一视角:要理解其中的差异,可以借助对搁置信仰问题来研究宗教(宗教人类学、宗教研究)和在信仰之中研究宗教(神学)这两者的直观对比。通过对比,就可以抓住搁置美学问题而研究文学(媒介史)和"在信仰之中"学习文学、把文学性(literariness)与文学审美自然化(英文)之间某种类似的差异所在。[5]

---

① 洛兰·达斯顿,美国科学史学家,柏林马克斯·普朗克科学史研究所荣誉所长,是研究欧洲早期现代科学史与知识史的权威。——译者注
② 美国国家人文基金会,成立于 1965 年,是一个致力于支持研究、教育以及人文保护的独立联邦机构。——译者注
③ 阿尔弗雷德·盖尔,英国社会人类学家,研究领域为艺术、语言、象征仪式。——译者注

让我赶紧强调一下,与盖尔的观点类似,研究媒介史并不是会让人变成市侩,相反,它改变了美学的方法论路径,使其神圣地位(也即审美价值)的各种条件更为清晰可见。其目标是在更为广泛的意义上理解美学。[6]这进一步阐述了约翰·盖尔利(John Guillory, 1993, xiii)①在《文化资本》里所做的精巧之举,他关注今天人文学科危机的方式,是通过聚焦"讨论社会及制度语境下的经典形式,而非谁属于经典这种问题的学科论辩。我们称之为'文学'的形式组织起了课程的大纲,并且比起用以解释经典性的社会判断力,更为直接地决定了选择的标准"。孕育出作为一种经典形式——在盖尔那里是信仰——的文学性的社会及制度语境,部分地依靠媒介也就是将交流建构为文化实践的技术与条件而组成。经由此,就为任意一种形式的文学交流奠定了基础,不管它是由泰勒开始的早期美国文学,还是经过现代语言学会(MLA)②准许印行、由美国作家出版中心(the Center for Edition's of American Author)③编辑的美国作家作品。盖尔利通过对沃尔特·本雅明(Walter Benjamin)的引用认为,"所谓经典性,并不是内在于作品本身,而是存在于作品网络的传递(transmission)之中。"

盖尔利这个传递的视角,讲的是在课程大纲所存在的制度性场所、也即学校之中来重新审视课程大纲;当然,还可以将此推而广之,研究"知识被发展、组织和传送的方法,如何在过去、现在乃至未来参与知识的塑造"。这种"传递的技艺"能够展现现代文本精确性的历史(可见第三章)——包括书写、印刷以及非印刷类媒介出现并且持续发展的历史。[7]正是在这个意义上,梅勒迪斯·L. 麦吉尔(Meredith L. McGill, 2003, 8)的美国再版印刷史展现了关于知识著作权的争论如何帮助"建构文学领域,以及关于文学之文化地位的问题如何被吸纳到文本自身之中"。还有,在类似的意义上,乔治·卡尼萨雷斯-埃斯格拉(Jorge Cañizares-Esguerra, 2001, 6-8, chapter1)④关联了关于北美印第安人手稿以及书写历史的巴洛克式论辩和大约可追溯到18世纪末期的现代史学感知力(Historiographical sensibility)的发展。与麦吉尔的文学领域、卡尼萨雷斯-埃斯格拉的史学感知力类似,泰勒的录音和爱默生的文件,都根据录音与文件的"流通性"(economy)而被结构化——美的或者非美的,具有或不具有"文学性",使用纸张或者其他方式记载——一切都得益于在其争议所在的语境下的文化流通。争议、论辩和媒介史特有的"流通性",以各种方式生产着文学、历史,也就是文化数据本身。

在今天,有如此之多的数字交流渠道,文化数据日益通过电子化的方式被表达、加

---

① 约翰·盖尔利,纽约大学英文教授,研究领域为早期现代文学、文学批评史、20世纪文学理论等。代表作包括《文化资本:文学经典形成的问题》等。——译者注
② 美国现代语言学会,成立于1883年,是美国在语言与文学教学上最为主流的专业学会。——译者注
③ 美国作家出版中心,成立于1963年,由现代语言协会建立,旨在促进文本和书目研究,监督经典美国作家的著作出版。——译者注
④ 乔治·卡尼萨雷斯-埃斯格拉,美国德克萨斯大学奥斯汀分校历史学教授,以研究大西洋史、早期科学史等领域闻名。——译者注

工、传递和存储，所存在争议的语境又是什么？前文已经揭示了相关联的语境可以有多广阔，尽管正在发生的人文学科危机预示着它们有多动荡不定，有时甚至充满争议性。如同在19世纪末期，声音录制的新媒介在工业化传播的混乱之中涌现出来，在今天，新媒介也从一个类似的"后工业"混乱之中涌现出来。回顾19世纪，这种混乱使得文本的起源出处往往成为问题（在文献学意义上），接受情况常常存有疑问（在社会学意义上），著作权则在全球市场冲击法律的背景下永远处在强烈的争议之中。那么，在网络上，书写和阅读、观看与获知显现出什么政治经济学特征？电子化信息如何被保护和存储？有谁知道这些或者那些数字内容来自何处？哪张图片是被伪造的？谁给我发了垃圾邮件？新媒介的涌现被这些混乱所围绕，它们也部分地帮助了所谓后工业和后现代的秩序重构。

可以通过详述两个案例来呈现两个美国世代的对称性：一方面，"对秩序的寻找"（历史学家罗伯特·H. 韦伯对 1877—1920 年这一时期的描述）以排斥约瑟夫酋长们作为代价；另一方面，单一超级大国的"新世界格局"则以指定"恶魔"及其"附属的"受害者作为代价，例如在伊拉克所发生的那样。不过，首字母大写的秩序（Order）的问题已经超出了本书的范围。与之不同，媒介史所提供的则是永远在涌现生成的公共生活与公共记忆的小写的秩序（order）。尽管想要关联宏大的图景和"小写的秩序"并不容易，然而关于特定铭文的意义性所引发的困境与争论告诉我们，这样的关联确实存在，并且值得被仔细探究。我所用的案例或许是留声机和电子文件，但是其中的道理，同样适用于研究征兵证、绿卡以及其他的纸类材料，甚至是录音带里的缺漏片段、暗杀行动里的神秘录像和疑似导弹基地的卫星影像。

注释

[1] *Haper's Weekly*, November 17, 1877, 906；参见 Fee（1936，281）；"An Indian's View of Indian Affairs," 署名"Young Joseph"，内布拉斯加州传道会主教威·H. 黑尔（William H. Hare）为这篇文章写了导语，*North American Review*（April 1879）：412-433.

查尔斯·厄斯金·司各特·伍德的"Appendix I"可以参见 Fee（330-331）。Fee 版本的约瑟夫酋长说的是"在阳光能够照到的地方，我将不再与白人战斗"。青木晴夫（Haruo Aoki, 1979）分析了九个不同的英文版本，最早的一个发表在 *Chicago Times*, October 26, 1877, 120-123. 我要感谢 J. 黛安·皮尔森（J. Diane Pearson）指引我关注青木教授的研究，并且向我描述她正在进行的关于约瑟夫酋长的研究。

[2] 这是为了强调不同的技术在不同文化语境下有不同的意义，这是 Miriam Hanson（1999）在联系到查克拉巴蒂的作品的时候提出的观点。

[3] 关于逃逸的更多解释可以参见 Best（2004）。在一个"更多类比而非年表所推

动"的新历史主义分析中,Best 强调,美国知识产权的法律以奴隶制度法和逃奴追缉法作为基础。

[4]《真理的社会史》是 Steven Shapin(1994)所著书的书名。

[5]"就如同宗教人类学首先必须或明或暗地否定宗教施予信众的要求",盖尔解释道,"艺术人类学也必须从否定艺术物件施加给被它们笼罩的人们的那些要求开始,当然,这种要求也会被施加给我们本身,只要我们承认自己也是艺术崇拜的信徒"。用同样的方法来看待广义上的人文学科:搁置信仰的问题来研究历史(媒介史),和"在信仰之中"研究历史(大写的历史),必然有显著的区别。

[6]盖尔从这个角度批判了皮埃尔·布尔迪厄的作品,因为社会学家"从来都没有真的关注艺术物件本身,把它当作人类智慧的具体结晶,而只是关注它形成社会区分的力量……我们必须保有美学路径的分析能力,以阐述艺术物件作为物件的特定客观性特质……而不是屈从于这些制作精良的艺术物件使人类意识为其美学特质进行调适的魔力"。

[7]关于传递的技艺,可以参见 Chandler,Davidson and Johns(2004,2)。

参考文献

Aarseth, Espen J. 1997. *Cybertext: Perspectives on Ergodic Literature.* Baltimore: Johns Hopkins University Press.

Abbate, Janet. 1999. *Inventing the Internet.* Cambridge: MIT Press.

Abelson, Elaine S. 1989. *When Ladies Go A-Thieving: Middle-Class Shoplifters in the Victorian Department Store.* New York: Oxford University Press.

Acland, Charles R. 2003. *Screen Traffic: Movies, Multiplexes, and Global Culture.* Durham, NC: Duke University Press.

Allen, Robert C. 1991. *Horrible Prettiness: Burlesque and American Culture.* Chapel Hill: University of North Carolina Press.

Altman, Rick. 1984. Toward a Theory of the History of Representational Technologies. *Iris* 2, no. 2:111–125.

Altman, Rick. 2004. *Silent Film Sound.* New York: Columbia University Press.

Andem, James. 1892. *Practical Guide for the Use of the Edison Phonograph.* Cincinnati, OH: C. J. Krehbiel and Co.

Anderson, Benedict. 1991. *Imagined Communities: Reflections on the Origin and Spread of Nationalism.* Rev. ed. London: Verso.

Aoki, Haruo. 1979. *Nez Perce Texts: University of California Publications in Linguistics.* Vol. 90. Berkeley: University of California Press.

Attali, Jacques. 1985. *Noise: The Political Economy of Music.* Trans. Brian Massumi. Minneapolis: University of Minnesota Press.

Barnum, Frederick O., III. *"His Master's Voice" in America.* Camden, NJ: General Electric Company.

Batchen, Geoffrey. 1997. *Burning with Desire: The Conception of Photography.* Cambridge: MIT Press.

Beetham, Margaret. 1990. Towards a Theory of the Periodical as a Publishing Genre. In *Investigating Victorian Journalism,* ed. Laurel Brake, Aled Jones, and Lionel Madden, 19–32. New York: St. Martin's Press.

Beniger, James R. 1986. *The Control Revolution: Technological and Economic Origins of the Information Society.* Cambridge: Harvard University Press.

Benjamin, Walter. 1999. *The Arcades Project.* Trans. Howard Eiland and Kevin McLaughlin, ed. Rolf Teidemann. Cambridge: Harvard University Press.

Berliner, Emile. 1888. The Gramophone: Etching the Human Voice. *Journal of the Franklin Institute* 125 (June): 425–447.

Berners-Lee, Tim, with Mark Fischetti. 1999. *Weaving the Web: The Original Design and Ultimate Destiny of the World Wide Web by Its Inventor.* New York: HarperCollins.

Best, Stephen Michael. 2004. *The Fugitive's Properties: Law and the Poetics of Possession.* Chicago: University of Chicago Press.

Bijker, Wiebe E. 1995. *Of Bicycles, Bakelites, and Bulbs: Toward a Theory of Sociotechnical Change.* Cambridge: MIT Press.

Bogardus, R. F. 1998. The Reorientation of Paradise: Modern Mass Media and Narratives of Desire in the Making of American Consumer Culture. *American Literary History:* 508–523.

Bolter, Jay David, and Richard Grusin. 1999. *Remediation: Understanding New Media.* Cambridge: MIT Press.

Bottone, Selimo Romeo. 1904. *Talking Machines and Records: A Handbook for All Who Use Them.* London: G. Pitman.

Bowker, Geoffrey C., and Susan Leigh Star. 1999. *Sorting Things Out: Classification and Its Consequences.* Cambridge: MIT Press.

Brady, Erika. 1999. *A Spiral Way: How the Phonograph Changed Ethnography.* Jackson: University Press of Mississippi.

Brooks, Tim. 1978. Columbia Records in the 1890s: Founding the Record Industry. *Association for Recorded Sound Collections Journal* 10: 5–36.

Brown, John Seely, and Paul Duguid. 2000. *The Social Life of Information.* Boston: Harvard Business School Press.

Budd, Mike, Robert M. Entman, and Clay Steinman. 1990. The Affirmative Character of U.S. Cultural Studies. *Critical Studies in Mass Communications* 7: 169–184.

Cadava, Eduardo. 1997. *Words of Light: Theses on the Photography of History.* Princeton, NJ: Princeton University Press.

Campbell-Kelley, Martin. 2003. *From Airline Reservation to Sonic the Hedgehog: A History of the Software Industry.* Cambridge: MIT Press.

Cañizares-Esguerra, Jorge. 2001. *How to Write the History of the New World: Histories, Epistemologies, and Identities in the Eighteenth-Century Atlantic World.* Stanford, CA: Stanford University Press.

Carey, James. 1989. *Communication as Culture: Essays on Media and Society.* Boston: Unwin Hyman.

Carlson, W. Bernard, and Michael E. Gorman. 1990. Understanding Invention as a Cognitive Process: The Case of Thomas Edison and Early Motion Pictures, 1888–1891. *Social Studies of Science* 20 (August): 387–430.

Centennial Newspaper Exhibition, 1876. 1876. New York: Geo. P. Rowell and Co.

Ceruzzi, Paul E. 2003. *A History of Modern Computing.* 2nd ed. Cambridge: MIT Press.

Chakrabarty, Dipesh. 2000. *Provincializing Europe: Postcolonial Thought and Historical Difference.* Princeton, NJ: Princeton University Press.

Chandler, Alfred D., Jr. 1977. *The Visible Hand: The Managerial Revolution in American Business.* Cambridge: Harvard University Press.

Chandler, James. 1998. *England in 1819: The Politics of Literary Culture and the Case of Romantic Historicism.* Chicago: University of Chicago Press.

Chandler, James, Arnold I. Davidson, and Adrian Johns. 2004. Arts of Transmission: An Introduction. *Critical Inquiry* 31 (Autumn): 1–6.

Clarke, Adele E., and Joan H. Fujimura, eds. 1992. *The Right Tools for the Job: At Work in Twentieth-Century Life Sciences.* Princeton, NJ: Princeton University Press.

Clayton, Jay. 2003. *Charles Dickens in Cyberspace: The Afterlife of the Nineteenth Century in Postmodern Culture.* New York: Oxford University Press.

Cmiel, Kenneth. 1990. *Democratic Eloquence: The Fight over Popular Speech in Nineteenth-Century America.* Berkeley: University of California Press.

Cockburn, Cynthia. 1992. The Circuit of Technology: Gender, Identity, and Power. In *Consuming Technologies: Media and Information in Domestic Spaces,* ed. Roger Silverstone and Eric Hirsch, 32–47. London: Routledge.

Cogswell, Robert Gireud. 1984. Jokes in Blackface: A Discographic Folklore Study. PhD diss., Indiana University.

Cohen, Lizbeth. 1990. *Making a New Deal: Industrial Workers in Chicago, 1919–1939.* Cambridge: Cambridge University Press.

Cook, James W. 2001. *The Arts of Deception: Playing with Fraud in the Age of Barnum.* Cambridge: Harvard University Press.

Corbin, Alain. 1998. *Village Bells: Sound and Meaning in the 19th-Century French Countryside.* Trans. Martin Thom. New York: Columbia University Press.

Cortada, James W., ed. 1990. *Archives of Data-Processing History: A Guide to Major U.S. Collections.* New York: Greenwood Press.

Cowan, Ruth Schwartz. 1983. *More Work for Mother: The Ironies of Household Technology from the Open Hearth to the Microwave.* New York: Basic Books.

Crary, Jonathan. 1999. *Suspensions of Perception: Attention, Spectacle, and Modern Culture.* Cambridge: MIT Press.

Cruz, Jon. 1999. *Culture on the Margins: The Black Spiritual and the Rise of American Cultural Interpretation.* Princeton, NJ: Princeton University Press.

Curtin, Michael. 2001. Organizing Difference on Global TV: Television History and Cultural Geography. In *Television Histories: Shaping Collective Memory in the Media Age,* ed. Gary R. Edgerton and Peter C. Rollins, 333–356. Lexington: University Press of Kentucky.

Damon-Moore, Helen. 1994. *Magazines for the Millions: Gender and Commerce in the* Ladies' Home Journal *and the* Saturday Evening Post, *1880–1910.* Albany: State University of New York Press.

Daston, Lorraine. 2004. Whither Critical Inquiry? *Critical Inquiry* 30 (Winter): 361–364.

Day, Ronald E. 2000. The "Conduit Metaphor" and the Nature and Politics of Information Studies. *Journal of the American Society for Information Science* 51: 805–811.

de Certeau, Michel. 1988. *The Writing of History.* Trans. Tom Conley. New York: Columbia University Press.

De Graaf, Leonard. 1997–1998. Thomas Edison and the Origins of the Entertainment Phonograph. *NARAS Journal* 8 (Winter–Spring): 43–69.

de Grazia, Margreta. 1992. *Shakespeare Verbatim: The Reproduction of Authenticity and the 1790 Apparatus.* Oxford: Clarendon Press.

DeLillo, Don. 1985. *White Noise.* New York: Viking.

DeRose, Steven J., David G. Durand, Elli Mylonas, and Allen H. Renear. 1990. What Is Text, Really? *Journal of Computing in Higher Education* 1: 3–26.

Dickey, Marcus. 1919. *The Youth of James Whitcomb Riley: Fortune's Way with the Poet from Infancy to Manhood.* Indianapolis: Bobbs-Merrill.

Doane, Mary Ann. 2002. *The Emergence of Cinematic Time: Modernity, Contingency, the Archive.* Cambridge: Harvard University Press.

Douglas, Mary, and Baron Isherwood. 1979. *The World of Goods.* New York: Basic Books.

Douglas, Susan J. 1987. *Inventing American Broadcasting, 1899–1922.* Baltimore: Johns Hopkins University Press.

Douglass, Frederick. [1892] 1976. *Life and Times of Frederick Douglass, Written by Himself.* New York: Collier Books.

Draper, Hal. 1965. *Berkeley: The New Student Revolt.* New York: Grove Press.

Drucker, Johanna. 1994. *The Visible Word: Experimental Typography and Modern Art, 1909–1923.* Chicago: University of Chicago Press.

Drucker, Johanna. 2002a. Intimations of Immateriality: Graphical Form, Textual Sense, and the Electronic Environment. In *Reimagining Textuality: Textual Studies in the Late Age of Print,* ed. Elizabeth Bergmann Loizeaux and Neil Fraistat, 152–177. Madison: University of Wisconsin Press.

Drucker, Johanna. 2002b. Theory as Praxis: The Poetics of Electronic Textuality. *Modernism/Modernity* 9: 683–691.

Dyer, Richard. 1997. *White.* London: Routledge.

Edison, Thomas. 1878. The Phonograph and Its Future. *North American Review* 126 (June): 527–536.

Edison, Thomas. 1994. *Menlo Park: The Early Years: April 1876–December 1877,* Vol. 3 of *The Papers of Thomas A. Edison,* ed. Robert A. Rosenberg et al. Baltimore: Johns Hopkins University Press.

Edison, Thomas. 1998. *The Wizard of Menlo Park.* Vol. 4 of *The Papers of Thomas A. Edison,* ed. Paul B. Israel, Keith A. Nier, and Louis Carlat. Baltimore: Johns Hopkins University Press.

Edison, Thomas. 1987–. *The Thomas A. Edison Papers: A Selective Microfilm Edition,* ed. Thomas E. Jeffrey et al. Bethesda, MD: University Publications of America.

Edwards, Paul N. 1996. *The Closed World: Computers and the Politics of Discourse in Cold War America.* Cambridge: MIT Press.

Fabian, Ann. 2000. *The Unvarnished Truth: Personal Narratives in Nineteenth-Century America.* Berkeley: University of California Press.

Fabian, Johannes. 1983. *Time and the Other: How Anthropology Makes Its Object.* New York: Columbia University Press.

Farmer, John S. 1889. *Americanisms Old and New.* London: Thomas Poulter.

Farrell, Gerry. 1998. The Early Days of the Gramophone Industry in India: Historical, Social, and Musical Perspectives. In *The Place of Music,* ed. Andrew Leyshon, David Matless, and George Revill, 57–82. New York: Guilford Press.

Fee, Chester Anders. 1936. *Chief Joseph: The Biography of a Great Indian.* New York: Wilson-Erickson.

Fischer, A. W., and J. L. McKenney. 1993. The Development of the ERMA Banking System: Lessons from History. *Annals of the History of Computing, IEEE* 15, no. 1:44–57.

Fischer, Claude S. 1991. "Touch Someone": The Telephone Industry Discovers Sociability. In *Technology and Choice: Readings from Technology and Culture,* ed. Marcel C. LaFollette and Jeffrey K. Stine, 89–116. Chicago: University of Chicago Press.

Fischer, Claude S. 1992. *America Calling: A Social History of the Telephone to 1940.* Berkeley: University of California Press.

Fliegelman, Jay. 1993. *Declaring Independence: Jefferson, Natural Language, and the Culture of Performance.* Stanford, CA: Stanford University Press.

Forty, Adrian. 1986. *Objects of Desire.* New York: Pantheon.

Fukuyama, Francis. 1992. *The End of History and the Last Man.* New York: Free Press.

Gaisberg, F. W. 1942. *The Music Goes Round.* New York: Macmillan.

Garvey, Ellen Gruber. 1996. *Adman in the Parlor: Magazines and the Gendering of Consumer Culture, 1880s–1910s.* New York: Oxford University Press.

Geisler, Michael. 1999. From Building Blocks to Radical Construction: West German Media Theory since 1984. *New German Critique* 78 (Fall): 75–107.

Gell, Alfred. 1992. The Technology of Enchantment and the Enchantment of Technology. In *Anthropology, Art, and Aesthetics,* ed. Jeremy Coote and Anthony Shelton, 40–63. Oxford: Clarendon Press.

Gillespie, Tarleton. 2003. The Stories Digital Tools Tell. In *New Media: Theories and Practices of Digitextuality,* ed. Anna Everett and John T. Caldwell, 107–123. New York: Routledge.

Gillies, James, and Robert Cailliau. 2000. *How the Web Was Born.* Oxford: Oxford University Press.

Ginzburg, Carlo. 2004. Family Resemblances and Family Trees: Two Cognitive Metaphors. *Critical Inquiry* 30: 537–556.

Gitelman, Lisa. 1999a. First Phonographs: Writing and Reading with Sound. *Biblion* 8: 3–16.

Gitelman, Lisa. 1999b. *Scripts, Grooves, and Writing Machines: Representing Technology in the Edison Era.* Stanford, CA: Stanford University Press.

Gitelman, Lisa. 2003. Souvenir Foils. In *New Media, 1740–1915,* ed. Lisa Gitelman and Geoffrey B. Pingree, 157–173. Cambridge: MIT Press.

Gitelman, Lisa. 2004. Media, Materiality, and the Measure of the Digital; or, the Case of Sheet Music and the Problem of Piano Rolls. In *Memory Bytes: History, Technology, and Digital Culture,* ed. Lauren Rabinovitz and Abraham Geil, 199–217. Durham, NC: Duke University Press.

Gladwell, Malcom. 2002. The Social Life of Paper: Looking for Method in the Mess. *New Yorker,* March 25, 92–96.

Glenn, Susan A. 1998. "Give and Imitation of Me": Vaudeville Mimics and the Play of the Self. *American Quarterly* 50 (March): 47–76.

Glenn, Susan A. 2000. *Female Spectacle: The Theatrical Roots of American Feminism.* Cambridge: Harvard University Press.

Graff, Gerald, and Michael Warner. 1989. Introduction: The Origins of Literary Studies in America. In *The Origins of Literary Study in America: A Documentary Anthology,* ed. Gerald Graff and Michael Warner, 1–16. New York: Routledge.

Grafton, Anthony. 1997. *The Footnote: A Curious History.* Cambridge: Harvard University Press.

Grasso, Christopher. 1999. *A Speaking Aristocracy: Transforming Public Discourse in Eighteenth-Century Connecticut.* Chapel Hill: University of North Carolina Press.

Greene, Victor. 1992. *A Passion for Polka: Old-Time Ethnic Music in America.* Berkeley: University of California Press.

Gronow, Pekka. 1982. Ethnic Recordings: An Introduction. In *Ethnic Recordings in America: A Neglected Heritage.* No 1 of *Studies in American Folklife,* American Folklife Center, 1–50. Washington, DC: Library of Congress.

Gronow, Pekka, and Ilpo Saunio. 1998. *An International History of the Recording Industry.* Trans. Christopher Moseley. London: Cassell.

Guillory, John. 1993. *Cultural Capital: The Problem of Literary Canon Formation.* Chicago: University of Chicago Press.

Gutjahr, Paul C. 1999. *An American Bible: A History of the Good Book in the United States, 1777–1880.* Stanford, CA: Stanford University Press.

Habermas, Jürgen. 1989. *The Structural Transformation of the Public Sphere: An Inquiry into a Category of Bourgeois Society.* Trans. Thomas Burger with Frederick Lawrence. Cambridge: MIT Press.

Hafner, Katie, and Matthew Lyon. 1996. *Where Wizards Stay up Late: The Origins of the Internet.* New York: Simon and Schuster.

Halttunen, Karen. 1989. From Parlor to Living Room: Domestic Space, Interior Decoration, and the Culture of Personality. In *Consuming Visions: Accumulation and Display of Goods in America, 1880–1920,* ed. Simon J. Bronner, 157–190. New York: W. W. Norton.

Hancher, Michael. 1974. The Text of "The Fruits of the MLA." *Papers of the Bibliographic Society of America* 68: 411–412.

Hanke, Robert. 2001. Quantum Leap: The Postmodern Challenge of Television as History. In *Television Histories: Shaping Collective Memory in the Media Age,* ed. Gay R. Edgerton and Peter C. Rollins, 59–78. Lexington: University Press of Kentucky.

Hankins, Thomas L., and Robert J. Silverman, eds. 1995. *Instruments and the Imagination.* Princeton, NJ: Princeton University Press.

Hansen, Mark. 2000. *Embodying Technesis: Technology beyond Writing.* Ann Arbor: University of Michigan Press.

Hansen, Miriam. 1991. *Babel and Babylon: Spectatorship in American Silent Film.* Cambridge: Harvard University Press.

Hansen, Miriam Bratu. 1999. The Mass Production of the Senses: Classical Cinema as Vernacular Modernism. *Modernism/Modernity* 6: 59–77.

Harold, James. 2001. *The End of Globalization and the Lessons of the Great Depression.* Cambridge: Harvard University Press.

Hauben, Michael, and Ronda Hauben. 1997. *Netizens: On the History and Impact of Usenet and the Internet.* Los Alamitos, CA: IEEE Computer Society Press.

Hayles, N. Katherine. 1999. *How We Became Posthuman: Virtual Bodies in Cybernetics, Literature, and Informatics.* Chicago: University of Chicago Press.

Hazen, Margaret Hindle, and Robert M. Hazen. 1987. *The Music Men: An Illustrated History of Brass Bands in America, 1800–1920.* Washington, DC: Smithsonian Institution Press.

Henkin, David M. 1998. *City Reading: Written Words and Public Spaces in Antebellum New York.* New York: Columbia University Press.

Himmelfarb, Gertrude. 1996. A Neo-Luddite Reflects on the Internet. *Chronicle of Higher Education,* November 1, A56.

Hockenbery, Frank. 1886. *Prof. Black's Phunnygraph, or Talking Machine: A Colored Burlesque on the Phonograph.* Chicago: T. S. Denison.

Horner, Charles F. 1926. *The Life of James Redpath and the Development of the Modern Lyceum.* New York: Barse and Hopkins.

Houndshell, David A. 1984. *From the American System to Mass Production, 1800–1932: The Development of Manufacturing Technology in the United States.* Baltimore: Johns Hopkins University Press.

Introna, Lucas D., and Helen Nissenbaum. 2000. Shaping the Web: Why the Politics of Search Engines Matters. *Information Society* 16: 169–185.

Israel, Paul. 1997–1998. The Unknown History of the Tinfoil Phonograph. *NARAS Journal* 8 (Winter–Spring): 29–42.

Jameson, Fredric. 2003. The End of Temporality. *Critical Inquiry* 29, 695–718.

Jenkins, Emily. 1998. Trilby: Fads, Photographers, and "Over-Perfect Feet." *Book History* 1: 221–267.

Jenkins, Henry. 1992. *Textual Poachers: Television Fans and Participatory Culture.* New York: Routledge.

John, Richard. 1995. *Spreading the News: The American Postal System from Franklin to Morse.* Cambridge: Harvard University Press.

Johns, Adrian. 1998. *The Nature of the Book: Print and Knowledge in the Making.* Chicago: University of Chicago Press.

Jones, Andrew F. 2001. *Yellow Music: Media Culture and Colonial Modernity in the Chinese Jazz Age.* Durham, NC: Duke University Press.

Jones, Steve, ed. 1999. *Doing Internet Research: Critical Issues and Methods for Examining the Net.* Thousand Oaks, CA: Sage Publications.

Joyce, Michael. 2001. *Othermindedness: The Emergence of Network Culture.* Ann Arbor: University of Michigan Press.

Kamensky, Jane. 1997. *Governing the Tongue: The Politics of Speech in Early New England.* New York: Oxford University Press.

Kasson, John F. 1978. *Amusing the Million: Coney Island at the Turn of the Century.* New York: Hill and Wang.

Kelty, Christopher. 2005. Geeks, Social Imaginaries, and Recursive Publics. *Cultural Anthropology* 20:185–214.

Kenney, William Howland. 1999. *Recorded Music in American Life: The Phonograph and Popular Memory, 1890–1945.* New York: Oxford University Press.

Kirschenbaum, Matthew. 1998. Documenting Digital Images: Textual Meta-Data at the Blake Archive. *Electronic Library* 16 (August), 239–241.

Kirschenbaum, Matthew. 2000. Hypertext. In *Unspun: Key Concepts for Understanding the World Wide Web,* ed. Thomas Swiss, 120–137. New York: New York University Press.

Kirschenbaum, Matthew. 2002. Editing the Interface: Textual Studies and First-Generation Electronic Objects. *Text* 14: 15–50.

Kittler, Friedrich A. 1999. *Gramophone, Film, Typewriter.* Trans. Geoffrey Winthroup-Young and Michael Wutz. Stanford, CA: Stanford University Press.

Kittredge, G. L. 1965. Preface. In *The English and Scottish Popular Ballads,* ed. Francis James Child. 5 vols. New York: Dover.

Kline, Mary-Jo. 1987. *A Guide to Documentary Editing.* Baltimore: Johns Hopkins University Press.

Kline, Ronald R. 2000. *Consumers in the Country: Technology and Social Change in Rural America.* Baltimore: Johns Hopkins University Press.

Korte, Thomas H., Thomas C. Myers, and John W. Beery. 1960. *Microfilm Aperture Card System.* Wright-Patterson Air Force Base, OH: U.S. Air Force.

Kreitner, Kenneth. 1990. *Discoursing Sweet Music: Town Bands and Community Life in Turn-of-the-Century Pennsylvania.* Urbana: University of Illinois Press.

Laird, Ross. 1999. *Sound Beginnings: The Early Record Industry in Australia.* Sydney: Currency Press.

Lastra, James. 2000. *Sound Technology and the American Cinema: Perception, Representation, Modernity.* New York: Columbia University Press.

Latour, Bruno. 1990. Drawing Things Together. In *Representation in Scientific Practice,* ed. Michael Lynch and Steve Woolgar, 19–68. Cambridge: MIT Press.

Latour, Bruno. 1993. *We Have Never Been Modern.* Trans. Catherine Porter. Cambridge: Harvard University Press.

Latour, Bruno. 2000. On the Partial Existence or Existing and Nonexisting Objects. In *Biographies of Scientific Objects,* ed., Lorraine Daston, 247–269. Chicago: University of Chicago Press.

Latour, Bruno. 2004. Why Has Critique Run out of Steam? From Matters of Fact to Matters of Concern. *Critical Inquiry* 30 (Winter): 225–248.

Leach, William. 1993. *Land of Desire: Merchants, Power, and the Rise of a New American Culture.* New York: Vintage.

Leach, William. 1999. *Country of Exiles: The Destruction of Place in American Life.* New York: Vintage Books.

Lears, Jackson. 1989. Beyond Veblen: Rethinking Consumer Culture in America. In *Consuming Visions: Accumulation and Display of Goods in America, 1880–1920,* ed. Simon J. Bronner, 73–98. New York: W. W. Norton.

Lears, Jackson. 1994. *Fables of Abundance: A Cultural History of Advertising in America.* New York: Basic Books.

Lenoir, Timothy. 1994. Helmholtz and the Materialities of Communication. *Osiris* 9: 185–207.

Lenoir, Timothy. 1997. *Instituting Science: The Cultural Production of Scientific Disciplines.* Stanford, CA: Stanford University Press.

Lerer, Seth. 2002. *Error and the Academic Self: The Scholarly Imagination, Medieval to Modern.* New York: Columbia University Press.

Lessig, Lawrence. 1999. *Code and Other Laws of Cyberspace.* New York: Basic Books.

Levine, Lawrence. 1988. *Highbrow/Lowbrow: The Emergence of Cultural Hierarchy in America.* Cambridge: Harvard University Press.

Levinson, Paul. 1997. *The Soft Edge: A Natural History and Future of the Information Revolution.* London: Routledge.

Levy, David M. 2001. *Scrolling Forward: Making Sense of Documents in the Digital Age.* New York: Arcade.

Li, Xia, and Nancy B. Crane. 1996. *Electronic Styles: A Handbook for Citing Electronic Information.* Medford, NJ: Information Today.

Licklider, J. C. R. 1965. *Libraries of the Future.* Cambridge: MIT Press.

Licklider, J. C. R. 1990. The Computer as a Communication Device. In *In Memorium: J. C. R. Licklider,* Palo Alto, CA: Digital Systems Research Center.

Liu, Alan. 2004a. *The Laws of Cool: Knowledge Work and the Culture of Information.* Chicago: University of Chicago Press.

Liu, Alan. 2004b. Transcendental Data: Toward a Cultural History and Aesthetics of the New Encoded Discourse. *Critical Inquiry* 31 (Autumn): 49–84.

Loizeaux, Elizabeth Bergmann, and Neil Fraistat, eds. 2002. *Reimagining Textuality: Textual Studies in the Late Age of Print.* Madison: University of Wisconsin Press.

Looby, Chris. 1996. *Voicing America: Language, Literary Form, and the Origins of the United States.* Chicago: University of Chicago Press.

Lovink, Geert. 2003. *My First Recession: Critical Internet Culture in Transition.* Rotterdam: V_2 Publishing/NAI Publishers.

Lunenfeld, Peter. 1999. Unfinished Business. In *The Digital Dialectic: New Essays on New Media,* ed. Peter Lunenfeld, 7–22. Cambridge: MIT Press.

Lunenfeld, Peter. 2000. *Snap to Grid: A User's Guide to Digital Arts, Media, and Culture.* Cambridge: MIT Press.

Lupton, Ellen. 1993. *Mechanical Brides: Women and Machines from Home to Office.* New York: Cooper-Hewitt National Museum of Design and Princeton Architectural Press.

Manoff, Marlene. 2004. Theories of the Archive from across the Disciplines. *Libraries and the Academy* 4: 9–25.

Manovich, Lev. 2001. *The Language of New Media.* Cambridge: MIT Press.

Manuel, Peter. 1993. *Cassette Culture: Popular Music and Technology in Northern India.* Chicago: University of Chicago Press.

Martland, Peter. 1997. *Since Records Began: EMI, the First 100 Years.* London: B. T. Batsford.

Marvin, Carolyn. 1987. Information and History. In *Ideology of the Information Age,* ed. Jennifer Daryl Slack and Fred Fejes, 49–62. Norwood, NJ: Ablex Publishing.

Marvin, Carolyn. 1988. *When Old Technologies Were New: Thinking about Electric Communication in the Late 19th Century.* New York: Oxford University Press.

Marx, Leo. 1997. Technology: The Emergence of a Hazardous Concept. *Social Research* 64 (Fall): 965–988.

Mattelart, Armand. 1996. *The Invention of Communication.* Trans. Susan Emanuel. Minneapolis: University of Minnesota Press.

Maurice, Alice. 2002. "Cinema at Its Source": Synchronizing Race and Sound in the Early Talkies. *Camera Obscura* 49, no. 17: 31–71.

McGann, Jerome. 1991. *The Textual Condition.* Princeton, NJ: Princeton University Press.

McGann, Jerome. 1996. The Rossetti Archive and Image-Based Electronic Editing. In *The Literary Text in the Digital Age,* ed. Richard J. Finneran, 145–184. Ann Arbor: University of Michigan Press.

McGann, Jerome. 2001. *Radiant Textuality: Literature after the World Wide Web.* New York: Palgrave.

McGaw, Judith A. 1982. Women and the History of American Technology. *Signs* 7: 798–828.

McGaw, Judith A. 1989. No Passive Victims, No Separate Spheres: A Feminist Perspective on Technology's History. In *In Context: History and the History of Technology: Essays in Honor of Melvin Kranzberg,* ed. Stephen H. Cutcliffe and Robert C. Post, 172–191. Bethlehem, PA: Lehigh University Press.

McGill, Meredith L. 2003. *American Literature and the Culture of Reprinting, 1834–1853.* Philadelphia: University of Pennsylvania Press.

McKenney, J. L., and A. W. Fischer. 1993. The Development of the ERMA Banking System: Lessons from History. *Annals of the History of Computing, IEEE* 15, no. 4: 7–26.

McLuhan, Marshall. 1964. *Understanding Media: The Extensions of Man.* New York: McGraw-Hill.

Menand, Louis. 2003. The End Matter: The Nightmare of Citation. *New Yorker,* October 6, 120–126.

Menke, Richard. 2005. Media in America, 1881: Garfield, Guiteau, Bell, Whitman. *Critical Inquiry* 31 (Spring): 638–664.

Millard, Andre. 1995. *America on Record: A History of Recorded Sound.* Cambridge: Cambridge University Press.

Mintz, Sidney W. 1985. *Sweetness and Power: The Place of Sugar in Modern History.* New York: Viking.

Morton, David. 2000. *Off the Record: The Technology and Culture of Sound Recording in America.* New Brunswick, NJ: Rutgers University Press.

Mowitt, John. 1994. *Text: The Genealogy of an Antidisciplinary Object.* Durham, NC: Duke University Press.

Mumford, Lewis. 1968. Emerson behind Barbed Wire. *New York Review of Books* 10, no. 1 (January 18): 3–5.

Mumford, Lewis. 1970. *The Pentagon of Power: The Myth of the Machine.* New York: Harcourt Brace Jovanovich.

Musser, Charles. 1991. *High-Class Moving Pictures: Lyman H. Howe and the Forgotten Era of Traveling Exhibition, 1880–1920.* Princeton, NJ: Princeton University Press.

Naughton, John. 2000. *A Brief History of the Future: From Radio Days to Internet Years in a Lifetime.* Woodstock, NY: Overlook Press.

Nelson, Robert S. 2000. The Slide Lecture, of the Work of Art *History* in the Age of Mechanical Reproduction. *Critical Inquiry* 26 (Spring): 414–434.

Nerone, John C. 1993. A Local History of the Early U.S. Press: Cincinnati, 1793–1848. In *Ruthless Criticism: New Perspectives in U.S. Communication History,* ed. William S. Solomon and Robert W. McChesney, 38–65. Minneapolis: University of Minnesota Press.

Nissenbaum, Helen. 2004. Hackers and the Contested Ontology of Cyberspace. *New Media and Society* 6: 195–217.

Norberg, Arthur L., and Judy E. O'Neill. 1996. *Transforming Computer Technology: Information Processing for the Pentagon, 1962–1986.* Baltimore: Johns Hopkins University Press.

Nunberg, Geoffrey. 1996. Farewell to the Information Age. In *The Future of the Book,* ed. Geoffrey Nunberg, 103–138. Berkeley: University of California Press

Ohmann, Richard. 1996. *Selling Culture: Magazines, Markets, and Class at the Turn of the Twentieth Century.* London: Verso.

O'Malley, Michael, and Roy Rosenzweig. 1997. Brave New World or Blind Alley? American History on the World Wide Web. *Journal of American History* 84: 132–155.

Orvell, Miles. 1989. *The Real Thing: Imitation and Authenticity in American Culture.* Chapel Hill: University of North Carolina Press.

Oudshoorn, Nelly, and Trevor Pinch, eds. 2003. *How Users Matter: The Co-Construction of Users and Technology.* Cambridge: MIT Press.

Peiss, Kathy. 1986. *Cheap Amusements: Working Women and Leisure in Turn-of-the-Century New York.* Philadelphia: Temple University Press.

Pingree, Geoffrey B., and Lisa Gitelman. 2003. Introduction: What's New about New Media. In *New Media, 1740–1915,* ed. Lisa Gitelman and Geoffrey B. Pingree, xi–xxii. Cambridge: MIT Press.

Poovey, Mary. 1998. *A History of the Modern Fact: Problems of Knowledge in the Science of Wealth and Society.* Chicago: University of Chicago Press.

Poster, Mark. 2001. *What's the Matter with the Internet?* Minneapolis: University of Minnesota Press.

Price, Leah. 2000. *The Anthology and the Rise of the Novel.* Cambridge: Cambridge University Press.

Purcell, Carroll. 1995. Seeing the Invisible: New Perceptions in the History of Technology. *Icon* 1: 9–15.

Purcell, Edward L. 1977. Trilby and Trilby-Mania: The Beginning of the Bestseller System. *Journal of Popular Culture* 11: 62–76.

Rabinovitz, Lauren. 1998. *For the Love of Pleasure: Women, Movies, and Culture in Turn-of-the-Century Chicago.* New Brunswick, NJ: Rutgers University Press.

Racy, Ali Jihad. 1977. Musical Change and Commercial Recording in Egypt, 1904–1932. PhD diss., University of Illinois.

Rakow, Lana F. 1992. *Gender on the Line: Women, the Telephone, and Community Life.* Urbana: University of Illinois Press.

Read, Oliver, and Walter L. Welch. 1976. *From Tin Foil to Stereo: Evolution of the Phonograph.* 2nd ed. Indianapolis, IN: Howard W. Sams and Co.

Reiser, Joel Stanley. 1978. *Medicine and the Reign of Technology.* Cambridge: Cambridge University Press.

Roehl, Harvey. 1973. *Player Piano Treasury: The Scrapbook History of the Mechanical Piano in America.* 2nd ed. Vestal, NY: Vestal Press.

Roell, Craig H. 1989. *The Piano in America, 1890–1940.* Chapel Hill: University of North Carolina Press.

Rosen, Philip. 1994. *Change Mummified: Cinema, Historicity, Theory.* Minneapolis: University of Minnesota Press.

Rosenberg, Charles. 1979. An Ecology of Knowledge: On Discipline, Context, and History. In *The Organization of Knowledge in Modern America, 1860–1920,* ed. Alexandra Oleson and John Voss, 440–455. Baltimore: Johns Hopkins University Press.

Rosenzweig, Roy. 1998. Wizards, Bureaucrats, Warriors, and Hackers: Writing the History of the Internet. *American Historical Review* (December): 1530–1547.

Rosenzweig, Roy. 2003. Scarcity or Abundance? Preserving the Past in a Digital Era. *American Historical Review* 108 (June): 735–762.

Rosenzweig, Roy. 2004. How Will the Net's History Be Written? In *The Academy and the Internet,* ed. Helen Nissenbaum and Monroe E. Price, 1–34. New York: Peter Lang.

Ruhleder, Karen. 1995. Reconstructing Artifacts, Reconstructing Work: From Textual Edition to On-Line Databank. *Science, Technology, and Human Values* 20: 39–64.

Ruttenburg, Nancy. 1999. *Democratic Personality: Popular Voice and the Trial of American Authorship.* Stanford, CA: Stanford University Press.

Ryan, Mary P. 1989. The American Parade: Representations of the Nineteenth-Century Social Order. In *The New Cultural History,* ed. Lynn Hunt, 131–153. Berkeley: University of California Press.

Ryan, Mary P. 1997. *Civic Wars: Democracy and Public Life in the American City during the Nineteenth Century.* Berkeley: University of California Press.

Sandweiss, Martha A. 2002. *Print the Legend: Photography and the American West.* New Haven, CT: Yale University Press.

Sarris, Greg. 1993. Keeping Slug Woman Alive: The Challenge of Reading in a Reservation Classroom. In *The Ethnography of Reading,* ed. Jonathan Boyarin, 238–269. Berkeley: University of California Press.

Schreiber, G. R. 1961. *A Concise History of Vending in the U.S.A.* Chicago: Vend, the Magazine of the Vending Industry.

Schwoch, James, Mimi White, and Susan Reilly. 1992. *Media Knowledge: Readings in Popular Culture, Pedagogy, and Critical Citizenship.* Albany: State University of New York Press.

Sconce, Jeffrey. 2000. *Haunted Media: Electronic Presence from Telegraphy to Television.* Durham, NC: Duke University Press.

Sconce, Jeffrey. 2003. Tulip Theory. In *New Media: Theories and Practices of Digitextuality,* ed. Anna Everett and John T. Caldwell, 179–193. New York: Routledge.

Secord, James A. 2000. *Victorian Sensation: The Extraordinary Publication, Reception, and Secret Authorship of Vestiges of the Natural History of Creation.* Chicago: University of Chicago Press.

Segrave, Kerry. 1994. *Payola in the Music Industry: A History, 1880–1991.* Jefferson, NC: McFarland.

Shapin, Steven. 1994. *A Social History of Truth: Civility and Science in Seventeenth-Century England.* Chicago: University of Chicago Press.

Shapin, Steven, and Simon Schaffer. 1985. *Leviathan and the Air-Pump: Hobbes, Boyle, and the Experimental Life.* Princeton, NJ: Princeton University Press.

Shields, Rob. 2000. Hypertext Links: The Ethic of the Index and Its Space-Time Effects. In *The World Wide Web and Contemporary Cultural Theory,* ed. Andrew Herman and Thom Swiss, 144–160. New York: Routledge.

Siegert, Bernard. 1998. Switchboards and Sex: The Nut(t) Case. In *Inscribing Science: Scientific Texts and the Materiality of Communication,* ed. Timothy Lenoir, 78–90. Stanford, CA: Stanford University Press.

Silverstone, Roger, and Leslie Haddon. 1996. Design and the Domestication of Information and Communication Technologies: Technical Change and Everyday Life. In *Communication by Design:*

The Politics of Information and Communication Technologies, ed. Robin Mansell and Roger Silverstone, 44–74. Oxford: Oxford University Press.

Skocpol, Theda. 1992. *Protecting Soldiers and Mothers: The Political Origins of Social Policy in the United States.* Cambridge: Harvard University Press.

Sobchack, Vivian, ed. 1996. *The Persistence of History: Cinema, Television, and the Modern Event.* New York: Routledge.

Sobchack, Vivian. 1999–2000. What Is Film History? Or, the Riddle of the Sphinxes. *Spectator* 20 (Fall–Winter): 8–22.

Sobchack, Vivian. 2004. Nostalgia for a Digital Object: Regrets on the Quickening of QuickTime. In *Memory Bytes: History, Technology, and Digital Culture,* ed. Lauren Rabinovitz and Abraham Geil, 305–329. Durham, NC: Duke University Press.

Solomon, William S. 1993. The Contours of Media History. In *Ruthless Criticism: New Perspectives in U.S. Communication History,* ed. William S. Solomon and Robert W. McChesney, 1–6. Minneapolis: University of Minnesota Press.

Sousa, John Philip. 1906. The Menace of Mechanical Music. *Appleton's Magazine* 8: 278–283.

Spengemann, William C. 1994. *A New World of Words: Redefining Early American Literature.* New Haven, CT: Yale University Press.

Sperberg-McQueen, C. M. 1991. Text in the Electronic Age: Textual Study and Text Encoding, with Examples from Medieval Texts. *Literary and Linguistic Computing* 6: 34–46.

Spigel, Lynn. 1992. *Make Room for TV: Television and the Family Ideal in Postwar America.* Chicago: University of Chicago Press.

Spottswood, Richard K. 1990. *Ethnic Music on Records: A Discography of Ethnic Recordings Produced in the United States, 1893 to 1942.* 6 vols. Urbana: University of Illinois Press.

Starr, Paul. 2004. *The Creation of the Media: Political Origins of Modern Communications.* New York: Basic Books.

Sterne, Jonathan. 2003. *The Audible Past: Cultural Origins of Sound Reproduction.* Durham, NC: Duke University Press.

Stewart, Susan. 1993. *On Longing: Narratives of the Miniature, the Gigantic, the Souvenir, the Collection.* Durham, NC: Duke University Press.

Strasser, Susan. 1989. *Satisfaction Guaranteed: The Making of the American Mass Market.* New York: Pantheon.

The Talking Machine Trade in Japan. 1911. *Talking Machine World* 7, no. 2:19.

Taussig, Michael. 1993. *Mimesis and Alterity: A Particular History of the Senses.* New York: Routledge.

Théberge, Paul. 1997. *Any Sound You Can Imagine: Making Music/Consuming Technology.* Hanover, NH: University Press of New England.

Thompson, Emily. 1995. Machines, Music, and the Quest for Fidelity: Marketing the Edison Phonograph in America, 1877–1925. *Musical Quarterly* 79: 131–171.

Thorburn, David, and Henry Jenkins, eds. 2003. *Rethinking Media Change: The Aesthetics of Transition.* Cambridge: MIT Press.

Tyler, Moses Coit. 1878. *A History of American Literature, 1607–1765.* New York: Putnam's.

Umble, Diane Zimmerman. 1996. *Holding the Line: The Telephone in Old Order Mennonite and Amish Life.* Baltimore: Johns Hopkins University Press.

Uricchio, William. 2003. Historicizing Media in Transition. In *Rethinking Media Change: The Aesthetics of Transition,* ed. David Thorburn and Henry Jenkins, 23–38. Cambridge: MIT Press.

Uricchio, William, and Roberta E. Pearson. 1993. *Reframing Culture: The Case of the Vitagraph Quality Films.* Princeton, NJ: Princeton University Press.

Vanderbilt, Kermit. 1986. *American Literature and the Academy: The Roots, Growth, and Maturity of a Profession.* Philadelphia: University of Pennsylvania Press.

Veysey, Lawrence. 1979. The Plural Organized Worlds of the Humanities. In *The Organization of Knowledge in Modern America, 1860–1920,* ed. Alexandra Oleson and John Voss, 51–106. Baltimore: Johns Hopkins University Press.

Viscomi, Joseph. 2002. Digital Facsimiles: Reading the William Blake Archive. *Computers and the Humanities* 36: 27–48.

Wajcman, Judy. 1991. *Feminism Confronts Technology.* University Park: Penn State University Press.

Waldrop, M. Mitchell. 2001. *The Dream Machine: J. C. R. Licklider and the Revolution That Made Computing Personal.* New York: Penguin Books.

Warner, Michael. 1990. *The Letters of the Republic: Publication and the Public Sphere in Eighteenth-Century America.* Cambridge: Harvard University Press.

Warner, Michael. 1993. The Public Sphere and the Cultural Mediation of Print. In *Ruthless Criticism: New Perspectives in U.S. Communication History,* ed. William S. Solomon and Robert W. McChesney, 7–37. Minneapolis: University of Minnesota Press.

Warner, Michael. 2002. *Publics and Counterpublics.* New York: Zone Books.

Weinberger, David. 2002. *Small Pieces Loosely Joined: A Unified Theory of the Web.* New York: Perseus Books.

Wiebe, Robert H. 1967. *The Search for Order: 1877–1920.* New York: Hill and Wang.

Wieselman, Irving L., and Erwin Tomash. 1991. Marks on Paper: Part I. A Historical Survey of Output Printing. *IEEE Annals of the History of Computing* 13: 63–79.

Williams, Mark. 2003. Real-Time Fairly Tales: Cinema Prefiguring Digital Anxiety. In *New Media: Theories and Practices of Digitextuality,* ed. Anna Everett and John T. Caldwell, 159–178. New York: Routledge.

Williams, Raymond. [1974] 1992. *Television: Technology and Cultural Form.* Hanover, NH: Wesleyan University Press.

Williams, Raymond. 1976. *Keywords: A Vocabulary of Culture and Society.* New York: Oxford University Press.

Williams, Rosalind H. 1982. *Dream Worlds: Mass Consumption in Late Nineteenth-Century France.* Berkeley: University of California Press.

Williams, Rosalind H. 1994. The Political and Feminist Dimensions of Technological Determinism. In *Does Technology Drive History? The Dilemma of Technological Determinism,* ed. Merritt Roe Smith and Leo Marx, 217–235. Cambridge: MIT Press.

Wilson, Edmund. 1968. *The Fruits of the MLA.* New York: New York Review of Books.

Winston, Brian. 1998. *Media Technology and Society: A History from the Telegraph to the Internet.* London: Routledge.

Winthrop-Young, Geoffrey, and Michael Wutz. 1999. Translator's Introduction: Friedrich Kittler and Media Discourse Analysis. In *Gramophone, Film, Typewriter,* by Friederich A. Kittler, trans. Geoffrey Winthrop-Young and Michael Wutz, xi–xxxviii. Stanford, CA: Stanford University Press.

Wired. 2002. Special history issue. 10.01 (January).

Wirtén, Eva Hemmungs. 2004. *No Trespassing: Authorship, Intellectual Property Rights, and the Boundaries of Globalization.* Toronto: University of Toronto Press.

Zachary, G. Pascal. 1997. *Endless Frontier: Vannevar Bush, Engineer of the American Century.* New York: Free Press.

索 引

（索引页码均为英文原著页码，即本书边码。）

Abbate, Janet 珍妮特·阿巴特，60，85，114

Advertising 广告，53，65，67，68，80-81

Altman, Rick 里克·阿尔特曼，4

American Psychological Association 美国心理学会，135

Anderson, Benedict 本尼迪克特·安德森，29，40

Andreessen, Mark 马克·安德里森，133

Anthopology 人类学，4，41，146，153

Arnold, J. W. S. J. W. S. 阿诺德，32，37

Arnold, Matthew 马修·阿诺德，35

ARPANET 阿帕网络，21，60，85，97-98，102，107-117，119-121
  Network Information Center 网络信息中心，108，110，111，114，115
  Network Working Group 网络工作群组，108-114

Art history 艺术史，3，22，126，153

ASCII，102，110，117，120

Associated Press 美联社，114

Audiences 受众，9，27，33，36，44

Authorship 作者，25，27，38

Band music 乐团音乐，52-53，74

Barthes, Roland 罗兰·巴特，64

Beetham, Margaret 玛格丽特·比森，136

Bell, Alexander Graham 亚历山大·格雷厄姆·贝尔，10，29，149

Beniger James 詹姆斯·贝尼格，14

Benjamin, Walter 沃尔特·本雅明，8，129，154

Berliner, Emile 爱米尔·贝利纳，14，44，46，60，83

Berners-Lee, Timothy 蒂姆·伯纳斯-李, 22, 149

Bettini Phonograph Laboratory 贝蒂尼留声机公司, 70, 71-72

Bicycles 自行车, 75, 83

Bolt, Beranek, and Newman 博尔特·白瑞纳克·纽曼公司, 98, 109, 113

Bolter, Jay David 杰伊·大卫·博尔特, 9

Bush, Vannevar 范内瓦·布什, 21, 98-99, 106

Cailliau, Robert 罗伯特·卡里奥, 22

Cañizares-Esguerra, Jorge 乔治·卡尼萨雷斯-埃斯格拉, 154

Center for Editions of American Authors 美国作家出版中心, *See* Modern Language Association 参见现代语言学会

Center for History and New Media 历史与新媒体研究中心, 148

Cerf, Vint 温特·瑟夫, 114

CERN 欧洲核子研究组织, 18, 22, 124-126

Ceruzzi, Paul E. 保罗·E. 茨鲁兹, 133, 134

Chakrabarty, Pipesh 迪佩什·查克拉巴蒂, 152

Charles Babbage Institute 查尔斯·巴贝奇研究所, 143

Chicago Manual of Style《芝加哥格式手册》, 135

Cinema 电影, 4, 8, 15, 17, 35, 70-71, 129

Citation 引用, 121, 124, 134-136, 141, 145

Classics 经典, 19, 22

CNN 美国有线电视新闻网, 140, 141

Cohen, Lizbeth 丽莎贝斯·科恩, 79

Columbia Phonograph Company 哥伦比亚留声机公司, 17, 48, 50-51, 54, 61, 66

Copyright 版权, 18, 27-28, 69, 143, 145

Council on Library Resources 图书馆资源委员会, 98

Cowan, Ruth Schwartz 露丝·斯瓦茨·考恩, 62

Crane, Nancy B. 南希·B. 克兰, 134-135

Crary, Jonathan 乔纳森·克拉里, 8

Crocker, Steve 史蒂夫·克罗克, 108-109

Culture wars 文化战争, 119, 129

Curtin, Michael 迈克尔·科廷, 17

Daston, Lorraine 洛兰·达斯顿, 153

Debs, Eugene V. 尤金·V. 德布斯, 149

DeLillo, Don 唐·德里罗, 126

Department stores 百货商店, 67, 80, 82

Discipline, the 学科, 4, 22, 133, 135

Disney 迪士尼, 129

Doane, Mary Ann 玛丽·安·多恩, 138

Documentation 记录/记载, 101-107, 108-111, 155-116, 146-/147, *See also* Citation 也可参见引用

Document management 文件管理, 105-106, 111

Douglass, Frederick 弗雷德里克·道格拉斯, 26

Dreyfus affair 德雷福斯事件, 67

Drosophila 果蝇, 7

Dyer, Richard 理查德·代尔, 79

Eastman Kodak Company 柯达公司, 55

Edison, Thomas 托马斯·爱迪生, 10, 12-13, 25-26, 29, 31-32, 35, 37-38, 41, 59, 69, 83, 141, 151

Edison Phonograph Works 爱迪生留声机工厂, 51

Edison Speaking Phonograph Company 爱迪生留声机公司, 29-38, 56

Eldred v. Ashcroft 艾尔德诉阿什克罗夫特案, 145

E-mail 电子邮件, 7, 110, 114, 143

Emerson, Ralph Waldo 拉尔夫·沃尔多·爱默生, 118, 120, 153

Engelbart, Doug 道格·恩格尔巴特, 21, 111

Fabian, Johannes 约翰尼斯·费边, 146

Foucault, Michel 米歇尔·福柯, 27

Free speech 言论自由, 89, 92, 94

"Fruits of the MLA" "现代语言学会的成果", 119

Fukuyama, Francis 弗朗西斯·福山, 3

Gaisberg, F. W. F. W. 盖伊斯伯格, 54, 66-67, 70

Garfield, James 詹姆斯·加菲尔德, 41

Garvey, Ellen Gruber 艾伦·格鲁伯·加维, 83

Geertz, Clifford 克利福德·格尔茨，85

Geisler, Michael 迈克尔·盖斯勒，16

Gell, Alfred 阿尔弗雷德·盖尔，153-154

Gillespie, Tarleton 塔尔顿·格雷斯佩，142

Ginzburg, Carlo 卡洛·金茨堡，130

Glass, Louis 路易斯·格拉斯，46

Glenn, Susan 苏珊·格伦，67，73

Globalization 全球化，16-17

Google 谷歌，128，137，147，148，149，152

Gramophones 留声机/唱机，14，46，61

Greene, Victor 维克多·格林，79

Grusin, Richard 理查德·格鲁辛，9

Guillory, John 约翰·盖尔利，154

Habermas, Jürgen 于尔根·哈贝马斯，13，15

Hafner, Katie 凯蒂·哈夫纳，114

Hansen, Miriam 米莲姆·汉森，17

Harper's《哈珀周刊》，66，151

Hart, Michael 迈克尔·哈特，117

Harvard University 哈佛大学，113，114

Hayles, N. Katherine N. 凯瑟琳·海勒，19，22，93

Hazen, Margaret and Robert 玛格丽特·哈森和罗伯特·哈森，52

History of American Literature 美国文学史，1607-1765，42

History Channel 历史频道，129

Hockenbery, Frank 弗兰克·霍肯伯里，37-39

Hubble Space Telescope 哈勃望远镜，2，5

Humanities, the 人文学科，12，96，106，118-119，129，140，146-147，152-153

Huneker, James 詹姆斯·哈内克，74

Inscription 铭文，6，18-20，41，86，94-95

Institute for Advanced Technology in the Humanities 人文学科前沿技术研究所，139，140，141，144

Internet Archive 互联网档案馆，132，137，147

Iott, George H. 乔治·H.伊奥特，33，37

Jameson, Fredric 詹明信, 129

Jazz 爵士乐, 83

Johnson, Andrew 安德鲁·约翰逊, 28

Johnson, Edward 爱德华·约翰逊, 32, 37

Jones, Andrew 安德鲁·琼斯, 16

Jones, Steve 斯蒂夫·琼斯, 19

Joyce, James 詹姆斯·乔伊斯, 149

Joyce, Michael 迈克尔·乔伊斯, 21

Kahle, Brewster 布鲁斯特·卡利, 132

Kelty, Christopher 克里斯朵夫·科尔蒂, 108, 109

Kennedy, John F. 约翰·F. 肯尼迪, 94

Kenney, William H. 威廉·H. 肯尼, 76

Kirschenbaum, Matthew 马修·基森鲍姆, 96, 103

Kittler, Friedrich A. 弗雷德里希·A. 基特勒, 3, 10

Kreitner, Kenneth 肯尼斯·克莱特纳, 52

Labor 劳动, 14, 42, 62, 124, 131, 149

Lastra, James 詹姆斯·拉斯特拉, 25

Latour, Bruno 布鲁诺·拉图尔, 19

Lerer, Seth 塞思·勒诺, 146

Lessig, Lawrence 劳伦斯·莱斯格, 145

Libraries of the Future 未来图书馆, 98-103, 115

Licklider, J.C.R. J. C. R. 利克莱德, 98-103, 112, 116

Literature 文学, 27, 42, 107, 118-119, 146, 152-154

Li, Xia 李霞, 134-135

Liu, Alan 艾伦·刘, 11, 131, 139

Lovink, Geert 基尔特·洛文克, 11

Lundy, Frank 弗兰克·隆迪, 33, 37

Lunenfeld, Peter 彼得·卢恩菲尔德, 3

Lyon, Matthew 马修·莱昂, 114

Lyon and Healy 莱昂和希利, 82

Macromedia 宏媒体，142

Magazines 杂志，15，63，65-66，83

Manovich，Lev 列夫·马诺维奇，11，96，106，128，147

Marvin，Carolyn 卡洛琳·马文，98

Marx，Groucho 格劳乔·马克思，15

Massachusett Institute of Technology 麻省理工学院，22，100，113

Mattelart，Armand 阿芒·马特拉，107

McGann，Jerome 杰罗姆·麦甘，144，145，147

McGill，Meredith L.梅勒蒂·L. 麦吉尔，154

McLuhan，Marshall 马歇尔·麦克卢汉，4

Menand，Louis 路易斯·梅纳德，135

Metcalfe，Bob 鲍勃·梅特卡夫，113

Metropolitan Opera 纽约大都会歌剧院，80

Meucci，Antonio 安东尼奥·穆齐，149

Microform 缩微过程，104-106，124

Microsoft 微软，8，103，139，141

Millard，Andre 安德烈·米勒德，62

Mimicry 模仿，33，35，73

Minstrelsy 吟游技艺，37，51，72，76，79

Modern Language Association 现代语言学会，119，120，135，154

Mosaic(browser) Mosaic 浏览器，18，129，133，139

Motion Picture Association of America 美国电影协会，143

Motion pictures 移动影像，*See* Cinema 参见电影

Mumford，Lewis 刘易斯·芒福德，93，118-119

National Academy of Sciences 美国国家科学院，31

National Endowment for the Humanities 国家人文基金会，119，120，153

National History Standards 国家历史标准，129

National Phonograph Company 国家留声机公司，16，61，65，76-78，80，82-83

Native American voices 美国原住民的声音，28，32，41，151-152

Nelson，Robert 罗伯特·尼尔森，21

Nelson，Ted 特德·尼尔森，21

Net art 网络艺术，130

Netscape 网景，129，147

Newspapers 报纸，26，27，28，31，35，40，41，49，55，97，124，136

New York Review of Books《纽约书评》，118，119

New York Times《纽约时报》，67，97，119，123-124，136

Niimiipu Chief Joseph 约瑟夫酋长，151-152，155

North American Phonograph Company 北美留声机公司，49，50-51，56，61-62

O'Brien, David 大卫·奥布莱恩，89-92

Ohmann, Richard 理查德·奥曼，65，66

Open source 开源的，85，147

Orvell, Miles 迈尔斯·奥维尔，73

Oxford English Dictionary 牛津英语词典，103，146-147

Pacific Phonograph Company 太平洋留声机公司，46

Patent medicine 专利药物，37，39，51，123

Peiss, Kathy 凯西·派斯，48

Phonographs 留声机，10，48，61，68, *See also* Records (soundrecordings) 也可参见录音（声音录制）

    dictation 听写留声机，59，61-62，69

    domestic 家用留声机，14-15，59，62-85

    nickel-in-the-slot 投币留声机，12，26，44-56，61

    tinfoil 锡箔留声机，12，25-26，28-44，55

Photography 摄影，5，6，38，55，129

Physics 物理，22, *See also* CERN 参见欧洲核子研究组织

Pianos 钢琴，73，74

Poovery, Mary 玛丽·波维，107

Postel, Jon 乔恩·波斯特尔，111，120

Poster, Mark 马可·波斯特，96

Print and printing 印刷和印刷业，6，13，27-29，42，43，65，107，124

Prof. Black's Phunnygraph, or Talking Machine 布莱克教授的搞笑留声机，或者言说机器，37-39

Project Gutenberg 古登堡项目，117，141

ProQuest ProQuest 公司，123-124，128，137

Public speech 公共演说，13，26，27-28，31，36

Quotation 引用，29，40-42，145，151

Radio 广播，6，68，82
Records(sound recordings) 录音（声音录制），16-17，48-51，69-70，78-79，94-95，See also Phonographs 参见留声机
 band 乐团录音，52-53，74
 mimetic quality 模仿性质的录音，36，40，49-50，66，69-70，81
 opera 歌剧录音，74，76，78，79，80，141
Redpath, James 詹姆斯·雷德帕斯，31，32，36，40
Reis, Philip 菲利普·莱斯，149
Repetition 接受，64，66，67，82，152
RFC-Online Project RFC 线上项目，120-121
Riley, James Whitcomb 詹姆斯·惠特科姆·莱利，39
Rosen, Philip 菲利普·罗森，94，96，129
Rosenzweig, Roy 罗伊·罗森茨维格，123
Rossetti, Dante Gabriel 但丁·加百列·罗塞蒂，144
Ryan, Mary P. 玛丽·P. 瑞恩，49

"Scenarios for Using the ARPANET" "阿帕网络使用场景"，113-116，127
Science 科学，3-5，19，85，98，146，153
Sconce, Jeffrey 杰弗里·司康斯，130
Secord, James 詹姆斯·西科德，27
Shakespeare, Wiiliam 威廉·莎士比亚，29，35，39，76
Sobchack, Vivian 薇薇安·索布切克，124，138，147
Sousa, John Philip 约翰·飞利浦·苏萨，52，75，76，84
Souvenirs 纪念品，39-40
Spielberg, Steven 史蒂芬·斯皮尔伯格，129
Spottswood, Richard K. 理查德·K. 斯帕茨伍德，79
Standards 标准，6，8，102，108，110
Stanford University 斯坦福大学
Stanford Artificial Intelligence Laboratory 斯坦福人工智能实验室，113，114
Stanford Linear Accelerator Center 斯坦福线性加速器中心，22，See also Physics 参见物理学
Stanford Research Institute 斯坦福研究院，108，111，113，115

Sterne, Jonathan 乔纳森·斯特恩, 35, 44, 62

Stewart, Susan 苏珊·斯图尔特, 39-40

Stone, Oliver 奥利弗·斯通, 129

Style 文体, 28, 43-44, 134-135, 146

Talking Machine World《留声机世界》, 83

Telegraphs 电报, 4, 13, 18

Telephones 电话, 7, 8, 10, 13, 15, 29, 41, 61, 70
   invention of 电话的发明, 5, 149, 150

Television 电视, 4, 5, 6, 17, 68, 93-94, 129

Trilby 特里比, 66-67

Tyler, Moses Coit 摩西·科特·泰勒, 42-43, 119, 153

Typography 排印, 42, 102, 115-116, 118, 124

United States Congress 美国国会, 28, 41, 92, 145

United States Department of Defense 美国国防部, 97, 98, 108, 110, 111

United States Marine Band 美国海军陆战队乐团, 50-52

United States Supreme Court 美国最高法院, 28, 89-92

United States v. O'Brien 美国政府诉奥布莱恩案, 89-91

University of California 加利福尼亚大学, 92, 113

University of Illinois 伊利诺伊大学, 18, 117

University of Minnesota 明尼苏达大学, 143

University of Utah 犹他大学, 113

University of Virginia 弗吉尼亚大学, 139

UNIX UNIX 操作系统, 121

Unsworth, John 约翰·安斯沃斯, 131

Uricchio, William 威廉·尤里齐奥, 7

Vaudeville 歌舞杂耍表演, 69, 73

Veysey, Lawrence 劳伦斯·维西, 12, 152

Victor Talking Machine Company 维克托留声机公司, 65, 70, 71, 76, 78, 80

Vitagraph Company 维塔影像公司, 76

Warner Michael 迈克尔·华纳, 16, 53, 60, 78, 136

Warren, Earl 厄尔·沃伦, 89-91, 95
Washing machines 洗衣机, 62
Wayback Machine 时光机, See Internet Archive 参见互联网档案
Weinberger, David 大卫·温伯格, 126, 145
Weizenbaum, Joseph 约瑟夫·维泽鲍姆, 114
Welles, Robert 罗伯特·威尔斯, 34, 155
Wilde, Oscar 奥斯卡·王尔德, 48
William Black Archive 威廉·布莱克档案, 139-141, 143-144
Williams, Mark 马克·威廉姆斯, 138
Williams, Raymond 雷蒙德·威廉斯, 9, 43
Wilson, Edmund 爱德蒙·威尔逊, 119
Wired《连线》, 11
Wood, Charles Erskine Scott 查尔斯·厄斯金·斯科特·伍德, 151
World Wide Web 万维网, 21, 95, 121, 123-150
World Wide Web Consortium 万维网联盟, 22, 124-125, 133, 149

Xerox Corporation 施乐公司, 105

Yahoo 雅虎, 137

Zemeckis, Robert 罗伯特·泽米吉斯, 129

译后记

在本书的末尾,首先有必要向读者解释本书中文版对于原版书名的意译。本书原名为"Always Already New",所谓"always already",其用法最初来自德语中的"immer schon",是以微讽的语气强调"总是已经",表明一种恒常先在的状态。把"always already"和"new"放在一起,按照作者的说法,是想要实现一对矛盾的并置:new 意指新媒介体现的断裂性;always already 意指这种变化持续发生,强调媒介无时无刻不处于变化之中,持续不断地出现断裂式更新。基于如上考虑,最终将主书名翻译为"新新不息"。

对于中文学术语境下的读者来说,这本书虽然体量不大,但是阅读起来可能并不容易。其中原因,除去译者翻译能力有限的问题,还因为作者写作这本书,具有强烈的与其所在的美国文学史、媒介史和技术史领域的学者群体进行对话的性质,因此,她广泛地引经据典,却没有详细展开解释。同时,作者出身文学史研究,文风潇洒恣意,不拘一格,远非严谨工整的历史写作。由于这些原因,中文读者难免出现理解上的困难。尽管如此,在熟读全书之后,读者一定可以领悟其中真意,感受到吉特尔曼的媒介史书写创新对于今天媒介研究以及广大人文学科的参考价值。

最后,我由衷地感谢复旦大学信息与传播研究中心和中国传媒大学出版社给予我翻译该书的机会。即便翻译的过程并不轻松,我亦觉得十分值得,并且受益匪浅。本书的书名来自业师黄旦教授的提议。翻译过程中,我还曾请教于复旦大学外国语言文学学院的李双志教授和上海理工大学出版印刷与艺术设计学院的金庚星副教授,在此一并表示感谢。当然,所有翻译内容的文责均由我本人承担,并且欢迎学界同仁批评指正。

陈鑫盛
2023 年 7 月 23 日

图书在版编目(CIP)数据

新新不息：媒介、历史与文化数据/(美)丽莎·吉特尔曼（Lisa Gitelman）著；陈鑫盛译. --北京：中国传媒大学出版社，2023.6

（传播与中国译丛. 媒介与历史系列）

ISBN 978-7-5657-3488-5

Ⅰ. ①新… Ⅱ. ①丽… ②陈… Ⅲ. ①传媒媒介—新闻事业史—世界 Ⅳ. ①G219.1

中国版本图书馆CIP数据核字(2023)第206493号

Copyright © 2006 Massachusetts Institute of Technology

本书简体中文版专有出版权经由中华版权代理有限公司授予中国传媒大学出版社，未经出版者书面许可，不得以任何形式抄袭、复制或节录本书中的任何部分。

著作权合同登记号 图字：01-2023-3161

新新不息：媒介、历史与文化数据
XINXIN BUXI：MEIJIE、LISHI YU WENHUA SHUJU

丛书主编	黄　旦
著　者	[美]丽莎·吉特尔曼（Lisa Gitelman）
译　者	陈鑫盛
责任编辑	井彩霞
封面设计	拓美设计
责任印制	李志鹏

出版发行　中国传媒大学出版社

社　址	北京市朝阳区定福庄东街1号	邮　编	100024
电　话	86-10-65450528　65450532	传　真	65779405
网　址	http://cucp.cuc.edu.cn		
经　销	全国新华书店		
印　刷	北京中科印刷有限公司		
开　本	787mm×1092mm　1/16		
印　张	14		
字　数	330千字		
版　次	2023年11月第1版		
印　次	2023年11月第1次印刷		
书　号	ISBN 978-7-5657-3488-5/G·3488	定　价	69.80元

本社法律顾问：北京嘉润律师事务所　郭建平